Dieter Wellershoff

DER ERNSTFALL

Innenansichten des Krieges

Kiepenheuer & Witsch

MIX
Papier aus verantwortungsvollen Quellen
FSC® C083411

Verlag Kiepenheuer & Witsch, FSC® N001512

3. Auflage 2016

Umschlaggestaltung: Manfred Schulz, Köln
Umschlagmotiv: © Klaus Fußmann
Satz: Buch-Werkstatt GmbH, Bad Aibling
Druck und Bindung: CPI books GmbH, Leck
ISBN 978-3-462-02656-6

Das Buch
Dieter Wellershoff macht im Frühjahr 1994 eine Kur in Bad Reichenhall, wo er als verwundeter Soldat den letzten Kriegswinter im Lazarett verbrachte. Diese Wiederbegegnung mit der Vergangenheit, ein halbes Jahrhundert nach dem Ende des Zweiten Weltkriegs, wird für ihn zum Auslöser einer Rückschau: Er führt sich noch einmal vor Augen, wie er als 17- bis 19-jähriger Soldat, der sich freiwillig gemeldet hatte, die letzten beiden Kriegsjahre erlebte und überlebte.
Sein Erinnerungsprozess führt ihn zurück ins besetzte Holland, von dort nach Berlin, schließlich an die Ostfront, wo er verwundet wird und dem Untergang seiner Kompanie gerade noch entkommt. Lazarettaufenthalte in Oberschlesien und eben Bad Reichenhall folgen, dann noch einmal die letzte deutsche Frontstellung an der Oder im Frühjahr 1945 und die Flucht nach Westen in amerikanische Gefangenschaft. Den äußeren Schauplätzen des Krieges steht die Gedanken- und Gefühlswelt eines jungen Menschen gegenüber, der befremdliche und erschütternde Erfahrungen macht, die er mit großer Aufmerksamkeit und unsentimentaler Genauigkeit registriert.
So entsteht ein außergewöhnliches Kriegsbuch mit doppeltem Blick – aus unmittelbarem Erleben und Reflexion, Überwältigung und historischem Überblick.

»Ein gescheites Buch gegen das Vergessen. Brandaktuell.«
Der Bund, Bern

Der Autor
Dieter Wellershoff, geboren am 3. November 1925 in Neuss, lebt in Köln. Er schrieb Romane, Novellen, Erzählungen, Essays und autobiografische Bücher. Wellershoff hielt poetologische Vorlesungen an in- und ausländischen Universitäten, zuletzt in Frankfurt a. M. Er erhielt u. a. den Hörspielpreis der Kriegsblinden, den Heinrich-Böll-Preis, den Hölderlin-Preis, den Joseph-Breitbach-Preis und den Ernst-Robert-Curtius-Preis für Essayistik. Übersetzungen erschienen in bisher 15 Sprachen. Das Werk von Dieter Wellershoff erscheint bei Kiepenheuer & Witsch.

KiWi

455

Meinen Freunden
Gerhard Bauer
und
Gideon Schüler,
den Gefährten jener Jahre

D. W.

Inhalt

I

Rückkehr in die Vergangenheit

Damals, heute. Warum wieder zurückblicken nach fast einem halben Jahrhundert? Was suchte ich? Was erwartete ich zu finden, als ich mich Ende März 1994 auf den Weg nach Bad Reichenhall machte, wo ich den Kriegswinter 1944/45 im Lazarett verbracht hatte? Meine chronisch erkrankten Nasennebenhöhlen zu kurieren, war das praktische Ziel meiner Reise. Doch zugleich und vielleicht sogar vor allem war es für mich eine Reise in die Vergangenheit.

Der von mir gewählte Kurort sei »gut für die Atemwege«, hatte der Angestellte der Krankenkasse gesagt. Ich wusste es, denn ich hatte mit meinem Arzt darüber gesprochen und das Bäderhandbuch studiert. Aber als der Angestellte es noch einmal sagte, so beiläufig, wie man etwas Bekanntes bestätigt, kam die Erinnerung aus dem Körper zurück. Es war wie ein innerer Luftzug. Die Erinnerung an einen tiefen Atemzug.

Sanitäter hatten mich auf einer Bahre aus dem Lazarettzug getragen und in der langen Reihe der Verwundeten auf dem Bahnsteig abgestellt. Und bevor ich von anderen Trägern wieder hochgehoben und zu einem der wartenden Sanitätsautos gebracht wurde, wandte ich den Kopf und sah zum ersten Mal in meinem Leben die verschneiten Alpen. Das war für mich so unerwartet und wunderbar, als seien sie eben aus dem Boden gewachsen, ein mächtiger Schutzwall, hinter dem ich in Sicherheit war. Klare Winterluft, gierig eingesogen, füllte meine Lungen und durchströmte mich mit einem Gefühl von Zuversicht.

Ich war vor zehn Tagen neunzehn Jahre alt geworden und hatte bisher immer in flachen Landschaften gelebt: am Niederrhein, wo ich aufgewachsen, in Holland, Berlin und der Mark Brandenburg, wo ich militärisch ausgebildet worden war, und zuletzt in Litauen und Ostpreußen an der Front, von wo ich im weiten Umweg über Polen und Schlesien gekommen war, verwundet durch einen Granatsplitter, doch inzwischen operiert und wieder transportfähig und zur weiteren Genesung hierher verfrachtet, denn die oberschlesischen Lazarette mussten geräumt werden für die neuen Massenlieferungen verwundeter und verstümmelter Menschen, die dort Tag für Tag von der näher gerückten Ostfront eintrafen.

Lazarettzüge fahren langsam, jedenfalls die beiden, in denen ich transportiert worden bin. Der erste brachte mich von einer kleinen Bahnstation in Ostpreußen, deren Namen ich vergessen habe, nach Königshütte in Oberschlesien und durchquerte dabei polnisches Gebiet, das inzwischen zum weiteren Hinterland der Front gehörte. Der Zug brauchte für die Fahrt nach Oberschlesien fast drei Tage, denn es gab mehrere längere Aufenthalte, deren Grund ich nicht erkennen konnte. Vielleicht wurden Proviant und medizinisches Material eingeladen, vielleicht auch neue Verwundete aufgenommen. Oder die Strecke war durch Anschläge von Partisanen oder Luftangriffe unterbrochen und musste erst repariert werden. Zum Schutz gegen Minen, sagte man uns, sei der Lokomotive ein Güterwaggon vorgespannt, um die Explosion auszulösen, bevor der Zug darüberfuhr. Vielleicht war das auch nur ein Gerücht. Da die Abwehrkämpfe in Litauen und an der ostpreußischen Grenze sich zu einer Schlacht ausgeweitet hatten, war der Zug mit Verwundeten überfüllt. Leichtverwundete hatte man zu zweit in ein Bett gelegt.

Ich hatte ein eigenes Bett, lag auf dem Rücken, mein linkes Bein war eingegipst, und der Oberschenkel, in dem der Granatsplitter saß, war geschwollen und fühlte sich heiß an. Man hatte mir verboten aufzustehen, denn der Splitter hatte die Hauptschlagader verletzt, und dort hatte sich ein Aneurysma gebildet. Anschaulich und auf Deutsch hieß das: Die verletzte Gefäßwand hatte sich zu einem Blutsack ausgeweitet, der jederzeit platzen konnte. Aber das hatte man mir nicht erklärt, und so ignorierte ich das Verbot mehrfach, sobald keine Aufsicht da war, und humpelte mit einer geliehenen Krücke zur Toilette. Druck und Schmerzen steigerten sich rasend, wenn das Bein herunterhing, und jedes Mal kam ich schweißgebadet in mein Bett zurück, ahnungslos und zufrieden mit mir selber. Der Schmerz ebbte dann allmählich wieder ab. Obwohl Eile geboten war, konnte man in dem rüttelnden und schaukelnden Zug eine solche Verletzung nicht operieren, und es waren wohl auch keine geeigneten Ärzte da.

Wenn ich mich recht erinnere, brannte auch tagsüber Licht, denn die Fenster waren durch dunkle Sichtblenden gegen den Einblick von außen gesichert, und nachts musste der Zug verdunkelt werden wie das ganze Land, über dem russische Aufklärungsflugzeuge ihre Kreise zogen. Jemand sagte, der Zug führe an seinem Ende eine Vierlingsflak mit. Ein Lazarettzug? War das nach internationalem Kriegsrecht erlaubt? Aber was hieß das schon in diesem Krieg?

Ich hatte Zeit, über alles nachzudenken, aber meine Gedanken glitten überall ab. Vage wunderte ich mich darüber, dass es mir vollkommen gleichgültig war, wie es mit meiner Kompanie weitergegangen war, die ich, Meter für Meter aus dem Feuer kriechend, in einer katastrophalen Situation verlassen hatte. Es war wie ein Filmriss. Sie alle waren im Dunkel verschwunden, ob sie noch lebten oder nicht. Der Krieg dort oben ging jedenfalls weiter. Ich lag hier in einem Feldbett, fuhr einem unbekannten Bestimmungsort entgegen, zusammen mit verwundeten Soldaten anderer Truppenteile, so durcheinandergewürfelt von der Schlacht, dass keiner den anderen kannte. Die Waggons schwankten und schaukelten in den ausgeleierten Gleisen, und das Fahrwerk rollte mit einem gleichmäßigen stoßenden Geräusch über die Schienennähte. Ich hörte es im Einschlafen wie einen fernen, beruhigenden Herzschlag.

Im Lazarett in Königshütte dauerte es noch einige Tage, bis man mich morgens in einen notdürftig eingerichteten Operationsraum fuhr. Ich lag präpariert und angeschnallt auf dem Tisch unter der großen Lampe und wartete auf den Arzt, als draußen auf dem Gang Unruhe entstand und die Krankenschwester und der Sanitäter, die bei mir waren, verschwanden. Nach einer Weile kam der Sanitäter zurück und sagte, es dauere noch etwas. Danach geschah nichts mehr. Nach langer Zeit kam eine andere Schwester herein, deckte mich zu und sagte, alle Ärzte seien zu einem eben eingetroffenen Transport mit vielen Schwerverwundeten gerufen worden. Da sie keine Anweisung hatte, was mit mir geschehen solle, ließ sie mich angeschnallt auf dem Operationstisch liegen und ging wieder. Aufgebahrt und mir selbst überlassen, versuchte ich, mich auf meine Lage einzustellen, aber als gegen Mittag doch noch die Operation begann, war ich so aufgeregt, dass man mich nur mit einer Überdosis betäuben konnte und erst nach vielen Stunden wieder wach bekam. »Na, Sie alter Säufer«, sagte der Arzt, den ich wie hinter Schleiern erkannte. Ich wusste nicht, was er meinte. Es war mir auch egal.

Peinvolle Tage und Nächte im Krankensaal folgten. Das ehemalige Waisenhaus, das jetzt als Lazarett diente, war mit Verwundeten überbelegt. Man hatte so viele Betten wie eben möglich in die Zimmer gestellt und jeweils zwei Betten wie Ehebetten aneinandergerückt. Neben mir lag ein älterer Feldwebel mit einem Bauchschuss, bei dem man einen künstlichen Darmausgang gelegt hatte. Hygienisch schien nicht alles in Ordnung zu sein, denn es ging ein ständiger Kotgeruch von ihm aus und mischte sich mit dem schweren, süßlichen Gestank der vielen eiternden Wunden, der vollen Bettpfannen und Urinflaschen, der Desinfektionsmittel und des Mittagessens. Ein- oder zweimal am Tag kam dazu der scharfe Geraniengeruch des Äthers, den man uns durch kleine Sichtfenster in die Gipsverbände sprühte, um vorübergehend die Läuse und Wanzen zu betäuben, die sich dort eingenistet hatten und besonders nachts, wenn sie sich wieder erholt hatten, zu einer unerträglichen Qual wurden. Der Arzt, der befürchtete, ich könne nach der schweren Narkose eine Lungenentzündung bekommen, hielt mich an, tief durchzuatmen. Wäre mir der Begriff damals geläufig gewesen, dann hätte ich diese therapeutische Anweisung für schwarzen Humor halten können. Ausatmen war zu empfehlen, aber einatmen? Die Luft hier war selbst eine Krankheit. Und da auch unter der Fensterreihe Betten mit Schwerverwundeten standen, konnten nur ab und zu einige Oberlichter geöffnet werden. Draußen herrschte trübes Novemberwetter, verdunkelt durch den Smog des oberschlesischen Industriegebietes, der letzten, noch intakten Waffenschmiede des Deutschen Reiches, dem die Front in diesem Jahr mehrere Hundert Kilometer näher gerückt war. Hier, im Krankensaal, zeigte sich in einem kleinen Ausschnitt das menschliche Desaster. Doch einen Gang weiter gab es einen Raum, den niemand betreten durfte. Dort lagen die Verbrannten mit ihren zu rotem gummiartigem Narbengewebe zerflossenen Gesichtern, andere, denen der Unterkiefer oder andere Teile des Gesichtes weggeschossen worden waren. Blinde und Augenlose, Menschen ohne Beine und andere unausdenkbare Schreckgestalten, wie ich sie viele Jahre später einmal in einem medizinischen Lehrbuch gesehen habe. Die Tür des verbotenen Raumes war die Tür eines Tresors, in dem eines der furchtbarsten Geheimnisse des Krieges unter Verschluss lag.

Am 3. November wurde ich neunzehn Jahre alt und bekam bei der morgendlichen Visite einen ärztlichen Glückwunsch, den ich vor allem auch rückwirkend als berechtigt empfand. Denn ich wusste, welcher Situation ich entronnen war und dass ich nur durch die vielfache Gunst des Zufalls noch lebte. Auch das verwundete Bein hatte ich nicht verloren.

Zehn Tage nach der Operation war ich transportfähig und wurde wieder in einen Lazarettzug geladen. Wohin wir verfrachtet wurden, war unbekannt, aber es konnte ja wohl nur weiter nach Westen gehen. Sehen konnte ich so gut wie nichts, denn auch dieser Zug, oder jedenfalls mein Waggon, hatte Sichtblenden. Ich bekam nur mit, dass wir durch Schlesien und Sachsen fuhren, und sah im Abendlicht durch einen schmalen Spalt der zur Seite gezogenen Verdunkelung Dresden vorbeigleiten. Elbbrücken, Brühlsche Terrasse, das Schloss waren noch unzerstört. Aber ich sah alles nur wie ein vorbeiwanderndes Bild, zu dem ich keine Verbindung hatte. Ich wusste nur, dass es die letzte unzerstörte deutsche Großstadt war. Am nächsten Morgen, noch in der Dämmerung, hielt der Zug lange auf einer kleineren Bahnstation. Der vordere Zugteil wurde abgekoppelt, um in einer anderen Richtung weiterzufahren. Die Verwundeten des sehr langen Transportes wurden auf verschiedene Lazarettstädte verteilt. Wir bekamen eine neue Lokomotive. Die Krankenschwester sagte mir, die Station hieße Mühldorf am Inn. Das rief mir einen gereimten Merkvers aus der Geografiestunde – noch nicht so lange her und doch unendlich weit weg – wieder in Erinnerung: Iller Lech, Isar Inn, fließen all zur Donau hin. Wir waren also in Bayern, südlich der Donau. Etwas Besseres hätte uns nach Lage der Dinge kaum passieren können.

Der nächste Halt hieß Traunstein. Auch hier wurden Verwundete ausgeladen, ich hörte es an den Geräuschen und Stimmen, die ich von den Verladungen kannte. Es dauerte eine Weile, bis wir weiterfuhren. Je weiter, umso besser, dachte ich. Aber es war nicht mehr weit. Was ich sah, als man mich auslud, war zweifellos die Außenwelt, doch zugleich der magische Schutzort der Märchen und Träume, an dem man unauffindbar war. Berge, die mich verbargen in Geborgenheit. So etwa hätte ich es sagen können. Hohe, bisher nie gesehene Berge mit bewaldeten Flanken in sonnenbeglänzter Schneepracht.

Im Pendelverkehr brachten uns die Sanitätswagen in den Festsaal einer großen Brauerei, in dem lauter zweistöckige Betten bereitstanden. Das war nicht das Lazarett, das anscheinend noch nicht fertig eingerichtet war, sondern ein provisorisches Zwischenlager, in dem wir einige Tage bleiben sollten. Ich hatte inzwischen einen leichteren Gipsverband bekommen und konnte mithilfe einer Leiter in eins der oberen Betten klettern. Als Begrüßungsessen gab es Ente mit Klößen, und Klöße konnte man so viele bekommen, wie man wollte. Um diesen Empfang zu würdigen, musste man fernerliegende Vergleiche wählen: Es war wie Weihnachten, und es war wie im Frieden.

»Ich wünsche Ihnen einen angenehmen Kuraufenthalt«, sagte der Angestellte der Krankenkasse zum Abschied, und einen Augenblick überlegte ich, ob ich ihm sagen solle, dass ich während des Kriegswinters 1944/45 in Bad Reichenhall im Lazarett gewesen sei und mich deshalb für diesen Kurort entschieden habe. Doch dann sah ich, dass er schätzungsweise vierzig Jahre jünger war als ich, und verkniff mir die Bemerkung. Sie wäre ihm gewiss befremdlich erschienen, völlig außerhalb seiner eigenen Lebensinteressen. Da er meinen Kurantrag bearbeitet hatte, kannte er mein Geburtsdatum. Aber das waren für ihn neutrale Zahlen auf einem Bildschirm geblieben. Sie muteten ihm nicht zu, sich für die Erinnerungen eines älteren Mannes an längst vergangene, finstere Zeiten zu interessieren. Schließlich war der Krieg, den offenbar manche ältere Kunden immer noch im Hintergrund der Gegenwart sahen, zwanzig Jahre, bevor er geboren wurde, zu Ende gegangen. Und wie man darüber dachte, zu denken hatte, das lag ohnehin fest. Er hatte keine Probleme damit, außer seinem Befremden gegenüber älteren Menschen, die »diesen ganzen Wahnsinn« miterlebt und auf irgendeine Weise auch mitgemacht hatten. Aber gut, sie waren inzwischen alt und kamen zu ihm mit ihren Kuranträgen. Da er ein freundlicher Mensch war, billigte er ihnen ein altersbedingtes Recht auf verminderte Zuständigkeit für die aktuellen Belange des Lebens zu. Für ihn stellte ja schon die sogenannte 68er-Generation eine Riege von Veteranen dar, mit der ihn nichts mehr verband. Falls er nicht aus der zusammengebrochenen DDR kam, und das war nach seinem Tonfall nicht anzunehmen, dann hatte es in seinem Leben keine geschichtlichen Umbrüche und Einschnitte gegeben, keine geistige und moralische Grundlagenkrise, keine Notwendigkeit zu einer Neuinterpretation. Und er brauchte sich auch nicht mit der Erfahrung auseinanderzusetzen, dass er nur noch zufällig am Leben war. Nicht der Abstand mehrerer Jahrzehnte, sondern dies vor allem trennte uns.

Nach Tagen konnten wir, oder jedenfalls ein Teil unseres Transportes, in ein neu eingerichtetes Lazarett einziehen. Es war ein großes wilhelminisches Schulgebäude, zu Beginn des Ersten Weltkrieges errichtet, über dessen Eingang als steinerne Inschrift der Name »Knabenschule« stand. Das war auch damals in unseren Ohren ein Wort aus einem altväterischen Lesebuch, und das hinderte uns vermutlich daran, seine aktuelle Anzüglichkeit zu erkennen. Zwar lagen Verwundete aller Jahrgänge im Lazarett, aber besonders hoch war der Anteil der Neunzehn- und auch der Achtzehnjährigen, also der Geburtsjahrgänge 1925 und 1926, die man als letzte noch einigermaßen regulär einberufene und ausgebildete Reserve in diesem Jahr an die zurückweichenden und zusammenbrechenden Fronten in Ost und West geworfen hatte. Überall waren sie wegen der überwältigenden militärischen Übermacht des Gegners und der zunehmenden Kopflosigkeit der eigenen Führung in die katastrophalen Situationen einer unaufhaltsamen Niederlage geraten, in der, selbst wenn es noch zu kleinen vorübergehenden Teilerfolgen kommt, die Verluste stets um ein Vielfaches höher sind als beim siegreichen Vormarsch und bei materieller und zahlenmäßiger Überlegenheit. Der 13. Oktober, der Tag, an dem ich verwundet wurde, war eine solche Katastrophe gewesen. Man sieht nicht viel, wenn man in kurzen Sprüngen einen Sperrfeuergürtel zu durchlaufen versucht und dann verwundet zurück in eine Deckung kriecht. Trotzdem bekam ich mit, was geschah, und sah es, als man mich zurückbrachte zu den Sammelstellen der Verwundeten. Doch das ganze Ausmaß der Katastrophe habe ich erst viele Jahre nach dem Kriegsende erfahren. Ungefähr zur selben Zeit hörte ich auch von einer Rede, mit der Himmler, der auch Befehlshaber des Ersatzheeres war, vor Kommandeuren der Wehrmacht und der Waffen-SS das massenhafte Menschenopfer der jüngsten Jahrgänge gerechtfertigt hat. Wenn die Wikinger in Seenot gerieten, sagte er, dann ertönte der Ruf: »Knaben über Bord!« Nach diesem Vorbild sollte in den letzten Monaten des Krieges das untergehende Dritte Reich gerettet werden. Wir, die Insassen der Knabenschule, waren dem großen Schiffbruch vorübergehend entgangen.

2

Freiwillig in einen verlorenen Krieg

Heute und damals – fast ein halbes Jahrhundert lag dazwischen. Das Wort »damals«, mit dem man als Erzähler über weite Lebenszeiträume hinweg an eine versunkene Vergangenheit anknüpft, war in sein Recht getreten. Allen Sätzen, denen es vorangestellt wurde, verlieh es einen raunenden Sagenton: »Damals im Krieg.« »Damals, als unsere Kompanie in Ostpreußen ausgeladen wurde.« »Damals, als das Attentat auf Hitler fehlschlug.« »Damals, als zum ersten Mal scharf auf uns geschossen wurde.« »Damals in der Waldstellung am Ostfluss.« »Damals, als wir achtzehn Jahre alt waren und viele von uns keinen weiteren Geburtstag mehr erlebten.« »Damals, als die Russen zur Ostsee durchstießen.« »Damals, beim Gegenangriff, als ich verwundet wurde.« »Damals, als ich nachts in das Ärztezelt getragen wurde, aus dem furchterregendes Stöhnen zu hören war.«

Diese teils grellen, teils verschatteten Szenen stehen für mich in einem seltsamen Zwielicht. Sie sind ein unverlierbarer Bestandteil meines Bewusstseins. Sie haben meine Sicht des Lebens mitgeprägt. Doch zugleich wundere ich mich manchmal, dass es sich bei dem Achtzehn- und Neunzehnjährigen, den ich in den längst vergangenen Situationen mit wechselnder Deutlichkeit sehe, um mich selbst handelt oder dass ich, der inzwischen Neunundsechzigjährige, er gewesen bin.

Noch schwerer, dies glaubhaft zu machen für die nächste Generation, selbst wenn es die eigenen Kinder waren. Natürlich wussten sie, dass ihre Eltern den Krieg erlebt hatten, aber ein anschauliches Wissen war das nicht. Es war ein Wissen gegen die ganz andere Erfahrung vieler friedlicher Jahre, die sie zusammen mit den Eltern erlebt hatten. Als meine Frau einige Studienfreundinnen zu Gast hatte, die sich zum ersten Mal nach dem Krieg wiedersahen und darüber austauschten, wie sie Flucht, Vertreibung, die Bomben und die einrückenden fremden Soldaten erlebt hatten, saß unsere älteste Tochter, damals noch Studentin, dabei und hörte zu. Nachher sagte sie, nie hätte sie sich vorstellen können, dass diese freundlichen Damen so schreckliche Dinge erlebt haben.

Ich muss gestehen, dass es mir bei ähnlichen Situationen genauso geht. Der Augenschein verdeckt die inneren Bilder, und die Erinnerungen an den Krieg verwandeln sich in Bücherwissen, nicht anders als frühere Geschichtsepochen. Kaum einer der Reisenden, die heute aus der Vorhalle des Kölner Hauptbahnhofs treten, hat noch ein inneres Bild der mit Weidenröschen überwachsenen, von Trampelpfaden und Gleisspuren durchzogenen Steinwüste, zu der die Kölner Innenstadt 1945 geworden war. Auch ich, der ich darin herumgegangen bin, sehe heute die dokumentarischen Fotos dieser Zeit mit dem schwer zu beschreibenden Gefühlsgemisch einer ungläubigen Erinnerung. Kriege sind heute auch für mich Fernsehberichte, eingebettet in Talkshows, Quizsendungen und Sportberichte. Man könnte meinen, sie seien Ereignisse einer fiktiven Welt, nicht ganz wirklich und zusammengesetzt aus einem beschränkten Vorrat sich wiederholender Bildzitate und phrasenhafter Kommentare. Darf man sich wundern über den jungen Mann, der, auf der Straße von einem Fernsehreporter nach seiner Meinung über den Krieg in Bosnien befragt, die lakonische Antwort gab: »Bosnien geht mir am Arsch vorbei.« Damit unser Bewusstsein nicht überfüllt wird mit Vorgängen und Zuständen, auf die wir keinen Einfluss haben, gibt es den selbstverständlichen Vorrang der Nähe und der Gegenwart. Nur die Zeugen sehen das anders. Nicht alles, was uns täglich überflutet, kann man wissen und zur Kenntnis nehmen. Aber die grundsätzlichen und grundstürzenden Erfahrungen, die die

Menschen mit sich und ihrer Geschichte machen, müssen festgehalten und erzählt werden.

Vieles, was heute schwer verständlich ist und deshalb oft rasche, schematische Urteile herausfordert, bedarf genauerer Beschreibung. Zum Beispiel die Tatsache, dass ich, wie die meisten meiner Klassenkameraden, mit siebzehn Jahren als Freiwilliger in den Krieg zog, obwohl, trotz der Schönfärberei der Wehrmachtsberichte, sich seit Stalingrad immer deutlicher abzeichnete, dass der Krieg nicht mehr zu gewinnen war. Kriegsbegeisterung, wie ich sie noch in den ersten Kriegsjahren als Schüler empfunden hatte, war das nicht, auch keine fanatische Opferbereitschaft, sondern eher eine noch fortbestehende patriotische Konvention, gegen die man, da das zu gefährlich war, auch im Gespräch unter Freunden keine Argumente entwickelt hatte. Man tat es, weil es üblich war, konnte aber die heimlichen Befürchtungen und fatalistischen Perspektiven vor sich selbst nicht mehr dauerhaft verdecken. Ich zog in diesen Krieg mangels einer Alternative und ohne Illusionen, aber mit einem vagen Pflichtgefühl, das im Grunde eine Solidarität gegenüber all jenen war, die es auch getan hatten, und gegenüber den vielen, die gefallen waren. Dieses Zugehörigkeitsgefühl war brüchig. Aber es war noch nicht ganz aufgelöst. Beigemischt war dieser Haltung auch ein jugendliches Bedürfnis nach Bewährung und ein wachsender Überdruss an der Schule, die uns vor dem Hintergrund des Krieges als ein unauthentischer Ort erschien, an dem man nicht erwachsen werden konnte. Die Reifeprüfung, so dachten viele, konnte man jetzt nur da bestehen, wo der Ernstfall herrschte. Dazu musste man Soldat werden.

Vielleicht erscheint dieses Motiv, das eher unausdrücklich im Hintergrund mancher Entscheidungen stand, heute als das unreifste. Doch sollte man nicht verkennen, dass es verändert fortlebt in den künstlichen Risiken und Abenteuern, mit denen heute viele junge Menschen der Ereignislosigkeit ihres Alltagslebens zu entkommen suchen und erproben wollen, wozu sie fähig sind. Allerdings sind die heutigen Abenteuer kalkulierbare und begrenzte Risiken. Vom Krieg kann man das nicht sagen, schon gar nicht mehr vom Krieg mit modernen Waffen. Tüchtigkeit und Tapferkeit sind mitten im Sperrfeuer keine Überlebensvorteile. Leben und Tod und die Zwischenstufen der schweren und leichteren Verwundungen werden zufällig verteilt, wie bei einer Lotterie. Und beim Lotteriespiel kann man sich nicht bewähren.

In den Materialschlachten des Ersten Weltkrieges war das bereits so gewesen. Doch in den Blitzkriegen des Zweiten Weltkrieges war es für die Deutschen zunächst anders gelaufen. Bis zum Beginn des Russlandfeldzuges waren die Verluste der Wehrmacht vergleichsweise niedrig geblieben: Beim Polenfeldzug waren es 10 572 Tote, 30 322 Verwundete und 3409 Vermisste, beim Frankreichfeldzug 27074 Tote, 111 034 Verwundete und 18 384 Vermisste. Von jetzt ab ging es mit ständig steigender Tendenz in die Millionenverluste. Obwohl die Wehrmachtsberichte immer nur von den schweren Verlusten des Gegners sprachen, blieben die eigenen nicht verborgen. Immer mehr Familien hatten Tote zu beklagen, immer mehr Verwundete tauchten beim Genesungsurlaub in der Heimat auf und erzählten die Dinge, die sie der Feldpost nie anvertrauten. Das waren ganz andere Berichte, als wir sie in den beiden ersten Kriegsjahren von ehemaligen Schülern gehört hatten, die nach den Siegen über Polen und Frankreich, dekoriert mit Auszeichnungen, auf Urlaub nach Hause kamen und in der Aula den versammelten Schülern und Lehrern von ihren Erlebnissen erzählten. Nun, da es nichts mehr zu berichten gab, das euphorische Gemeinschaftsgefühle auslösen und verstärken konnte, fanden solche Veranstaltungen nicht mehr statt. Die Verständigung über den Verlauf des Krieges wurde vorsichtig und wortkarg, geschah fast nur noch in privaten Situationen.

Ich selbst war beim neugierigen Herumspielen mit dem Schaltknopf des Radios auf ferne deutsche Stimmen gestoßen. Sie kamen aus London von der BBC, und ihnen zuzuhören wurde schwer bestraft; wenn man die Feindnachrichten weitergab, sogar mit dem Tode. Ich hatte gehört, der Abwehrdienst könne Radiogeräte anpeilen, die auf die Frequenz eines Feindsenders eingestellt waren. Aber ich schaltete nicht ab, sondern legte mein Ohr an das Gehäuse und drehte das Gerät so leise, dass ich die Nachrichten und Kommentare gerade noch verstehen konnte. Es ist eine Art des Zuhörens, das die Wirkung der Worte unheimlich verstärkt. Der Sprecher berichtete mit niederschmetternden Details über die Kapitulation der Reste des berühmten deutschen Afrikakorps, legte zum Hohn noch einmal das deutsche Afrikalied auf, das in der Vergangenheit immer mit Siegesmeldungen verbunden gewesen war, und sagte zum Schluss, der Krieg sei für Deutschland verloren und trete nun in seine letzte Phase ein. Während ich gebannt der verbotenen Wahrheit lauschte, fühlte ich eine äußerste Einsamkeit. Ich wusste, was ich nicht wissen durfte, und konnte mit niemandem darüber sprechen.

In dieser sich ständig verdüsternden Situation habe ich mich trotzdem wie viele andere Klassenkameraden freiwillig gemeldet. Aber den Ausschlag gaben nicht die Motive, die ich schon beschrieben habe – die patriotische Konvention und jugendlicher Erfahrungshunger –, denn es gab auch überlebenspraktische Gründe, die dafür sprachen. Wer sich freiwillig meldete, musste inzwischen nicht mehr damit rechnen, ein halbes Jahr früher an die Front zu kommen als die regulär eingezogenen jungen Männer seines Jahrgangs, denn wegen des großen Nachschubbedarfs der Front war alles beschleunigt worden und der zeitliche Unterschied nahezu auf null geschrumpft. Gleichwohl hatte man einen nicht unwesentlichen Vorteil, wenn man sich freiwillig meldete: Man konnte angeben, zu welcher Truppe und Waffengattung man wollte, und hatte Chancen, dass die Wahl berücksichtigt wurde. Es musste allerdings in der Regel eine Truppe sein, die als Eliteeinheit galt. Die Waffen-SS, die starke Werbung an den Schulen machte und vor allem die Schüler ansprach, die eine Funktion bei der HJ hatten oder, wie ich, Jungvolkführer waren, stand dabei an erster Stelle. Wenn man sich diesem Druck entziehen wollte, musste man sich zu einer ähnlich privilegierten Truppe melden, zum Beispiel zum fliegenden Personal der Luftwaffe oder zu den U-Booten, zu den Fallschirmjägern oder einer Elitedivision unter den Erdkampftruppen. Auch dafür gab es praktische Gründe, denn es war nicht unrealistisch anzunehmen, dass man in einer gut ausgebildeten und gut bewaffneten Truppe, trotz der zu erwartenden Feuerwehreinsätze an der Front, bessere Überlebenschancen hatte als in einem der eilig aufgestellten und schlecht ausgerüsteten Haufen aus demotivierten alten Landsern, zur Front kommandiertem Kasernenpersonal und unzulänglich ausgebildeten Rekruten, wie es sie inzwischen immer häufiger gab.

Ich besprach dieses Problem mit meinem Vater, der als Major der Reserve bei einem Luftwaffenstab in Münster in Westfalen diente und gelegentlich zu einem Wochenendurlaub nach Hause kam. Er riet mir, mich für die Division Hermann Göring zu melden. Das war eine Einheit der Luftwaffe, aber eine motorisierte Panzergrenadierdivision, und wenn sie auch den Namen eines Nazibonzen trug, der mir wegen seines großmäuligen Gehabes und der weißen Operettenuniform, die seine popanzhafte Leibesfülle umspannte, ganz besonders zuwider war – es war jedenfalls nicht die Waffen-SS, die von einer Aura finsterer Gerüchte umgeben war.

Ich musste eine nicht besonders schwierige Prüfung ablegen, die aus einem Intelligenz- und Reaktionstest und einigen körperlichen Kraftübungen und Belastungsproben bestand, und wurde angenommen. Und um die Zeit bis zur Einberufung noch mit etwas Angenehmem auszufüllen, meldete ich mich zusammen mit einigen Klassenkameraden zu einem Tanzkursus an, dem letzten übrigens, der während des Krieges stattfand. Die Kommandos, die es hier gab, waren anderer Art als die, mit denen wir schon in der vormilitärischen Ausbildung aufgewachsen waren, und sie hatten manchmal etwas Lächerliches: »Eins zwei Wechselschritt, halbe Drehung und zurück.« Aber man hatte dabei ein Mädchen im Arm, und beim langsamen Walzer, der innigsten Umarmungsgelegenheit, lief immer wieder die Platte mit der schmalzigen Männerstimme: »Ich tanze mit dir in den Himmel hinein, in den siebenten Himmel der Liebe. Die Erde versinkt, und wir zwei sind allein ...« und so weiter in der Seligpreisung des Augenblicks in weichen, schwingenden Bögen, die die Illusion eines Lebens ohne Härte und Widerstand erzeugten, der man sich gerne ergab. Wenn man nach dem Kurs seine Tanzpartnerin nach Hause begleitete und zu einem Umweg überredete, der an einer einsamen Bank vorbeiführte, konnte es allerdings geschehen, dass auf einmal nah und fern die Sirenen aufheulten und uns daran erinnerten, dass der Himmel über unseren Köpfen ein Kriegsschauplatz war.

Im Frühjahr 1943 wurde ich für ein Vierteljahr zum Arbeitsdienst einberufen, was die übliche Vorstufe zum Wehrdienst war. Am ersten Besuchstag, nach vier Wochen Ausbildung, sah ich zum letzten Mal meine Mutter. Sie kam zwischen anderen Frauen, die auch ihre Söhne besuchen wollten, den Bergweg zum Barackenlager hoch, während die Abteilung zu einem kurzen Ausmarsch talwärts marschierte. Ich sah sie zuerst, aber nur aus dem Augenwinkel, da der Blick in der marschierenden Kolonne geradeaus gerichtet sein musste. Sie entdeckte mich, an der Kolonne entlangspähend, eine Sekunde später und stieß einen erschrockenen Schrei aus, den sie sogleich mit der Hand zu ersticken suchte. Was hatte sie gesehen? War ich ihr in der olivbraunen Uniform wie ein Todeskandidat erschienen?

Ich hasste ihre hysterischen Anfälle. Während der Bombennächte im ausgebauten Luftschutzkeller unseres Hauses, wo auch die Nachbarn Schutz suchten, begann sie zu meiner Beschämung, sobald die Bomben fielen oder auch nur die Flak feuerte, am ganzen Leib zu zittern, sodass ich gegen ihren Einspruch den Schutzraum verließ und mir das Flakfeuer am Himmel vom Kellerfenster aus ansah. Es war Krieg. Begriff sie das nicht? Musste sie alles nur aus ihrem kleinen ängstlichen Winkel sehen? An dem Sonntagmorgen, als die Sondermeldung vom Einmarsch in Russland im Radio kam, begann sie sofort zu weinen und erweckte in mir den Argwohn, sie weine, weil sie fürchtete, der Krieg dauere nun schon so lange, dass sie auch mich, ihren ältesten Sohn, schließlich noch ziehen lassen müsse, nachdem ihr Mann schon 1938, beim Einmarsch in die Tschechoslowakei, das Haus verlassen hatte.

Sie hatte das nicht verkraften können. Die anfangs wohl gute Ehe hatte einen Riss bekommen. Vermutlich befürchtete sie, dass ihr Mann dort, wo er stationiert war, eine andere Frau hatte. Er war in seiner Majorsuniform eine auffallende Erscheinung, während sie krank und depressiv und immer dicker wurde, nur noch schlechte Romane aus der Leihbücherei las und endlos Patiencen legte, die selten aufgingen und für mich – obwohl ich das so nicht hätte sagen können – ein Bild ihrer geistigen und moralischen Verwahrlosung waren. Ich musste ihre klammernde Umarmung abstreifen und meinem Vater folgen. Und dazu brauchte ich den Krieg. Geblieben ist mir ihr Aufschrei, als ich, ohne den Blick zu wenden, an ihr vorbeimarschierte. Bald darauf fuhr sie mit meinem jüngeren Bruder, auf der Flucht vor den Bomben, nach Oberschlesien, wo sie auf dem großen Gutshof, den der Bruder meines Vaters verwaltete, Unterschlupf suchte. Während der Fahrt bekam sie so schwere Gallenkoliken, dass sie sofort in ein Krankenhaus eingeliefert wurde und wenige Tage später an einer Operation verstarb. Sie war erst sechsundvierzig Jahre alt, aber sie hatte sich aufgegeben. Die in der deutschen Propaganda immer wieder gefeierte Heldenfrau und Heldenmutter war sie nicht.

Ihr Tod hatte für meinen fünf Jahre jüngeren Bruder einschneidendere Folgen als für mich. Ich hatte das Elternhaus schon verlassen. Er, der Zwölfjährige, wurde von heute auf morgen in ein billiges und schlecht geführtes Internat gesteckt. Dort blieb er bis zum Kriegsende sich selbst überlassen, zusammen mit anderen Jungen, die zu einem großen Teil auch aus vom Krieg zerstörten oder auseinandergerissenen Familien stammten und einen ständigen Kampf um das knappe und miserable Essen und die soziale Rangordnung untereinander führten.

Ich war krank, als ich vom Arbeitsdienst entlassen wurde. Wochenlang hatte ich in den Wasser- und Schlammfluten der Möhnetalsperre gearbeitet, deren Damm von einem britischen Lufttorpedo zerstört worden war. Mehrfach war ich wegen vereiterter Mandeln mit großen Dosen von Sulfonamiden verarztet worden. Um den künftigen Strapazen besser gewachsen zu sein, ließ ich mir gleich nach der Entlassung die Mandeln herausoperieren. Danach verbrachte ich noch einige Wochen im Haus einer Tante in Bad Honnef, machte lange Spaziergänge im Siebengebirge und versuchte, mich zu erholen. Meine Mutter war auf eigenen Wunsch auf dem dortigen Friedhof neben dem Grab ihrer Mutter begraben worden, und natürlich machte ich dort einen pflichtschuldigen Besuch, ohne dass sich viel in mir regte. Ich fühlte mich dumpf und benommen, abgeschnitten von meiner ganzen Vergangenheit und einer sich ständig verdüsternden Zukunft gegenübergestellt.

In diesem Frühjahr hatten die Russen im Norden, in der Mitte und besonders im Süden der Front große Gebiete zurückerobert, und im Juli war der deutsche Versuch, im Frontbogen von Kursk mit einer neuen Offensive die Initiative wieder an sich zu reißen, nach zwei Wochen unter schweren Verlusten zum Stillstand gekommen und hatte sich nach massiven Gegenangriffen weit überlegener russischer Kräfte in eine erneute Niederlage verwandelt. Nur an den Namen viel weiter westlich gelegener Städte, die nun in den Wehrmachtsberichten auftauchten, und an den pathetischen Floskeln vom tapferen Widerstand unserer Truppen konnte man ungefähr erkennen, was sich ereignet hatte, seit das Triumphgeschmetter der Sondermeldungsfanfaren im Rundfunk verstummt war. Aber es war gerade dieses undurchsichtige Dunkel, aus dem der kalte Hauch des Schreckens herüberwehte.

Die Nacht, bevor ich mich beim Wehrbezirkskommando in Düsseldorf melden musste, verbrachte ich im Elternhaus in Grevenbroich. Das war keine Sentimentalität, sondern hatte einen praktischen Grund. Von dort aus war es einfacher, morgens pünktlich in Düsseldorf zu sein. Beklommen sah ich die große Veränderung durch den Tod meiner Mutter. Alle Möbel waren in zwei Zimmern zusammengestellt, um die anderen Räume für eine ausgebombte Familie frei zu machen, die zwei Tage später hier einziehen sollte. Immerhin, es gab den Garten, die Terrasse, auf der die Familie im Sommer bei schönem Wetter Kaffee getrunken hatte, das kleine runde Planschbecken unserer Kindertage, die drei großen Bäume hinter dem Zaun von Ackermanns Park, auf die ich, wenn ich auf dem Tisch am Fenster meine Schularbeiten machte, zu allen Jahreszeiten immer wieder geblickt hatte, es gab den Zusammenhang der Räume und der Stockwerke und über allem dieses Fluidum von Abschied und beginnender Unwirklichkeit. Ich war erleichtert, als ich am frühen Morgen das Haus verließ, um zum Bahnhof zu gehen.

Wir – ein ganzer Zug voller junger Männer meines Jahrgangs – siebzehn oder achtzehn Jahre alt – wurden nach Holland verfrachtet. Für mich und die meisten anderen war das die erste Fahrt ins Ausland. Ich hatte mich immer nur in der Reichweite einer längeren Fahrradtour von zu Hause entfernt, und auch in den Ferien war die Familie nie weiter als bis in den Westerwald gefahren. Das Zeitalter der weiten Reisen und des Massentourismus hatte noch nicht begonnen. Aber es hatte sein Vorspiel im

Krieg, der die deutschen Soldaten in den ersten Jahren in einem immer weiter ausgedehnten Raum zwischen der Biskaya und der Wolga und dem Polarkreis und Nordafrika hin- und herbewegte, damit sie die größenwahnsinnige Drohung eines alten Nazikampfliedes wahr machten, das vor allem Jungvolk und HJ beim Marschieren gesungen hatten: »Wir werden weiter marschieren, wenn alles in Scherben fällt, denn heute gehört uns Deutschland und morgen die ganze Welt.« Ursprünglich hatte es »hört« geheißen. Beim Singen hatten wir »gehört« daraus gemacht. Nun waren wir also in Holland, einem besetzten Land.

In der Kaserne in Utrecht wurden wir eingekleidet. Auf dem Kasernenhof zeigte mir ein anderer Rekrut, den ich im Zug kennengelernt hatte, einen älteren Soldaten in Drillichzeug und sagte, das sei Gustaf Gründgens. Aus irgendeinem Grund war er bei Goebbels in Ungnade gefallen, und Göring hatte ihn aus dem Verkehr gezogen und hier bei der Truppe einstweilen in Sicherheit gebracht. Der bedeutende Mephistodarsteller sah jetzt merkwürdig banal und unauffällig aus.

Am nächsten Tag ging es weiter nach Alkmaar. Und dort wäre für mich die Reise beinahe für immer zu Ende gewesen. Wir befanden uns im Feindesland, und um Anschläge auf die Kaserne zu verhindern oder abzuschrecken, mussten nachts Streifenposten mit Gewehr und Handgranaten die umliegenden Straßen sichern, obwohl noch keiner von uns an der Waffe ausgebildet war. Als ich zur Wachstube ging, um meinen Dienst anzutreten, kam ein anderer Rekrut aus der Tür heraus, fummelte an seinem Karabiner und schoss knapp über meinem Kopf in die Wand. Der Schuss hallte durch die Gänge als dröhnender Beweis, dass die Waffen scharf geladen waren. In der Wand klaffte ein trichterförmiges Loch, und der Gang lag voller weit verstreuter Putzbrocken.

Unheimlich wirkte auf mich die völlige Stille der nächtlichen Straßen, durch die wir patrouillierten, entlang der Grachten und der langen Reihen kleiner Einfamilienhäuser aus Backsteinen, deren weiß gekalkte Fensterumrahmungen sich auch in der Dunkelheit deutlich vom Mauerwerk abhoben. Ich betrachtete die vorgezogenen Erker neben den Haustüren, an denen meistens ein Türklopfer aus Messing blinkte, und empfand zugleich Fremdheit und Nähe dieser anderen Welt, deren Bewohner erst am Morgen wieder aus ihren Häusern hervorkommen durften und jetzt schliefen oder vielleicht, verborgen durch eine Gardine, die fremden Soldaten beobachteten, die ihr Land besetzt hatten und nachts die Straßen kontrollierten. Und versuchsweise sah ich mich mit ihren Augen, um mich dann selbst wie einen Darsteller in einem Film zu sehen, der durch eine Kulissenstadt wandert. Es gab fest stationierte Doppelposten und Patrouillen, die die einzelnen Postenstellungen abschritten. Aber das war kein lückenloses Sicherungssystem. Es wäre leicht gewesen, eine Patrouille aus dem Hinterhalt abzuschießen, denn wir gingen ohne jede Deckung zu zweit durch die leeren nächtlichen Straßen, in denen wir nur unsere eigenen Stiefelschritte hörten. Ein solcher Überfall hätte fürchterliche Folgen für die Bevölkerung dieser kleinen Stadt gehabt. Ich weiß nicht, welches Verhältnis für Vergeltungsaktionen nach bewaffneten Angriffen auf die deutschen Besatzungstruppen festgeschrieben und wohl auch bekannt gegeben worden war, aber ich denke, mindestens zehn zufällig herausgegriffene Holländer hätten für einen erschossenen deutschen Soldaten ihr Leben lassen müssen.

So umgab uns kriegsgemäß ausgerüstete Dreitagesoldaten, die wir mit einem Gefühl von Beklommenheit in der scheinbar friedlichen Nachtstille der verdunkelten Stadt unseren Rundgang machten, eine doppelte Angst. Dass sich nach der Sperrstunde kein Holländer mehr auf die Straße wagte, war Ausdruck der unmittelbaren Angst, von den Soldaten der Besatzungsarmee verhaftet zu werden. Unvergleichlich viel größer war sicher die Angst, Hitzköpfe aus den eigenen Reihen könnten unbedacht oder vielleicht sogar bewusst durch einen Überfall auf die deutschen Patrouillen eine schreckliche Vergeltungsaktion heraufbeschwören. Diese Angst war gelähmter Hass gegen die Besatzer, die die schöne moderne Schule mitten in der Stadt als Kaserne benutzten, überall im Land knappe Lebensmittel für die eigene Verpflegung beschlagnahmten und der Bevölkerung die harten Einschränkungen und Strafen einer Kriegsordnung aufzwangen.

Tagsüber war die unterdrückte Spannung zwischen der holländischen Bevölkerung und den deutschen Besatzungstruppen auch zu spüren, obwohl sie sich nur darin ausdrückte, dass die Leute auf der Straße an uns vorbeiblickten und uns nach Möglichkeit aus dem Weg gingen. Wir dagegen machten uns durch lauten Gesang bemerkbar, wenn wir morgens und mittags, am frühen Nachmittag und gegen Abend zwischen unserer im Stadtzentrum gelegenen Unterkunft und den außerhalb der Stadt gelegenen Übungs- und Exerzierplätzen hin- und hermarschierten. Nazilieder wurden nicht gesungen, sondern abgedroschene Soldaten- und Seemannsballaden wie »Die blauen Dragoner, sie reiten mit klingendem Spiel vor das Tor« oder »Wir lagen vor Madagaskar und hatten die Pest an Bord«. Von einer dieser romantischen Schmonzetten habe ich nur den Refrain in Erinnerung, der besonders inbrünstig gesungen wurde, vermutlich weil einige unter uns damit ihr uneingestandenes Heimweh beschwichtigten. Der Refrain, vom Marschtritt in kurze Segmente zerlegt, hatte seinen Höhepunkt in der kurzen Überdehnung der ersten Silbe des Wortes »Liebe«, der die zweite Silbe wie der trockene Knall eines Sektkorkens folgte. Der Refrain lautete: »Frag/ doch das Meer/ ob's/ die Liiie-be/ kann schei-den. Frag/ doch das Herz/ ob's/ die Treu-e brechen kann.«

Bei diesen täglichen Märschen richtete ich es immer so ein, dass ich mich in einem der äußeren Glieder der Kolonne befand und aus dem Augenwinkel die Straßen, die Häuser mit ihren Vorgärten und die Leute betrachten konnte. Ich war in einem fremden Land, das mir außerordentlich gut gefiel und mir mitten im Krieg als Inbegriff von Wohlstand und Frieden erschien. Nebenbei dachte ich auch über die beiden Fragen des Refrains nach und fand, dass man sie beide mit Ja beantworten musste.

Drei Wochen später wurden wir nach Bergen versetzt, wo in einem ausgedehnten Dünengelände die infanteristische Ausbildung begann. Obwohl wir oft nahe am Meer waren, sah ich es immer nur für Sekunden, wenn wir, gehetzt von der Kommandostimme eines Ausbilders, keuchend und durch den tiefen, rutschenden Sand watend, einen Dünenkamm überquerten. Manchmal kamen britische Spitfires über den Kanal, beschossen uns mit ihren Bordwaffen, ohne uns in den Dünenmulden zu treffen. Immerhin lieferten sie den Beweis, dass wir im Krieg waren. Anfang November erschien dann eine Offizierskommission aus Berlin und wählte aus dem angetretenen Bataillon eine Anzahl von Leuten für das sogenannte »Begleitregiment Hermann Göring« aus, das in Berlin-Reinickendorf stationiert war. Ich stand im dritten Glied während dieser Musterung, aber einer der Offiziere winkte mich heraus. Ich wusste nicht, ob das gut oder schlecht war, doch da ich keine andere Wahl hatte, war es ja auch egal.

3

Kasernenleben

Die in Holland Zurückgebliebenen waren, so hörten wir später, nach vierteljähriger Ausbildung nach Italien verlegt und dort Ende Januar gegen die südlich von Rom, bei Anzio und Nettuno gelandeten Amerikaner eingesetzt worden. Das waren erbitterte und wegen des massiven Einsatzes schwerer Waffen auch sehr verlustreiche Kämpfe, die vier Monate später mit dem Durchbruch der Amerikaner endeten. Wir dagegen waren in Berlin in einen vergleichsweise stillen Winkel des Krieges geraten, denn außer der Tatsache, dass die Bombenangriffe auf Berlin zunahmen und die Kompanie nächtliche Brandwachen in der Staatsoper Unter den Linden und im Schauspielhaus am Gendarmenmarkt stellte, fand der Krieg für uns nur als tägliche Simulation auf dem weiten Übungsgelände der Jungfernheide statt, das heute zum größeren Teil vom Flughafen Tegel bedeckt ist.

Für mich, der ich aus einer kleinen Kreisstadt am Niederrhein kam, war Berlin trotz der zunehmenden Zerstörungen durch Bombenangriffe und trotz aller Einschränkungen, die der Krieg mit sich brachte, noch immer eine überwältigende Stadt. Als wir nach der Grundausbildung am Wochenende, falls man nicht zum Wachdienst eingeteilt wurde, Ausgang bekamen, war es ein aufregendes Vergnügen, mit der noch reibungslos verkehrenden U-Bahn herumzufahren und irgendwo in der großen Stadt aus dem Untergrund aufzutauchen. Das architektonische Ensemble der Stadtmitte mit dem Schloss, den Schinkel-Bauten, dem wilhelminischen Dom, der Universität, der Museumsinsel und der nach einem Brand wiederaufgebauten Staatsoper war im Wesentlichen noch intakt, und wenn ich mich recht erinnere, was wegen der vielen sich überlagernden späteren Stadtzustände und Eindrücke fraglich ist, ließ sich das auch vom Kurfürstendamm, dem Potsdamer Platz und der Friedrichstraße sagen. In der Friedrichstraße stiegen wir meistens aus, wenn wir von unserer Reinickendorfer Kaserne kamen. Einige Male besuchten wir dort das »Haus Vaterland«, einen großen, mit Soldaten aus den Berliner Kasernen überfüllten Vergnügungspalast, dessen verschiedene Säle nach deutschen Landschaften benannt und entsprechend dekoriert waren. Besonders beliebt war der bayerische Saal mit seiner dröhnenden Blaskapelle. Mein Freund Karl Heinz Sünner aus Düsseldorf und ich bevorzugten den Rheinlandsaal, der ebenfalls sehr beliebt war, weil es dort jede Stunde auf der Bühne ein simuliertes rheinisches Gewitter mit Donner und Blitzen gab. Ein anderes, von Soldaten überfülltes Großlokal waren die Pharus-Festsäle in der Seestraße. Dort gab es außer Musik auch dauernd klingelnde Tischtelefone. Karl Heinz und ich lernten auf diese Weise zwei Schwestern aus Moabit kennen. Aber da sie kein Telefon hatten und uns ein Ausgang gestrichen wurde, verloren wir den Kontakt. Tanzen war übrigens verboten. Es galt angesichts der vielen Kriegstoten als unwürdig und frivol. Und wie hätten wir es mit unseren schweren benagelten Stiefeln auch tun sollen? Die Pharus-Säle, so um ihren Sinn gebracht, wurden dann auch bald geschlossen.

Die hohe Kultur, die die Bedeutung der Hauptstadt und ihren ungebrochenen Lebenswillen repräsentieren sollte, wurde mit großen Anstrengungen aufrechterhalten. Schauspieler, Musiker und Bühnenpersonal waren wie die Facharbeiter und Ingenieure der Rüstungsindustrie vom Militärdienst freigestellt. Allerdings hatte man die Aufführungen um Stunden vorverlegt, damit Theater- und Konzertbesucher noch vor dem nächtlichen Fliegeralarm nach Hause kamen, und vor allen Dingen, um zu vermeiden, dass man eine Aufführung wegen anfliegender Feindverbände abbrechen musste. Nach dem Schlussbeifall verließ man die illuminierte Insel der Täuschungen und strebte so schnell wie möglich durch die verdunkelte Stadt nach Hause.

Da unsere Kompanie nächtliche Brandwachen stellte, bekamen wir ein Kontingent Theaterkarten. So sah ich in der Staatsoper Unter den Linden »Carmen« mit Margarethe Klose in der Titelrolle. Es war eine berühmte Inszenierung, bei deren Ausstattung man an nichts gespart hatte, und ich, der ich aus einer Stadt mit 8000 Einwohnern kam und noch nie etwas Vergleichbares gesehen und gehört hatte, fühlte mich erhoben und begeistert und besonders von der Hauptdarstellerin oder der Titelheldin, ich konnte es nicht recht unterscheiden, auf eine jünglingshafte Weise hingerissen. Doch die Aufführung war nur ein Teil meiner Faszination. Der andere war das hauptstädtische Publikum: Damen in Abendkleidern, ältere Herren in dunklen Anzügen, vielleicht, wie ich dachte, berühmte Professoren der Universität, Beamte der Ministerien, ausländische Diplomaten und natürlich viele Offiziere in Uniform und zum Teil mit hohen Auszeichnungen, vielleicht Kommandeure der in Berlin und Potsdam stationierten Truppen, andere, die zu einem kurzen Urlaub von der Front gekommen waren, auch Verwundete, denen ein Arm oder ein Bein fehlte, jedenfalls Akteure in einem großen historischen Drama, die ich in der Pause mit neugieriger Scheu und Bewunderung betrachtete, weil sie Erfahrungen gemacht hatten, von denen ich noch immer ausgeschlossen war.

Dass dieses Erlebnis die Ausgangsszene eines klassischen Entwicklungs- und Desillusionsromans hätte sein können, wusste ich damals nicht, denn ich hatte die einschlägigen Romane von Balzac und Flaubert noch nicht gelesen. Vermutlich hätte ich wegen der ganz anderen historischen Gesamtlage und dem bedrückenden Hintergrund der vom Krieg lädierten Stadt auch keine Ähnlichkeit erkannt. Ich bekam auch Karten für das Schauspielhaus am Gendarmenmarkt und sah leibhaftig berühmte Schauspieler, die ich bisher nur aus UFA-Filmen kannte, zum Beispiel Horst Caspar, der in einem vermutlich sehr idealisierenden Film den jungen Schiller als rebellischen und feurigen Dichterhelden dargestellt hatte. Auf mich, der ich damals fünfzehn oder sechzehn Jahre alt war, machte dieser Film einen so tiefen Eindruck, dass ich nacheinander fast alle großen Dramen von Schiller, Goethe, Kleist und auch einige Stücke von Shakespeare las und begann, selbst zwei Theaterstücke mit historischen und heroischen Sujets zu schreiben.

Das alles war inzwischen in mir verschüttet worden. Ich schrieb nichts, nicht einmal ein Tagebuch, und kann mich, im völligen Gegensatz zum Bild des deutschen Soldaten, der angeblich Hölderlin und Goethes »Faust« im Tornister hatte, an kein Buch erinnern, das ich in den langen Monaten des Berliner Kasernenlebens gelesen habe. Denn es gab keinen Winkel, in dem man allein sein konnte. Tagsüber, während der Ausbildung im Gelände, beim Exerzieren, auf dem Marsch, auf dem Schießstand, im Unterricht und auf dem Sportplatz, bei den Mahlzeiten und in den kurzen Pausen war man ohnehin ständig mit den anderen zusammen, aber auch abends gab es keine Rückzugsmöglichkeit. Die Stube war mit zwölf Mann belegt, und bis auf eine Ecke, in der ein Tisch, umgeben von zwölf Schemeln, stand, mit Spinden und Doppelbetten so zugestellt wie ein Möbellager. In dem schmalen Gang zwischen den doppelstöckigen Betten blieb gerade Platz für die Schemel, die dort nachts zu stehen hatten, beladen mit dem gefalteten und kantengenau aufgeschichteten Drillichzeug. Schlaf und Traum waren der letzte freie Raum, in dem man sich von dem ständigen Stress des Gruppenlebens erholen konnte, falls es nicht eine unangekündigte Nachtübung gab, oder eine jener überfallartigen, »Schwanzparade« genannten, nächtlichen Sauberkeits- und Gesundheitskontrollen, bei denen man, im Hemd stehend, sein Geschlechtsteil präsentieren musste. Und immer häufiger trieben uns nächtliche Fliegeralarme in den nur notdürftig abgestützten

Keller des Kasernenblocks oder als Brandwache auf den Dachboden und in Erdlöcher zwischen den Fahrzeugschuppen.

Das sonore Brummen der Flugzeuge und die kurzen harten Schläge der explodierenden Flakgranaten kannte ich von nächtlichen Fliegeralarmen zu Hause. Auch in unserer Straße waren zwei Häuser von Bomben getroffen worden. Aber in einem dieser Erdlöcher hörte ich zum ersten Mal das unheimliche Orgeln in unmittelbarer Nähe heruntergekommener schwerer Fußminen. Es war ein Geräusch, bei dem man sich unwillkürlich duckte und zusammenzog, als versuche man, sich klein zu machen und in der schützenden Erde zu verschwinden, um so der heranrasenden Gewalt zu entgehen. Die gleich darauf folgenden Detonationen waren dann schon fast die Befreiung. Im Erdloch war man natürlich sicherer als auf dem Dachboden des Kasernenblocks, wo es unsere Aufgabe war, einschlagende Brandbomben mit Sand zu ersticken oder aus dem Fenster zu werfen, obwohl damit zu rechnen war, dass sie explodierten. Auch im Keller war es nicht geheuer, wenn die Luftminen herunterkamen. Alle saßen wir dort dicht an dicht, die Stahlhelme auf dem Kopf, und lauschten auf die Einschläge, von denen einige das Gebäude erschütterten. Doch der Kasernenblock wurde nie getroffen. Wahrscheinlich warfen hier nur Flugzeuge ihre Bombenlast ab, die von Nachtjägern angegriffen wurden und sich davonmachen wollten. Nach solchen oft stundenlangen Nachtalarmen fuhren wir meistens mit unseren Fahrzeugen in die Stadt, um verschüttete Menschen und Tote aus Kellern zu bergen und Möbel und Hausrat aus brennenden Häusern auf die Straße zu tragen. Am Vormittag fiel dann der Dienst aus, und wir konnten uns erschöpft auf unsere Strohsäcke legen, um nachmittags weiterzumachen mit dem üblichen Drill und dem Platzpatronenkrieg im Übungsgelände, der uns zum Hals heraushing und immer lächerlicher erschien.

Dass die Ausbildung hart war, akzeptierten wir, insofern es sich um körperliche Anstrengungen und Belastungen handelte, die als

Vorbereitungen auf den Ernstfall des Fronteinsatzes gelten konnten. Doch ein beträchtlicher Teil der militärischen Härte bestand aus reiner Schikane. Natürlich waren nicht alle Unteroffiziere passionierte Menschenschinder. Doch weit verbreitet war im Unteroffizierskorps des Ersatzheeres die Ansicht, Drill und Schikanen seien nötig, um aus einem Haufen unterschiedlicher Menschen, sogenannten »Zivilunken«, harte, disziplinierte, zu unbedingtem Gehorsam fähige Soldaten zu machen. Eine verschärfte Variante dieser Auffassung lautete in der brutalen Sprache des Kasernenhofes: »Wir werden euch den Arsch so aufreißen, dass ihr euch noch alle danach sehnt, an die Front zu kommen.« Das war traditionelle Militärpädagogik, wie Berichte aus dem Ersten Weltkrieg belegen. So schrieb der Philosoph Karl Löwith, der im Oktober 1914 als Freiwilliger in die Kaserne einrückte: »Der Kasernendrill in der Türkenkaserne des bayerischen Infanterie-Leib-Regimentes hatte durch seine ausgesuchte Brutalität, zumal in der Behandlung der Freiwilligen, den Erfolg, dass jeder von uns den Tag der Versetzung an die Front als eine Erlösung empfand.« Ein anderer Kriegsfreiwilliger des Jahres 1914 notierte in seinem Tagebuch: »Exercieren und Nachtübung. Viel Schikanen durch die Vorgesetzten. Alles wünscht, dass wir endlich gegen den Feind marschieren.«

Die primitive Pädagogik, zugeschnitten auf Menschen, die nur durch Druck und Strafen zu etwas zu bringen sind, funktionierte auch bei uns, doch stellte sie eine völlige Verkennung oder Missachtung unserer Mentalität durch die Berufsunteroffiziere dar. Wir waren ja Kriegsfreiwillige. Wir wollten an die Front, um erwachsene Männer zu werden, uns persönlich auszuzeichnen und unsere vaterländische Pflicht zu tun. Mag sein, dass uns einige Unteroffiziere gerade wegen dieser idealistischen Flausen hassten, weil sie darin eine Form von Arroganz sahen, jedenfalls eine Geisteshaltung, die zu einer anderen sozialen Schicht gehörte. So benutzten sie jede Gelegenheit, uns zu demütigen oder, wie es auch heißt, »herunterzuputzen«, indem sie uns wie Menschen ohne eigene Würde behandelten, die nur aus Mängeln und Pflichtvergessenheit bestanden. Es gab viele verschiedene Strafrituale, um das anschaulich zu inszenieren.

Als beim Waffenappell im Lauf meines Karabiners eine winzige Fluse vom Reinigungswerk entdeckt wurde, musste ich mich am Abend nach dem Dienst in feldmarschmäßiger Ausrüstung, mit Mantel, Helm, Gasmaske, Spaten und Karabiner, in der Unteroffiziersstube melden, wurde von unten bis oben inspiziert und mit neuen, ebenso belanglosen oder auch nur erfundenen Mängeln belastet und musste zur Strafe vor dem glühend heißen Kanonenofen Gewehrgriffe klopfen und zwischendurch mit dem Karabiner in Vorhalte Kniebeugen machen, was offenbar für die Mehrzahl der Unteroffiziere, die währenddessen zu Abend aßen, ein unterhaltsames Schauspiel war.

Ich hasste sie alle in dieser Stunde, besonders aber meinen Peiniger, einen der übelsten Schleifer, der die szenische Fantasie eines Sadisten hatte. Er war mein Gruppenführer, und ich war häufig das Objekt seiner Schikanen, weil er genau wusste, was ich von ihm hielt. Er hörte es heraus, wenn ich bloß »Jawohl, Herr Unteroffizier!« zu ihm sagte. Denn uns verband der Scharfblick und die Hellhörigkeit einer gegenseitigen Abneigung auf den ersten Blick. So wusste ich auch, dass ich nicht nur deshalb in voller feldmarschmäßiger Ausrüstung vor dem überhitzten Kanonenofen Gewehrexerzieren und Kniebeugen machen musste, damit ich ordentlich ins Schwitzen geriet, sondern weil er mich vor den Unteroffizieren demontieren wollte. Zwischendurch schickte er mich weg, weil ich »völlig bescheuert aussah«, und befahl mir, mich in drei Minuten in korrekter Uniform wieder zu melden. Ich wurde wieder von oben bis unten inspiziert, neue Mängel wurden festgestellt, und der Terror begann von Neuem. Was wollte dieser Mensch von mir? Ich war Soldat geworden, um mein Vaterland zu verteidigen, und nicht, um mich »zur Sau machen« zu lassen, wie der einschlägige Ausdruck hieß. Aber es gab keinerlei Einspruchsmöglichkeit gegen diese Willkür, hinter der die gesamte militärische Hierarchie stand. Ich hatte allerdings begriffen, dass die Schikanen zeitlich begrenzt waren, denn bevor mein Peiniger die Lust verlor, hatten schon die anderen Unteroffiziere, die mit ihm zusammen auf der Stube lebten, genug davon. Er ließ mich schließlich wegtreten zum Abendessen.

Ein anderes Mal wurde ich gezwungen, trotz starken Hustens an einer Gasmaskenübung im Freien teilzunehmen, bei der mit schwerem Gepäck durch den Sand der Mark Brandenburg gelaufen wurde. Um nicht unter der Maske zu ersticken, lockerte ich einen Seitenriemen. Das wurde entdeckt, und zur Strafe wurde mir der Weihnachtsurlaub gestrichen. Stattdessen musste ich an den Weihnachtstagen Wache stehen. Nichts ist öder, als in einer Winternacht zwischen Garagen und Geräteschuppen zwei Stunden lang auf und ab zu patrouillieren und nach vier Stunden dumpfen Schlafes, in voller Uniform auf der Pritsche der Wachstube, wieder nach draußen zu müssen. Aber andererseits, wohin hätte ich Weihnachten fahren können? Zu Hause war niemand mehr. Ich hätte zu meiner Tante nach Honnef fahren müssen. Darauf konnte ich, wie ich damals dachte, gut verzichten. Vielleicht würde ich doch noch Ausgang und eine Theaterkarte bekommen. Und in der Kaserne war es ruhig und ziemlich leer. Weihnachten gab es übrigens keinen Fliegeralarm. Die Amerikaner und die Briten machten auch eingeschränkten Dienst.

Unbeliebte Arbeiten wurden über Strafen verteilt, und nicht selten herrschte auch Gruppenhaftung. Wenn der kontrollierende Unteroffizier Sauberkeit und Ordnung einer Stube gerügt hatte, wurden nicht nur die zum Stubendienst eingeteilten Soldaten bestraft, sondern in der Regel die ganze Gruppe. Solche Maßnahmen sollten den Zusammenhalt und die Selbstkontrolle der Gruppe fördern, aber sie steigerten auch Reizbarkeit und Aggression.

Vorübergehend kam in unsere Gruppe als Neuzugang ein Schusterjunge aus Bayern, der in dieser vor allem aus ehemaligen Gymnasiasten und Studenten von Forstakademien bestehenden Kompanie ein hilfloser, verwirrter Fremdling war, völlig unfähig, geistig und körperlich den Gruppenstandards zu genügen. Durch ihn fiel unsere Gruppe ständig auf und handelte sich Strafen und Schikanen ein, was im Grunde eine Aufforderung zur Gruppenjustiz war. Es dauerte allerdings eine Weile damit. Denn es gab Widerspruch. Der verstummte aber sofort, als der Unglückselige auch noch einen Kameradendiebstahl beging. Es handelte sich nur um ein Stück Wurst. Aber seine Kameraden zu bestehlen galt in den engen militärischen Zwangsgemeinschaften als besonders verabscheuungswürdig, und so hatte er keine Fürsprecher mehr. Nachts zerrte ihn die Gruppe aus dem Bett und veranstaltete mit ihm ein Strafexerzieren, das keineswegs sanfter war als mein Strafexerzieren in der Stube der Unteroffiziere, mit dem Unterschied, dass er die ganze Gruppe gegen sich hatte und völlig verängstigt war. Anschließend wurde er, weil er sich nie gründlich wusch, mit rauem Nachdruck unter die Dusche gestoßen.

Dass die Gruppe bei dieser nächtlichen Aktion den alltäglichen Drill, den wir oft genug selbst verfluchten, als Strafmittel wählte, ist nicht einfach zu interpretieren. Es war einerseits der bekannte Mechanismus der Identifikation von Unterdrückten mit den Unterdrückern, der immer wieder dafür sorgt, dass Macht- und Gewaltstrukturen sich forterben. Doch war es zugleich, und ich möchte sogar sagen vor allem, eine Ritualisierung von Aggressivität, die wegen des Diebstahls auch ganz anders hätte zum Ausdruck kommen können. Die Gruppe bediente sich stattdessen einer Sprache, die sie für legal hielt, und deutete die Strafaktion, hinter der durchaus Wut steckte, in eine Disziplinierungsmaßnahme um. Das hatte zur Folge, dass das Ganze allmählich immer theaterhafter und schließlich sogar parodistisch wurde. Während wir da in unseren Unterhemden, in denen wir auch schliefen, um den Delinquenten herumstanden und nacheinander ein anderer vortrat und ihm eine Übung vormachte, die er spiegelbildlich wiederholen sollte, war bald nicht mehr zu unterscheiden, ob wir an ihm den militärischen Drill in verschärfter Form exekutierten oder ob wir uns über den Drill lustig machten.

Auch einige Ausbilder bedienten sich manchmal solcher Zweideutigkeiten, um sich vorübergehend von ihrer Rolle zu distanzieren, zum Beispiel, indem sie mit markiger Stimme ironisch übertriebene Kommandos gaben. »Einmal zum Horizont marsch marsch!« Das war so ein augenzwinkerndes Eingeständnis, dass der Drill und das dazugehörige Autoritätsgehabe auch nur eine Art von Theater sei. Wir verstanden solche humoristischen Parodien des Kasernenhoftons als Angebote von Kameradschaft und deuteten sie als Hinweis darauf, dass der Ausbilder damit rechnete, bald zusammen mit uns an die Front zu kommen. Denn dort, das wusste er, würde er auf uns angewiesen sein.

Die meisten Berufsunteroffiziere, die sogenannten Zwölfender, hielten dagegen ihr arrogantes, auf Einschüchterung und Unterwerfung zielendes Dominanzgebaren lange bei. Es war ein kalter, barscher Ton, oft von schneidender Schärfe. Später habe ich ihn in unverfälschter Nachfolge bei den kontrollierenden Grenzsoldaten der DDR wiedererlebt. Sie hatten die Methoden der Einschüchterung noch verfeinert und auch eine äußerlich korrekte Abwicklung der Kontrolle durch Tonfall, Körpersprache, stummes Blättern in den Pässen und demonstrative Langsamkeit zu einer untergründigen Drohung gemacht. Offenbar genossen sie dabei die ängstliche Beflissenheit vieler Reisender. Zeigte man sich ungeduldig und widerspenstig, dann wurde der nächste Grad der Einschüchterung angewandt, wie es jener Offizier tat, der mich bei der Abfahrt noch einmal stoppte und meinen Wagen zu beschlagnahmen drohte, weil ich angeblich mit Absicht durch eine Pfütze gefahren sei, um ihn zu bespritzen. Nichts war an seinen

Stiefeln und seiner Uniform zu sehen. Aber das war gerade der subtile Kern seiner Drohung. Er wollte mir damit zeigen, dass er die Macht habe zu bestimmen, was der Fall sei, und deshalb nach Belieben mit mir verfahren könne.

Diese und viele andere Einschüchterungstricks und Drohgebärden kannte ich aus der Kaserne, und in einer eigenartigen Zeitverschiebung, die natürlich mit neuen Lebenserfahrungen zusammenhing, reagierte ich später viel gereizter darauf. Es war ja auch seltsam, wie sich diese Strukturen und Verhaltensweisen fortgeerbt hatten, ganz unabhängig vom angeblich konträren ideologischen Selbstverständnis der gesellschaftlichen Systeme.

Militärtaktisch entsprach die Vorstellung, dass Rekruten erst durch strammen Exerzierdrill zu richtigen Soldaten erzogen wurden, einem überholten Denken. Es stammte aus einer Zeit, als die Truppen noch in großen geschlossenen Verbänden operierten und sich, gelenkt von Kommandos, Trompeten und Flaggensignalen, auf dem Schlachtfeld bewegten, als ob es ein Exerzierplatz sei. Mit der schnell wachsenden Feuerkraft der verbesserten Infanteriegewehre und der Artillerie führte diese Kampftaktik zu immer größeren Verlusten, sodass zuerst die Franzosen und in der ersten Hälfte des 19. Jahrhunderts allmählich alle europäischen Armeen zur Taktik des zerstreuten Gefechts in aufgelöster Formation übergingen. Zwar überlebte das traditionelle Exerzieren vor allem in Friedenszeiten auf den Kasernenhöfen, doch als Ausbildung für das Gefecht war der Drill zum automatischen Gehorsam nicht mehr realitätsgerecht. Man brauchte nun Soldaten, die auch in kleinen Gruppen und isolierten Situationen selbstständig handeln konnten. Dem entsprach auf der Kommandeursebene der Übergang von der Befehls- zur Auftragstaktik, die den Truppenführern zwar operative Ziele setzte, es aber ihrer Entscheidung überließ, wie angesichts der örtlichen Bedingungen und des Gefechtsverlaufs diese Ziele am besten zu erreichen seien. Diese Militärdoktrin, von Moltke 1866 im preußisch-österreichischen Krieg zum ersten Mal erfolgreich erprobt, erlebte in den ersten Jahren des Zweiten Weltkriegs in den überraschenden Panzervorstößen der Blitzfeldzüge ihren spektakulären Höhepunkt. Die deutschen Verluste waren dabei im Vergleich zu den Materialschlachten des Ersten Weltkrieges so erstaunlich gering, dass sich wie ein narzisstischer Kollektivwahn der Mythos der absoluten Überlegenheit der deutschen Soldaten ausbreitete. Das war die Stimmung, in der ich, wie die meisten meiner Altersgenossen, aufwuchs. Einen anschaulichen Begriff vom Widerstand der Realität bekam ich erst 1941 durch Wochenschauberichte vom Beginn der Schlammperiode und vom Wintereinbruch in Russland. Die erschreckenden Bilder waren wohl nur deshalb von der Zensur freigegeben worden, weil man die erste, beinahe katastrophale Niederlage der Wehrmacht der Bevölkerung durch diese besonderen Umstände hinreichend erklären konnte und so die Hoffnung erhalten blieb, das Kriegsgeschehen werde sich im Frühjahr, beim Eintritt besserer Witterungsverhältnisse, natürlich wieder wenden.

Zwar wurde 1942 die deutsche Offensivmaschine noch einmal angeworfen und errang weitere Erfolge, doch der Rüstungswettlauf war für die Deutschen verloren gegangen, und nach der Niederlage von Stalingrad war die Offensivkraft der Wehrmacht im Wesentlichen erschöpft. Sie geriet nun in einen Abnutzungskrieg, den sie in ihrer materiellen und zahlenmäßigen Unterlegenheit nicht gewinnen konnte. Als Goebbels am 18. Februar 1943 als Antwort auf diese Lage mit einer Rede im Berliner Sportpalast den totalen Krieg verkündete, war dieser Aufruf zum Einsatz der letzten mobilisierbaren Reserven von einem öffentlichen Eingeständnis der sich anbahnenden Niederlage eigentlich nicht mehr zu unterscheiden. Ein neues Stadium der Irrealität war erreicht. Das Verlässlichste waren noch die Ortsnamen, die in den Wehrmachtsberichten auftauchten. Trotz aller Meldungen von erfolgreichen eigenen Gegenstößen und schweren Verlusten des Gegners bewiesen sie, dass es an allen Fronten unaufhaltsam rückwärtsging. Wenn gar vom »heldenmütigen Widerstand« der eigenen Truppen die Rede war, konnte man sicher sein, dass sich dahinter eine Katastrophe verbarg. Meistens war eine zur Festung erklärte Stadt in die Hände des Gegners gefallen, oder eingekesselte Divisionen, denen Hitlers panikartige Haltebefehle den Rückzug aus einer unhaltbaren Stellung oder den Ausbruch aus einem Kessel verboten hatten, standen kurz davor, aufgerieben zu werden.

Abgesehen von den zunehmenden Bombenangriffen auf Berlin lebten wir in der Reinickendorfer Kaserne im Windschatten des Krieges. Da es in der Stube kein Radio gab, waren wir auf den Gemeinschaftsempfänger im Unterrichtsraum angewiesen, der aber längst nicht immer zugänglich war. An eine Zeitung konnte man nur kommen, wenn man Ausgang hatte. In der Schreibstube hing an der Wand eine Europakarte, auf der der ständig sich verändernde Frontverlauf markiert war. Aber es war nicht üblich, die Schreibstube zu betreten, wenn man keine dienstlichen Anliegen hatte, und auch dann konnte man höchstens einen Blick auf die Karte werfen. Das war bestürzend genug. Doch die riesigen Menschen- und Materialverluste der deutschen Wehrmacht waren auf der Landkarte nicht vermerkt. So blieb das ständige Zurückweichen der Front ein Bilderrätsel von gespenstischer Abstraktion, hinter dem sich das kaum Vorstellbare verbarg.

Als die Rote Armee Anfang 1944 die Krim zurückeroberte, konnten von den 235 000 Mann der dort abgeschnittenen 17. Armee noch 100 000 Mann, darunter viele Verwundete, unter Zurücklassung des gesamten schweren Gerätes und der Waffen eingeschifft werden und über See entkommen. Der Strand, der in der Reichweite der russischen Artillerie und zum Schluss auch der Infanteriewaffen lag, war übersät mit Toten und Verwundeten, die fast alle liegen blieben. Solche Ereignisse erschienen im Wehrmachtsbericht noch als »geordnete Räumung nach heldenhaftem Widerstand«. Im Juli verlor dann die Heeresgruppe

Mitte, die den Frontabschnitt zwischen dem Baltikum und der Ukraine verteidigte, 28 Divisionen mit insgesamt 350000 Mann, ein militärisches und menschliches Debakel von noch größerem Ausmaß als Stalingrad. Ein riesiges Loch war in der Front entstanden. Davor hing nur noch ein dünner Schleier aus den restlichen, schwer angeschlagenen Verbänden der Heeresgruppe. Nur weil die russischen Angriffsarmeen ihre Verbände zunächst einmal neu ordnen und ihren Nachschub sichern mussten, gab es eine Atempause. Im Bereich der Heeresgruppe Nord und der ukrainischen Front sah es nicht grundsätzlich besser aus. Und im Westen wurde die Invasion erwartet. Das alles wussten wir nicht, weil die Karte mit den Fähnchen es nicht verriet und weil es außerdem nicht ratsam war, die Zeichen an der Wand ausführlich im Gespräch zu deuten. Denn das wäre auf »Wehrkraftzersetzung« hinausgelaufen, ein Vergehen, das als Verbrechen am Überlebenskampf des deutschen Volkes galt und mit dem Tod bestraft werden konnte. Schließlich hatte Goebbels bei seiner Rede im Berliner Sportpalast den versammelten Parteigenossen und Wehrmachtsangehörigen, die dort das deutsche Volk repräsentieren sollten, neben neun anderen Suggestivfragen auch die Frage gestellt: »Seid ihr damit einverstanden, dass, wer sich am Kriege vergeht, den Kopf verliert?« Sie hatten geschlossen »Ja!« gebrüllt. Da es Auslegungssache war, was als Vergehen gegen den Krieg zu verstehen war, gab es eigentlich nur die Möglichkeit, auf alle Fälle den Mund zu halten. Nur indirekt konnte man über den Ernst der Lage sprechen, zum Beispiel im Zusammenhang mit dem Gemunkel über die in Vorbereitung befindlichen neuen Wunderwaffen, die angeblich kurz vor dem Einsatz standen und eine Wende des Krieges herbeiführen sollten. Auf diese Weise zuzugeben, dass die deutsche Wehrmacht sich in einer schwierigen Lage befand, war keine Wehrkraftzersetzung, wenn auch die dagegengesetzte Hoffnung vage und fiktiv war.

4

Wunderwaffen und andere Glaubenssachen

Wie sich nach dem Kriege herausstellte, befanden sich in den letzten Kriegsjahren eine ganze Reihe neuer Waffensysteme in der Entwicklung. Doch die Versuche waren nach einiger Zeit wieder abgebrochen worden, teils weil die Ergebnisse enttäuschend blieben, teils weil die Produktionsstätten durch Bombenangriffe beschädigt oder zerstört wurden, und in mehreren Fällen auch deshalb, weil keine Aussicht bestand, dass die Waffen vor Kriegsende noch einsatzfähig wurden.

Es gab kuriose Projekte darunter, zum Beispiel eine »Elektrokanone«, deren Geschosse, wie die heutige Magnetbahn, durch hintereinandergeschaltete Magnete beschleunigt werden sollten. Es gab Konzepte für Pressluftgranaten und Eisbomben, und im September 1944 berichtete eine britische Agentin Einzelheiten über eine geplante »Schlagwetterbombe oder -granate«. Bei ihr sollte eine schnell rotierende Masse aus Braunkohlenstaub und beigemischtem Methangas zur Explosion gebracht werden und auf der Erde und in der Luft bei feindlichen Bomberverbänden nach Art eines Wirbelsturms große Zerstörungen anrichten.

Auch mit dem Riesenrohr einer geplanten »Windkanone« hatte man durch den Explosionsdruck eines Gemischs aus Wasserstoff und Sauerstoff feindliche Tiefflieger abschießen wollen. Das Ding war von monströser Unbeweglichkeit, und bisher war es erst gelungen, fest montierte Ziele, wie Holzbretter, zu zerschmettern. Mit der »Schallkanone« wollte man eine so laute Detonation erzeugen, dass im Umkreis von 50 Metern Menschen starben oder schwere Nervenschädigungen erlitten. Ein Versuchshund soll tatsächlich bei einer Detonation von 2000 kg Sprengstoff in 40 Meter Abstand gestorben sein. Interessant ist die Formulierung, mit der der Reichsforschungsrat im Januar 1945 die Einstellung der Versuche anordnete. Es hieß dort, »dass nach Lage der Dinge eine Verwendung von Schallwellen für die Kriegsführung nicht infrage kommt«. »Nach Lage der Dinge«, das hieß nichts anderes, als dass der Krieg nach allgemeiner Einschätzung nicht nur verloren, sondern wohl auch bald zu Ende sei. So geschäftsmäßig wurden damals in den Behörden die Akten geschlossen.

Waffen von entsetzlicher Wirkung stellten die von deutschen Wissenschaftlern erfundenen Nervengase Sarin und Tabun dar, gegen die keine Gasmaske Schutz bot. Aber Giftgase waren seit dem Ersten Weltkrieg geächtet, und der Erfolg der konventionellen deutschen Waffensysteme in den ersten Kriegsjahren machte es nicht nur leicht, sondern auch ratsam, das auch in der Bevölkerung und der Armee tief verankerte Tabu nicht zu brechen. Später verbot es sich wegen der alliierten Luftüberlegenheit, einen Giftgaskrieg zu entfesseln.

Die spektakulärsten Waffen, die gegen Kriegsende noch zum Einsatz kamen, waren die Raketenbomben V1 und V2, mit denen eine Weile London beschossen wurde. Aber kriegsentscheidende oder auch nur strategisch bedeutsame Wunderwaffen waren das nicht. Ihre Wirkung war weit geringer als die der alliierten Bombenangriffe auf deutsche Städte. Sie entsprach überhaupt nicht den geheimnisvollen propagandistischen Andeutungen über völlig neuartige Waffensysteme von ungeheurer Wirkung, die seit 1943 immer wieder zu hören und zu lesen waren.

So hatte in der Zeitung »Das Reich«, dem Intelligenzblatt des Propagandaministeriums, ein Artikelschreiber namens Schwarz van Berk, was vielleicht ein Pseudonym war, einen jener Perspektiven gebenden Aufsätze über den Krieg verfasst, deretwegen die Zeitung von vielen Menschen gelesen wurde. Sie taten das nicht völlig naiv, denn jeder wusste selbstverständlich, dass »Das Reich« keine unabhängige Zeitung war. Trotzdem glaubte man, in ihr mehr erfahren zu können als in anderen Blättern, vor allem Informationen aus den Zentralen der Macht. Auf diese Erwartungen hatte auch Schwarz van Berk seinen Aufsatz zugeschnitten. Er erschien am 5. Dezember 1943 und war vermutlich einer der ersten, der das Thema der in Vorbereitung befindlichen Geheimwaffen ausführlich zur Sprache brachte, und zwar als Antwort auf die zunehmenden Bombardierungen deutscher Städte. Ein verheerender Vergeltungsschlag wurde angekündigt, eingehüllt in einen Kommentar, der so verlogen wie dunkel war und in eine unheimliche Drohung auslief. Es hieß dort: »Uns geht es bei der Vergeltung nicht um einen Waffentriumph, auch nicht nur um ein Strafgericht, nach dem heute unser ganzes Volk verlangt, es geht uns darum, der Zügellosigkeit des Massenmordes durch einen äußersten, sehr drastischen Schlag Einhalt zu gebieten.« Und nun folgte eine dunkle, ins Allgemeine verschobene Prophezeiung, die eine unüberhörbare düstere Drohung war: »Die Menschheit ist dem Punkt nicht mehr fern, wo sie die halbe Erde in die Luft fliegen lassen kann.«

Viele Leser werden damals gerätselt haben, was damit gemeint sein könne. Heute ist unmissverständlich, dass dieser Aufsatz im Goebbels'schen Hauptorgan »Das Reich« den Kriegsgegnern Deutschlands mit der Atombombe drohte.

Die Drohung, so wissen wir heute, war ein Bluff. Zwar hatte es Vorbereitungen zum Bau einer Atombombe gegeben, aber Ende 1943, also fast zeitgleich mit dem Artikel im »Reich«, hatte Werner Heisenberg, der prominenteste im Lande verbliebene deutsche Physiker, der auch mit vorbereitenden Forschungen zum Bau der Bombe beauftragt war, aus wissenschaftlichen Gründen, aber wohl auch aus moralischen Bedenken, die Ansicht vertreten, es sei in absehbarer Zeit nicht möglich, eine Atombombe zu bauen. Mehrere Versuche hatten sich als Sackgasse erwiesen.

Andere Lösungsmöglichkeiten waren nicht erprobt worden, wofür Heisenbergs spätere Äußerung, die deutschen Physiker wären am Erfolg des Unternehmens nicht interessiert gewesen, vielleicht als Erklärung dienen kann. Es gab auch andere Rückschläge. Ein britisches Kommando zerstörte die in Norwegen gelegene Fabrikationsstätte für schweres Wasser, einen wichtigen Ausgangsprodukt für den Bau der Bombe. In Berlin wurde bei einem Bombenangriff eine Neutronenschleuse mitsamt den dazugehörigen Konstruktionszeichnungen zerstört. Solche Zeitverluste ließen angesichts der Kriegslage die Bemühungen zum Bau der Bombe immer aussichtsloser erscheinen. Es erschien sinnvoller, sich auf die Verbesserung der eingeführten Waffensysteme, wie Panzer und Flugzeuge, zu konzentrieren.

Wie beiläufig das Forschungsvorhaben »Atombombe« schließlich noch weiterverfolgt wurde, zeigt die Tatsache, dass die letzte deutsche Versuchsanlage ab September 1944 im angemieteten Keller des Schwanenwirts in Haigerloch in Württemberg untergebracht war. Zwei Techniker versuchten sich dort mit einem kleinen Uranmeiler an der Neutronenvermehrung, ohne ein technisch verwendbares Ergebnis zu erzielen. Dagegen hatte in einer schwedischen Zeitung gestanden, den Amerikanern sei es gelungen, eine Uran-Bombe herzustellen, die ein Loch von 1 km Tiefe und einem Radius von 40 km reißen könne, auch eine durch Geheimdienste lancierte gewaltige Übertreibung zur Einschüchterung des Gegners. Diese Drohung wurde natürlich in Deutschland nicht bekannt. Ohne Konkurrenz konnten eigene Propagandalügen von der bald zum Einsatz kommenden Wunderwaffe die wankende Zuversicht der deutschen Bevölkerung, dass ein militärischer Sieg noch möglich sei, wieder für einige Zeit ein wenig stabilisieren.

Der Artikel von Schwarz van Berk enthält noch ein anderes Motiv, das bezeichnend ist für die irreführenden Winkelzüge der psychologischen Kriegsführung. Es heißt dort in dem bereits zitierten Satz, der Hauptzweck der neuen Geheimwaffe sei es, »der Zügellosigkeit des Massenmordes durch einen äußersten, sehr drastischen Schlag Einhalt zu gebieten«. Man muss sich die Augen reiben, wenn man diese Formulierung liest. Denn wer dächte bei dem Ausdruck »zügelloser Massenmord« nicht an den millionenfachen Völkermord in den Todesfabriken der Konzentrationslager und an die Massaker der Erschießungskommandos hinter der deutschen Front? Der Autor dieses Artikels geht über diese ungeheuerlichen Verbrechen schweigend hinweg, um in heuchlerischer Entrüstung und Ausschließlichkeit das Wort vom Massenmord auf die Bombardierung deutscher Städte anzuwenden. Macht ist auch Definitionsmacht. Sie kann bestimmen, was als Verbrechen gilt.

Die Verdunkelung und Geheimhaltung der eigenen Untaten, vor allem durch das mit der Todesdrohung weitgehend durchgesetzte Verschweigen, und die Solidarisierung der Bevölkerung gegen den äußeren Feind, der ihr mit den Luftangriffen ohne Zweifel schweren Schaden zufügte, waren ein propagandistisches Doppelmanöver, das erstaunlich gut funktioniert hat. Damit daraus ein geschlossenes System, ein auswegloses Geistesgefängnis wurde, musste allerdings auch noch der Glaube verbreitet werden, dass dem deutschen Volk im Falle einer Niederlage von den Siegern unvorstellbar Schreckliches drohe, es also zum Kampf auf Leben und Tod bis zum Ende keine Alternative gebe. Dies hatte seinen zynischen Ausdruck in dem allgemein geläufigen Slogan gefunden: »Genießt den Krieg, der Frieden wird fürchterlich«, bei dem die Angst sich in schwarzen Humor verwandelt und verflüchtigt hatte.

Es gab aber auch Parolen, die unmittelbar an verborgene Ängste appellierten. 1944 war auf den Güterwaggons von Truppen- und Versorgungstransporten die Parole »Sieg oder Sibirien« in großen weißen Buchstaben aufgemalt. Zusammen mit den Waggons, die den Schrecken der Deportation veranschaulichten, wirkte die

Parole wie ein Stoß ins Unterbewusstsein. Sie weckte Angst und bei denen, die von den Menschendeportationen des Dritten Reiches gehört hatten, angststeigernde Schuldgefühle. Ständig aufgerührt durch die Propaganda, wuchs die Angst vor den Konsequenzen der militärischen Niederlage zu einer kritischen Masse an, die am Ende des Krieges die Massenflucht der Bevölkerung aus den Ostprovinzen Deutschlands und eine Selbstmordwelle nicht nur unter den Familien der höheren Nazis auslöste.

Als die Rote Armee ins Reichsgebiet eindrang, zeigte sich, dass die Angst nicht unberechtigt war. Es kam überall zu Vergewaltigungen und Verschleppungen, mutwilliger Zerstörung und Raub. Am 16. April, als dann an der Oder die letzte russische Offensive begann, erließ Marschall Schukow, dessen Armeegruppe gegen Berlin vorstoßen sollte, einen Tagesbefehl, in dem es hieß: »Sowjetsoldat, räche Dich. Verhalte Dich so, dass der Einbruch unserer Armeen nicht nur den heutigen Deutschen, sondern auch ihren fernen Enkeln in Erinnerung bleibt ... Sowjetsoldat, habe kein Mitleid im Herzen.«

Dies ist eine geradezu archaische Äußerung von aufgestautem Hass, die mit den Massakern der deutschen Einsatzkommandos in den besetzten Gebieten der Sowjetunion begründet, aber nicht legitimiert werden kann. Doch in seinen destruktiven Dimensionen unterscheidet sich dieser schreckliche Tagesbefehl deutlich von den paranoiden Fantasien Hitlers, der am 25. September 1944 in einem Erlass zur Bildung des Volkssturms, also des letzten Aufgebots aus älteren Männern, Jugendlichen und bisher wehruntauglich geschriebenen Halbinvaliden, einleitend behauptet hatte, das letzte Ziel des Feindes, der jetzt an den deutschen Grenzen stehe und sich anschicke, das Reich zu zerschlagen, sei »die Ausrottung des deutschen Menschen«.

Auch hier ist wieder die Projektion greifbar, die dem Feind die eigenen destruktiven Fantasien unterstellt und die eigenen massenmörderischen Handlungen durch spiegelbildlich imaginierte

Ausrottungsabsichten des Feindes gerechtfertigt glaubt. Während Hitler von einer Todesdrohung für das deutsche Volk fabulierte, war in den Vernichtungslagern die Ausrottung der Juden unter dem Zielbegriff der »Endlösung« in vollem Gange. Auch hinter dem Eroberungskrieg im Osten hatten Fantasien von der Vertreibung und biologischen Auslöschung der dort lebenden Völker gestanden. Noch am 3. August 1944, als die Rote Armee bei Ostpreußen die Reichsgrenze erreicht hatte, sagte Himmler auf einer Gauleitertagung in Posen: »Es ist unverrückbar, dass wir die Volkstumsgrenze um 500 Kilometer herausschieben, dass wir hier siedeln ... Es ist unverrückbar, dass wir diesen Siedlungsraum erfüllen, dass wir hier den Pflanzgarten germanischen Blutes im Osten errichten.« Da Rassenvermischung in der Ideologie der Nazis die Sünde schlechthin war, liefen diese Expansionsträume, die inzwischen völlig irreal waren, auf einen Verdrängungs- und Überlebenskampf in den Dimensionen des Völkermords hinaus, in dem allein das Recht des Stärkeren entschied.

So lag es auch in der Logik von Hitlers Denken, dass er am 19. März 1945, kurz vor Beginn der letzten russischen Offensive, eine Art Todesurteil über das deutsche Volk verhängte, indem er befahl, vor dem Eindringen des Feindes alle überlebenswichtigen Verkehrs-, Nachrichten-, Industrie- und Versorgungsanlagen und Sachwerte zu vernichten.

Rüstungsminister Albert Speer widersprach persönlich und in einer Denkschrift diesen Zerstörungsabsichten. An Hitlers Behauptung von den Ausrottungsabsichten der Feinde anknüpfend, schrieb er, wenn unsere Gegner das deutsche Volk zerstören wollten, dann sei das ihre historische Schande. »Wir aber haben die Verpflichtung, dem Volke alle Möglichkeiten zu lassen, die ihm in fernerer Zukunft wieder einen Aufbau sichern könnten.«

Das war ein mutiger Einspruch. Er widersetzte sich zwei elementaren Wünschen des Diktators, der sich in diesen letzten Wochen mit dem näher rückenden eigenen Tod konfrontiert sah.

Einerseits fantasierte Hitler von dem Wunder einer militärischen Errettung – die russischen Armeen sollten zwischen dem Verteidigungsring von Berlin und drei von außen zustoßenden deutschen Entsatzarmeen zerrieben werden –, andererseits aber, im gleichen Zuge und mit denselben Maßnahmen und Entscheidungen, inszenierte er seinen eigenen Untergang als ein Götterdämmerungsdrama von welthistorischem Ausmaß. Er wollte die totale Identifikation des Volkes mit seinem persönlichen Schicksal, von der er sich oft getragen gefühlt hatte, nun noch einmal zwangsweise vollstrecken lassen. Wie für ihn, sollte es auch für das deutsche Volk keine Alternative mehr geben.

Zu Generaloberst Guderian, dem letzten Oberbefehlshaber des Heeres, der sich hinter Speers Denkschrift stellte, sagte Hitler, nach Guderians Notizen: Wenn der Krieg verloren gehe, werde auch das Volk verloren sein. Dieses Schicksal sei unabwendbar. Deshalb sei es nicht nötig, auf die materiellen Grundlagen, die das Volk zu einem primitiven Überleben brauche, Rücksicht zu nehmen. Es sei sogar besser, alles zu zerstören, weil das deutsche Volk sich dann als das schwächere erwiesen habe und dem stärkeren Ostvolk die Zukunft allein gehöre. Was nach dem Kampf übrig bleibe, seien ohnehin die Minderwertigen, denn die Guten seien gefallen.

In dieser Gesinnung und mit diesen Begründungen gab Hitler den Befehl, Tabula rasa zu machen, und fügte, misstrauisch, wie er war, hinzu: »Entgegenstehende Weisungen sind ungültig.« Doch da sich der Diktator während der Schlacht um Berlin im Bunker der Reichskanzlei einigelte, konnte Speer von Kommandostelle zu Kommandostelle eilen und das Schlimmste verhindern. Die meisten örtlichen Kommandeure ließen sich von ihm überzeugen, dass man diesen Zerstörungsbefehl auf keinen Fall ausführen dürfe. Wäre Hitlers Befehl vollstreckt worden, dann hätte das, allein wegen der riesigen Flüchtlingstrecks, die sich auf den Straßen nach Westen drängten, aber auch in den von aller Versorgung abgeschnittenen Städten eine unvorstellbare Katastrophe ausgelöst.

Natürlich sind der Befehl Hitlers und erst recht seine von Guderian notierten menschenverachtenden Begründungen damals nicht bekannt geworden. Sie hätten den allgemeinen Desolidarisierungsprozess noch beschleunigt und radikalisiert. Das Vertrauen in die Glaubhaftigkeit und Kompetenz der obersten Nazi-Führer war ohnehin in rapidem Verfall begriffen. Über Goebbels und Göring wurden seit Langem Witze gerissen. Sie galten als großmäulige Politclowns, die den Mund stets zu voll genommen hatten. Im Vergleich zu ihrer popanzhaften Anschaulichkeit erschienen Himmler und Bormann als kalte, maskenhafte, bürokratische Machtmenschen, zu denen es keinen menschlichen Zugang gab, nicht einmal durch Ironie und Witz. Eine Sonderstellung hatte Hitler, der bis in die letzten Kriegsjahre von der Mehrheit »Der Führer« genannt wurde, was ihm eine singuläre und entrückte Position gab, die der Kritik entzogen war. Es nützte ihm sogar und verhinderte den raschen Verschleiß seines Ansehens in der Bevölkerung, dass er sich während der letzten Kriegsjahre völlig aus der Öffentlichkeit zurückzog, vermutlich nicht nur wegen seiner Parkinson'schen Krankheit, die seine Hände zittern ließ – und ein zitternder Diktator ist ein groteskes Bild des Machtverfalls –, sondern auch, weil er Attentate fürchtete und die monologischen und paranoiden Züge seiner Person immer mehr zum Durchbruch kamen.

Hitlers Rückzug aus der Öffentlichkeit war für den Machterhalt allerdings auch problematisch. Im inneren Kraftzentrum des Staates konnte ein Vakuum entstehen. Goebbels, der dafür ein genaues Gefühl hatte, veröffentlichte deshalb am 31. Dezember 1944 in der Silvesternummer seiner Hauszeitung »Das Reich« ein von ihm verfasstes Porträt Hitlers, mit dem er den »Führer« in einsame mythische Höhen hob. Einige Sätze seien daraus zitiert:

»Der Mann, der sich zum Ziel gesetzt hat, sein Volk zu erlösen und darüber hinaus das Gesicht des Kontinents zu prägen, ist den Alltagsfreuden und bürgerlichen Bequemlichkeiten des Lebens gänzlich abgewandt, ja mehr noch, sie sind für ihn überhaupt nicht vorhanden. Er verbringt seine Tage und einen großen Teil seiner schlaflosen Nächte im Kreise seiner engeren und engsten Mitarbeiter und steht doch unter ihnen in der einsamen Einsamkeit des Genies, das sich über alle und alles triumphierend erhebt. Nie kommt ein Wort der Falschheit oder einer niedrigen Gesinnung über seine Lippen. Er ist die Wahrheit selbst.«

Das Bild, das Goebbels hier zeichnete, entsprach genau den klischeehaften Vorstellungen, die sich viele in den Jahren der beginnenden Niederlage und Hitlers Rückzug aus der Öffentlichkeit von ihrem »Führer« machten. Es schien für viele Menschen ein tiefes Bedürfnis zu sein, dass es im wachsenden Chaos des Krieges eine unantastbare Instanz gab. Sie brachten es zum Ausdruck, indem sie ihre Kritik an Personen und Zuständen mit der Bemerkung abschlossen: »Wenn der Führer das wüsste!« Ich habe diese Bemerkung öfter von Erwachsenen gehört, die mich an ihren Unterhaltungen nicht beteiligten. Sie erfüllte mich immer mit einem heimlichen Unbehagen, weil sie andeutete, dass im Staat oder im Land vieles faul sei, und mir zugleich ein schlechtes Gewissen machte, weil ich zu einem so herausragenden Mann wie dem Führer aller Deutschen ein so widersprüchliches und problematisches Verhältnis hatte.

Ich habe ihn überhaupt nur einmal, und das aus großer Entfernung, bei einem Gebietsaufmarsch der Hitlerjugend und des Jungvolks gesehen, als wir in Zwölferreihen an ihm vorbeimarschierten. Er stand auf der Tribüne, und wenn ein neuer Marschblock mit seinen Fahnen vorbeizog, streckte er mit einer maschinenartigen Exaktheit seinen rechten Arm aus und winkelte ihn Sekunden später ruckartig wieder an, bevor er ihn an den Körper zurücknahm. Diese automatenhafte Gebärde, zusammen mit der

Winzigkeit der ferngerückten Gestalt, ließ in mir ein Gefühl von Enttäuschung aufkommen. Ich spürte, ich hatte mir mehr versprochen, irgendeine Übertragung von Sinn und Kraft, irgendetwas Bedeutendes. Aber der Führer war viel zu weit weg und konnte mit seinem Grüßen den Abstand nicht überbrücken.

Nähere Anblicke auf Bildern und Plakaten und in der Wochenschau machten es nicht besser. Um das Mindeste zu sagen: Er blieb mir fremd. Ich mochte weder sein Bärtchen noch die dunkle Schmachtlocke, die ihm oft in die Stirn hing, noch seine braune Uniform. Vermutlich hatte ich rassistische Vorurteile gegen ihn, denn meine deutsche Lichtgestalt sah aus wie der Bamberger Reiter, der in allen Schulbüchern abgebildet war. So oder ähnlich stellte ich mir die mittelalterlichen Kaiser, Könige oder Herzoge vor, von denen einige für mich der Inbegriff von Herrschergestalten waren. Hitler dagegen wäre bei der Verfilmung von Erich Kästners bekanntem Kinderbuch »Emil und die Detektive« eine ideale Besetzung für den fremdartig aussehenden Mann gewesen, der Emil das Reisegeld klaut, nachdem er ihn mit präparierter Schokolade betäubt hat.

Selbstverständlich dachte ich das nicht. Doch es beschreibt einen inneren Vorbehalt, den ich nicht ganz auflösen konnte, sodass mir nichts anderes übrig blieb, als meine heiklen, unerlaubten Empfindungen beiseitezuschieben und vor mir selbst zu verleugnen. Es fiel mir nicht sonderlich schwer, denn sie wurden übertönt von dem Grundgefühl, dass es mit Deutschland auf allen Gebieten aufwärtsging. Ich war zehn Jahre alt, als in Berlin die Olympischen Spiele stattfanden und zu einem gewaltigen Propagandaerfolg für Hitlers Drittes Reich wurden. Und war es nicht auch eine zusätzliche Bestätigung des nationalen Aufwindes, der überall die Fahnen blähte, dass deutsche Sportler die meisten Medaillen gewannen?

Die Begeisterung über die Erfolge der deutschen Olympiamannschaft nahm die Begeisterung vorweg, die ich und wohl auch die meisten meiner Klassenkameraden – damals waren wir dreizehn oder vierzehn Jahre alt – in den ersten Kriegsjahren für die siegreichen deutschen Soldaten empfanden. Das anschauliche Initiationserlebnis fand im Frühjahr 1940 statt, als in unserem Heimatort Grevenbroich ein schlesisches Infanterieregiment einrückte und, vielleicht auch aus Gründen der Tarnung, in Privatwohnungen einquartiert wurde. Ich holte mit dem Quartierschein »unseren Soldaten« ab, einen Abiturienten aus Breslau, der am Polenfeldzug teilgenommen hatte und mit dem Eisernen Kreuz 2. Klasse ausgezeichnet worden war. Er blieb zehn Tage bei uns, und wir schlossen Freundschaft, soweit das bei unserem Altersunterschied möglich war. Nach dem siegreichen Frankreichfeldzug schickte er mir eine Ansichtskarte, und ich schickte ihm einen begeisterten Feldpostbrief. Auch aus Russland kam noch einmal Post von ihm. Dann hörte ich nichts mehr, und ich musste annehmen, dass er gefallen war.

Unsere Begeisterung für die deutschen Soldaten gründete in der Euphorie über die schnell errungenen und fantastisch anmutenden deutschen Siege und entsprach sicher demselben Bedürfnis nach emotionaler Identifikation, wie ich es Jahrzehnte später in den benommenen und verzückten Gesichtern von Teenagern sah, die den Stars der Popkultur zujubelten. Allerdings blieb unsere Begeisterung verhaltener, einmal weil es dafür, außer zeremoniellen Heldengedenkfeiern, keine Ausdrucksformen gab, aber auch weil die strahlenden Erfolge und Taten, die wir bewunderten, mit dem Fortschreiten des Krieges durch das wachsende Gewicht von immer mehr Toten und Verwundeten belastet waren. Immer unausweichlicher fühlten wir uns vor die Frage gestellt, ob wir zu denselben Opfern bereit seien. Die Soldaten, auch die am höchsten ausgezeichneten, waren für uns keine entrückten, glitzernden Idole, sondern moralische Vorbilder. Wir wollten es ihnen später gleichtun, wollten uns ihrer würdig erweisen. Allerdings in einem Krieg, dessen Sinn und Berechtigung von uns nicht infrage gestellt wurde. Es war die Szenerie, in die wir am Ausgang unserer Kindheit hineinwuchsen, um nach den Vorbildern und Maßstäben, die die Zeit bot, erwachsen zu werden.

Es ist für einen Jugendlichen nicht immer einfach, mit heroischen Vorbildern aufzuwachsen, die ihm keine Möglichkeit lassen, ohne Schuld- und Schamgefühle mit den eigenen Unsicherheiten und Schwächen umzugehen, besonders wenn man es mit Pädagogen wie unserem Turnlehrer zu tun hat, der nach jeder nicht gelungenen Schwungkippe oder einer nicht gewagten Flanke vom hohen Reck mit dem Ausdruck der Verachtung »armes Deutschland« sagte und so aus der missglückten Turnübung ein historisches Versagen und eine prinzipielle Unwürdigkeit machte. Andererseits war es gerade die jugendliche Fähigkeit zur Identifikation mit dem Gesamtschicksal, die uns aufbaute und bestätigte. Wir waren Teil eines ruhmreichen Volkes, bereit, uns zu bewähren. Und immer wenn das aufrüttelnde Fanfarensignal von Franz Liszt ertönte, mit dem der Reichsrundfunk eine neue Sondermeldung von den Kriegsschauplätzen ankündigte, durchdrang uns das Gefühl, in einer großen Epoche der deutschen Geschichte zu leben. Gegeninformationen gab es keine. Oder sie waren fast unhörbar.

Das Erste, was in meiner Nähe geschah, war ganz unauffällig. Ich war im dritten oder vierten Schuljahr, als zwei jüdische Mitschülerinnen nach den Sommerferien nicht wiederkamen. Ich hätte es überhaupt nicht bemerkt, wenn meine Mutter nicht gesagt hätte, die Familien der beiden Mädchen seien in die Schweiz ausgewandert. Ich dachte mir dabei weiter nichts und interessierte mich auch nicht dafür, da ich mit den Mädchen nicht befreundet gewesen war.

Am Tag nach dem von Goebbels inszenierten Judenpogrom vom 9. November 1938, das wegen der Zerstörung und Verwüstung jüdischer Geschäfte den befremdlichen Namen »Reichskristallnacht« bekommen hat, hörte ich, wie meine Mutter zu einer Nachbarin sagte: »Die arme Frau Goldstein.« Gemeint war die Inhaberin eines Weißwarengeschäftes, in dem meine Mutter trotz der Boykottaufrufe gegen jüdische Geschäfte immer eingekauft hatte. Ob und was sie in diesen kritischen Tagen mit Frau Goldstein gesprochen hat, weiß ich nicht. Ich nehme an, sie wird vorsichtig gewesen sein.

Ich kann mich nicht erinnern, je eine antisemitische Äußerung von meinen Eltern gehört zu haben. Allerdings haben sie sich auch mit kritischen Anmerkungen zur Rassenideologie der Nazis zurückgehalten. Vorsicht wird im Spiel gewesen sein. Und vermutlich auch die Tatsache, dass sie nicht gewohnt waren, kritisch zu argumentieren. So ordneten sie den Antisemitismus und die Ausschreitungen gegen jüdische Bürger unter die Unsäglichkeiten des Lebens ein, die man am besten mit Schweigen überging. Ich glaube, dass ich dieses Verhalten in der imitativen Art des unbewussten kindlichen Lernens damals einfach von ihnen übernommen habe. Noch ohne zu verstehen, aber auch ohne es infrage zu stellen, lernte ich, dass es in der Welt, in der ich aufwuchs – und eine andere kannte ich nicht –, Dinge gab, an deren offizieller Darstellung man nicht rütteln durfte. Es war erleichternd, dass sie auch meistens außerhalb meiner Interessen lagen. Anders als meine Eltern verhielt sich mein Geschichts- und Lateinlehrer. Er sprach eindringlich und mit Ausdrücken des Abscheus über Cäsarenwahn und Mord an Minderheiten. Doch natürlich musste er sich tarnen, und so wählte er, seinen Fächern entsprechend, als Beispiele die römischen Kaiser Nero und Caligula. Meine Klassenkameraden und ich fanden sein besessenes Interesse an diesem Thema komisch und ahmten seinen pathetischen Unterrichtsstil gelegentlich nach. »Wer war Caligula?«, fragte einer von uns. Und ein anderer antwortete in der Rolle des Schülers mit einer der kurzen, schroffen Bemerkungen unseres Lehrers: »Caligula war ein kleiner Idiot!« Niemand von uns ahnte, dass die richtige Antwort auf die Frage »Hitler« gelautet hätte und dass in diesen Unterrichtsstunden die Prätorianer die SS vertraten und die Christenverfolgung für die Verfolgung der Juden stand. Erst nach dem Krieg, als ich an der Universität studierte, fiel es mir wie Schuppen von den Augen, worüber der Lehrer damals gesprochen hatte. In einer Rede zu einem Schuljubiläum habe ich es dann aufgedeckt als Beispiel dafür, wie schwer durchdringbar die inneren Schutzmauern von Verblendung und Verdrängung sind.

Aufgehorcht habe ich aber bei einer Bemerkung, die mein Vater im Spätsommer 1941, während der deutsche Angriff auf die Sowjetunion im vollen Gange war, in einem Gespräch mit seinem Bruder machte. Nach dem Krieg, sagte er, werde sich die Wehrmacht das Heft nicht mehr aus der Hand nehmen lassen. Die beiden hatten sich lange nicht mehr gesehen. Der Onkel leitete eine Staatsdomäne in Oberschlesien, mein Vater befehligte eine Flakabteilung zum Schutz von Industrieanlagen im Ruhrgebiet. Und nun, anlässlich einer Westreise des Onkels, trafen sie sich bei uns zu Hause und redeten über den Krieg und offenbar auch schon über die Zukunft nach dem Krieg. Vermutlich hatte mein Onkel meinen Vater gefragt: »Wie stellt man sich das bei euch vor? Hat die Wehrmacht schon irgendwelche Pläne?« Worauf mein Vater mit dieser allgemeinen, als Beruhigung gedachten Floskel geantwortet hatte. Das war wahrscheinlich nur Gerede aus dem Offizierskasino, denn allein und auf sich gestellt hätte mein Vater diesen bei ungünstiger Auslegung an Hochverrat grenzenden Gedanken bestimmt nicht zu entwickeln gewagt. Im Übrigen war diese Einschätzung der Machtverhältnisse auch grundfalsch, wie der Putschversuch vom 20. Juli 1944 dann zeigte. Denn es ging ja nicht nur darum, wer die Waffen in der Hand hatte, sondern wer über die Köpfe und die Seelen herrschte, und zwar, so wurde es wohl in diesem Gespräch vorausgesetzt, nach einem siegreich beendeten Krieg. Die Überzeugung, dass der Krieg gewonnen werde, hatte sich zum ersten Mal nach dem Frankreichfeldzug gefestigt, war aber beim Einmarsch in Russland wieder ins Wanken geraten. Jedenfalls bei meiner Mutter, die an dem strahlenden Sonntagmorgen, als die Sondermeldung über den Rundfunk kam, sofort in Weinen ausbrach und mehrfach sagte: »Jetzt ist es aus!« Nun aber hatten die neuen militärischen Erfolge die Siegesgewissheit wieder gestärkt und das Problem in Sichtweite gebracht, wie denn die künftige Friedensordnung aussehen solle.

Ich nehme an, dass mein Onkel, der dieses große Staatsgut in Oberschlesien verwaltete und vor allem polnische Landarbeiter beschäftigte, zu einem Personenkreis gehörte, der bevorzugt das Schulungsmaterial der Partei und der SS erhielt, in dem seit Beginn des Russlandfeldzuges die Kolonisierung und Germanisierung der eroberten osteuropäischen Gebiete zum beherrschenden Thema geworden war. Ihm, dem Landwirt in Staatsdiensten, war vermutlich nicht ganz geheuer, wenn er von der großen germanischen Landnahme im Osten, dem Hinausschieben der Volkstums- und der Wehrgrenzen, von germanischen Bauerntrecks und Wehrdörfern las. Er musste ja damit rechnen, dass man einen landwirtschaftlichen Fachmann wie ihn nach dem Krieg im Rahmen dieser Pläne dienstverpflichten werde, und vermutlich hatte man jetzt, da die deutschen Panzerarmeen tief nach Russland und in die Ukraine vorstießen, schon bei ihm vorgefühlt. Dass hinter der Front Sonderkommandos der SS ihre mörderische Arbeit taten, war vielleicht auch an seine Ohren gedrungen. Obwohl der Onkel ein obrigkeitsgläubiger Mensch war, verheiratet mit einer Frau aus einer nazitreuen Lehrerfamilie, mit der er sechs Kinder hatte, war er offenbar tief beunruhigt und hatte sich mit meinem Vater getroffen, um mit ihm über die Perspektiven und Probleme der Zukunft zu sprechen. Die beiden saßen im sogenannten Herrenzimmer, in dem an der Wand der Offiziersdolch meines Vaters aus dem Ersten Weltkrieg hing, eine pompöse Schmuckwaffe mit einem Griff aus eingelegtem Elfenbein, zwei dicken Troddeln aus Goldbrokat und einer ziselierten Klinge, die zur Großen Uniform der kaiserlichen Marineoffiziere gehört hatte. Außerdem befand sich in diesem Zimmer der Bücherschrank mit den Fachbüchern meines Vaters über Architektur und Baustatik und den Romanbänden der Deutschen Buchgemeinschaft, unter ihnen, neben den Schmökern der Zeit, auch Titel von Thomas Mann, Ricarda Huch, Knut Hamsun, Dostojewski und Flaubert. Im mittleren Regal prangten hinter Glas die zwölf dicken Bände von Meyers Lexikon, dessen häufigster Benutzer und süchtiger Querleser ich war. Auch diesmal war ich ins Zimmer gekommen, um etwas im Lexikon nachzuschlagen, und während ich in einem Band blätterte, hörte ich beiläufig der Unterhaltung zu und schnappte die Bemerkung meines Vaters auf, nach dem Krieg würde sich die Wehrmacht das Heft nicht mehr aus der Hand nehmen lassen.

Das war ein völlig neuer Gedanke für mich. Ich hatte bis dahin angenommen, Deutschland sei eine in sich geschlossene Macht im Konflikt mit äußeren Feinden. Dass es auch innere Gegensätze und Rivalitäten und schwelende Machtkonflikte gab, wie ich aus der Bemerkung meines Vaters heraushörte, irritierte mich, denn es konnte ja der Sache Deutschlands nur schaden. Andererseits hatte mir die Lektüre über den Ersten Weltkrieg schon ein Schema bereitgestellt, mit dem sich solche Gegensätze begreifen ließen. In all diesen Büchern waren Front und Etappe, kämpfende Soldaten und Drückeberger und Schieber in der Heimat einander gegenübergestellt. In dieses antithetische Muster ordnete ich jetzt, meinen Zu- und Abneigungen entsprechend, auf der positiven Seite Frontsoldaten und auf der negativen Seite die sogenannten »Goldfasanen«, die »Heimatkrieger« der Partei in ihren braunen Uniformen, ein, die meiner Meinung nach zu nichts nutze waren, außer dass sie an öffentlichen Gedenk- und Feiertagen phrasenhafte Reden schwangen. Sie stellten in meinen Augen – aber offenbar war das auch der Blick meines Vaters – eine vulgäre Sorte dickbäuchiger älterer Männer dar, Spießer in Uniform, die meinen Bedürfnissen nach Idealität einer wie der andere entgegenstanden.

Wenn nach dem Krieg die siegreich heimkehrenden Truppen diese Maulhelden entmachteten, dann war das ganz nach meinem Geschmack. Doch dazu musste der Krieg erst einmal gewonnen werden, woran man im Spätsommer 1941 noch nicht zweifeln musste. Die deutsche Militärmaschine schien unbesiegbar zu sein. Selbst in London und Washington rechnete man mit der baldigen völligen Niederlage der sowjetischen Armee.

Die Szene, die ich geschildert habe, hatte weit zurückliegende Voraussetzungen, die ich wenigstens andeuten will. Mein Vater, der als junger Behördenleiter und Reserveoffizier 1933 stark umworben oder auch bedrängt wurde, hatte sich damals entschlossen, in die SA einzutreten, weil er der Versicherung glaubte, die sogenannten »braunen Bataillone« seien die Kerntruppe einer neuen deutschen Volksarmee. Bald danach hat er diesen Entschluss sehr bedauert, nicht nur, weil er dort wieder im Glied und nicht vor der Front stand, sondern auch wegen des rüden proletarischen Umgangstons, der in der ehemaligen Saalschlachttruppe der Nazis herrschte. Als dann 1934 Hitler beim angeblichen »Röhmputsch« die seinem Alleinherrschaftsanspruch entgegenstehende SA-Führung und auch andere Opponenten von SS-Kommandos liquidieren ließ, um fortan auf den Ausbau der regulären Armee zu setzen, ergriff mein Vater die Gelegenheit, aus der SA auszutreten und sich als Reserveoffizier aktivieren zu lassen.

Da er im Ersten Weltkrieg bei der Marineartillerie gedient hatte, brachte er die besten artilleristischen Voraussetzungen für die Ausbildung an den neuen Flugabwehrkanonen mit und wurde Flakoffizier. Von nun ab war er Jahr für Jahr einige Wochen oder auch Monate zu Schießübungen weg und kam jedes Mal begeistert und mit spürbar gehobenem Selbstgefühl nach Hause. Er erwog sogar, seinen zivilen Beruf als Kreisbaumeister aufzugeben und Berufsoffizier zu werden, weil er dort bessere und schnellere Aufstiegschancen sah und weil ihm das soldatische Leben auch behagte.

Hitlers Kriegsvorbereitungen erzeugten so in unserer Familie ein Stimmungshoch, allerdings deshalb, weil sie nicht als Kriegsvorbereitungen erkannt wurden, sondern als Abkehr der Nationalsozialisten vom Saalschlachtstil ihrer sogenannten »Kampfzeiten« galten und als ihre Mauserung zu einer staatstragenden Partei, die nun auf würdigeren nationalen Traditionen fußte.

Ich habe diesen Wandel vor allem als Uniformwechsel erlebt. Als mein Vater zum ersten Mal in der Uniform eines Luftwaffenoffiziers nach Hause kam, war ich sofort überzeugt von der Richtigkeit dieser Veränderung. Und später, wenn in der Wochenschau oder in illustrierten Zeitschriften über repräsentative Auftritte der staatstragenden Organisationen berichtet wurde, interessierten mich immer nur die Formationen der Wehrmacht, vor allem, wenn sie im Stechschritt an einer Tribüne vorbeimarschierten. Vor dem Krieg, als es noch nicht die militärischen Siege gab, war für mich das Erscheinungsbild das entscheidende Argument.

Dieser militärische Ästhetizismus war weit verbreitet, zum Beispiel auch als Kriterium der erotischen Wahl. Aber verblüfft und tief verwundert war ich, als ich in Georges-Arthur Goldschmidts ergreifender autobiografischer Erzählung »Die Absonderung« die gleichen Faszinationen entdeckte. Goldschmidt, der aus einer jüdischen Hamburger Familie stammte, wurde 1938 von seinen Eltern als Zehnjähriger in einen Zug nach Florenz gesetzt und gelangte von da in ein strenges und karges französisches Kinderheim in den Savoyer Alpen, wo er den Nachstellungen der Nazis entging. Manchmal brachten Schüler illustrierte Zeitschriften mit, die er gierig betrachtete, vor allem, wenn sie Bilder aus Deutschland enthielten. Jedes Mal fühlte er sich dann schuldig, denn er fand »nun einmal die Helme der deutschen Soldaten schöner als die der Franzosen: die Stahlhelme waren moderner und schützten besser, und für sich selber sagte er immer noch FLAK und Geschütz statt DCA und ›canon‹«. Der ästhetische Eindruck war offenbar autonom und entfaltete, von allen Erfahrungen abgetrennt, seine eigene Überzeugungskraft.

Etwas Ähnliches erlebte ich, als ich im Sommer 1943, kurz vor meiner Einberufung, im Hause meines Onkels in Bad Honnef lebte, der nach anfänglicher Zustimmung in den ersten Jahren des Dritten Reiches zu einem knurrigen, aber äußerst wortkargen Nazigegner geworden war. Er drückte seine heftige Abneigung durch Blicke, Gesten und Tonfälle aus, aber ich erinnere mich nicht an Argumente. Er war Bildhauer, hatte zusammen mit Wilhelm Lehmbruck bei Hildebrand studiert und verdiente sein Geld damit, dass er für reiche Kunden repräsentative Familiengrüfte mit trauernden Frauengestalten schuf, die alle abstrahierte Abbildungen seiner eigenen großen und etwas gebeugten Frau waren. Er galt als christlicher Künstler, der etwas neben der Zeit stand. Ich fand, dass er seit Jahren nur faden Edelkitsch produzierte und sich ständig wiederholte. Auch er selbst war keineswegs zufrieden mit sich. Eines Tages sah ich ihn in seinem Atelier vor dem Titelbild einer Illustrierten stehen, das er an die Wand geheftet hatte. Es zeigte einen deutschen Soldaten, der, in geduckter Haltung und aufmerksam zur Seite spähend, vorwärtsging und in der Hand eine wurfbereite Stielhandgranate hielt. Der Onkel war gebannt von diesem Bild. Schließlich sagte er: »Was für eine wunderschöne Bewegung ist in diesem Körper.« Ich stimmte ihm zu und sagte: »Mach doch mal so etwas.« »Vielleicht«, sagte er. Er konnte sich nicht losreißen. Ich hatte den Eindruck, dass er seit Jahren zum ersten Mal wieder etwas sah, was ihn künstlerisch erregte. Schließlich wandte er sich wortlos ab. Nein, das war kein Motiv für ihn. Lieber blieb er bei seinen lang gewandeten trauernden Frauengestalten. Die Soldatenstatue ist nie zustande gekommen. Sie wäre auch nur heroischer Kitsch geworden, so wunderschön er die Bewegung des Soldaten auch gefunden hatte.

Fünfundzwanzig Jahre nach dem Krieg schrieb ich ein Gedicht, in dem das Wort »schön« das bewusst gesetzte provozierende Element ist, denn es bezieht sich auf die Lage der Toten. Das Gedicht wurde angeregt durch einen General der Bundeswehr, der bei einer Tischgesellschaft in einem launigen und übertragenen Sinn zitierte, was die Dienstvorschrift über die korrekte Haltung eines liegenden Gewehrschützen sagt. Die mir auch noch gut bekannte Formulierung rief mir Bilder des Schlachtfeldes vor Augen und erinnerte mich zugleich an die ästhetische Verklärung des Soldatentums, mit der ich aufgewachsen war.

»Der Schütze liegt in sich gerade
aber schräg zum Ziel«,
sagt der General.
Ich frage mich
wie die Toten liegen.
Der General sagt es nicht
die Dienstvorschrift weiß es nicht.
Aber die Toten liegen schön da
wie Teilnehmer einer Scharade
eines fanatischen Figurenwerfens.
Manche liegen auf dem Bauch
wie gestürzte Läufer
manche blicken zum Himmel
und breiten die Arme aus
manche schwimmen in Wassergräben
liegen am Fuß von Böschungen
zusammengerollt einer liegt
in einer Astgabel
mit herunterhängendem Arm.
Die Toten liegen schön da
überzeugende Darsteller
eines Augenblicks
ohne Ziel.

Die Bilder dieses 1970 geschriebenen Gedichts sind Eindrücke aus dem Herbst 1944, als ich in Litauen und Ostpreußen an verlustreichen und am Ende vergeblichen Abwehrkämpfen teilnahm. Es ist denen gewidmet, die ich so gesehen habe.

5

Ein zunehmendes Gefühl von Unwirklichkeit

Im Frühsommer 1944, nach der Landung der Alliierten in der Normandie am 6. Juni, der am 23. Juni die sowjetische Großoffensive gegen die ausgedünnte Ostfront folgte, die in wenigen Wochen bis an die ostpreußische Reichsgrenze führte, war eines Tages an dem schwarz gestrichenen Eisentor einer der langen einstöckigen Hallen, in denen die Fahrzeuge der Kompanie standen, eine große weiße Inschrift zu lesen: »Hier ruht der Idealismus eines Kriegsfreiwilligen.« Das sollte aber nicht heißen, dass dem Schreiber angesichts der sich abzeichnenden deutschen Niederlage die Motivation zum Einsatz seines Lebens verloren gegangen sei, sondern es war der Ausdruck der Enttäuschung und des Unverständnisses dafür, dass wir hier Tag für Tag den öden Kasernendienst machten, während die deutschen Truppen an allen Fronten in schwere Abwehrkämpfe verstrickt waren. Wozu hatten wir uns eigentlich freiwillig gemeldet? Wozu waren wir ausgebildet worden, wenn man uns jetzt nicht brauchte?

Seit unserer Einberufung Anfang September waren mehr als neun Monate vergangen, und über sieben Monate waren wir schon in Berlin-Reinickendorf, eine ungewöhnlich lange Ausbildungszeit für diese Phase des Krieges, in der viel kürzer ausgebildete Einheiten ohne Bedenken an die Front geworfen wurden. Wir hatten das ganze Programm, von der Ausbildung an der Waffe bis zur Gefechtsübung im größeren Verband, inzwischen hinter uns, einschließlich der Nachtübungen, der Grundzüge der Pionierausbildung im Umgang mit Sprengstoffen und Minen und, selbstverständlich für ein Begleitregiment, das auch für zeremonielle Zwecke zur Verfügung stehen sollte, mit ausgiebigem Drill bei

Gewehrgriffen und Exerzierübungen. Und doch hatte Anfang Juni der Regimentskommandeur, der zusammen mit zwei Offizieren seines Stabes zur Besichtigung gekommen war, bei der anschließenden Beurteilung einer Gefechtsübung erklärt, die Kompanie sei noch nicht einsatzreif.

Wir hatten ihm einen Angriff auf eine Hangstellung vorführen müssen, der ohne Unterstützung durch schwere Waffen wie Panzer und Artillerie durch ein Gelände vorgetragen werden musste, das nicht viel Deckung bot. Im Grunde hätte der Kommandeur vor allem dieses abenteuerliche Vorhaben kritisieren müssen, denn es war ein schwerer taktischer Fehler und unverzeihlicher Leichtsinn, ohne Artillerieunterstützung in offenem Gelände einen frontalen Infanterieangriff gegen eine befestigte Stellung und gut bewaffnete Verteidiger vorzutragen. Doch wo gab es in diesem Kriegsjahr auf deutscher Seite noch wirksame Artillerieunterstützung? An der Front selten. Und hier, im Übungsgelände, konnte man sie sich ja hinzudenken, ebenso wie das artilleristische Sperrfeuer des Gegners. Es war eben doch nur ein Kriegsspiel, das wir hier vorführten, weit entfernt von der Wirklichkeit der Front und deshalb auch fast ohne Aussagekraft. Ich nehme an, der Kompaniechef, Oberleutnant Elsner, der stolz auf seine Truppe war, hat vor allem daran gedacht, dass der Regimentskommandeur von der Hangstellung aus einen guten Überblick über die angreifende Kompanie hatte. Das konnte, so wie er den Ausbildungsstand der Kompanie einschätzte, der Beurteilung der Gefechtsübung nur zugutekommen.

Doch für uns war diese Simulation, deren genauer Ablauf nicht festgelegt war, eine emotionale Falle. Wir hatten auf diesen Tag gewartet, um dem Regimentskommandeur zu beweisen, dass wir gut ausgebildete, motivierte Soldaten waren, die man an der Front gebrauchen konnte, und nun fehlte der Widerstand der Realität, der diesen Ehrgeiz hätte bremsen können. Das Geknatter der Platzpatronen, das uns empfing, beeindruckte uns nicht als wirksames Abwehrfeuer, sondern stimulierte uns nur, als seien wir Komparsen bei den Dreharbeiten zu einem spannenden Kriegsfilm, wie sie schon öfter mit Soldaten aus Berliner Kasernen in Babelsberg gedreht worden waren. Nur wäre natürlich bei einem Film vorher genau festgelegt worden, wie viele Angreifer und welche unter ihnen vom Abwehrfeuer der Verteidiger getroffen werden. Bei größeren Manövern wurden die Ausfälle von neutralen Beobachtern bestimmt. Da es sich aber um eine Kompanieübung handelte, waren einige Unteroffiziere, die sich nicht unbeliebt machen wollten, mit dieser Aufgabe betraut worden, und so kamen wir, sprungweise, unter wechselseitigem Feuerschutz, fast ungeschoren an den Hang heran, der von einem Zug der Kompanie vergeblich verteidigt wurde, und erstürmten ihn mit lautem Hurrageschrei.

Es war ein Sturmlauf, der den Regimentskommandeur vielleicht an die Schlacht von Langemarck in Flandern am 22. und 23. Oktober 1914 denken ließ, als mehrere Regimenter junger Kriegsfreiwilliger, die meisten von ihnen Studenten, das Deutschlandlied singend, durch das Sperrfeuer der englischen Artillerie und das dichte Abwehrfeuer der Maschinengewehre liefen und unter schweren Verlusten die englischen Stellungen stürmten. Thomas Mann hat am Ende seines Romans »Der Zauberberg« diese Schlacht geschildert und seinen Helden Hans Castorp in dem allgemeinen Untergang verschwinden lassen. Das Erschütternde an dieser Darstellung ist die völlige Vereinsamung Hans Castorps, der, taumelnd, mit erdschweren Stiefeln und bewusstlos singend, vorwärtsläuft. Aber was er singt, ist nicht das Deutschlandlied, sondern das allerfriedlichste und sanfteste deutsche Volkslied »Am Brunnen vor dem Tore«, das wie ein schützender Friedenstraum zeilenweise über seine Lippen kommt.

Ich las das später, in der zweiten Hälfte der Vierzigerjahre, als ich an der Universität Bonn zusammen mit lauter aus dem Krieg heimgekehrten Altersgenossen deutsche Literatur studierte, und in der Schlussszene des Romans erkannte ich eine eigene Erfahrung, den Tag, an dem ich verwundet wurde und die meisten meiner Kameraden bei einem absurden Angriff gegen eine russische Waldstellung fielen. Es war der 13. Oktober 1944, also bis auf zehn Tage genau dreißig Jahre nach dem Massensterben von Langemarck, als sich im Sperrfeuer der russischen Haubitzen und Werferbatterien und im dichten, gezielten Abwehrfeuer gut verschanzter russischer Infanterie der Untergang unserer Kompanie vollzog. Wir waren im Schnitt sicher noch jünger als die Kriegsfreiwilligen von Langemarck, und Schüler oder Studenten von Fachhochschulen waren wir in der Mehrzahl auch. Aber das Deutschlandlied hat keiner gesungen. Auch nicht das andere Lied, mit dem wir aufgewachsen waren und das wir bei feierlichen Anlässen auch manchmal als letztes Lied des Tages an einem herunterbrennenden Lagerfeuer gesungen hatten, eine getragene Melodie zu Versen des Dichters Rudolf Alexander Schröder: »Heilig Vaterland in Gefahren, deine Söhne sich um dich scharen. Eh der Fremde dir deine Krone raubt, Deutschland, fallen wir Haupt bei Haupt.«

Rudolf Alexander Schröder, der sich als Erbe Goethes und der deutschen Klassik verstand, hat von seiner Dichtung gesagt, ihr Sinn, ihr inneres Ziel sei die »Harmonisierung des Unharmonischen«. Das war es wohl, was uns ergriffen hat, so viel heiligen Sinn im Tod zu finden. Aber jetzt, da es daranging, zu fallen oder am Boden liegend getroffen zu werden und nicht mehr aufstehen zu können, wären diese Verse als eine erhabene Lächerlichkeit erschienen. Und sie waren auch falsch. Haupt bei Haupt, wie die Verteidiger einer Wagenburg, wurde nicht gestorben, sondern jeder für sich, verteilt über ein weites Gelände, wo kaum einer den anderen sah. Keine Gelegenheit also zum Singen, wie noch in den dichten Angriffsreihen bei Langemarck. Mag sein, dass jemand wie Hans Castorp unter uns war und irgendetwas vor sich hin geleiert hat wie ein Kind im Dunkeln, während wir sprungweise durch das Sperrfeuer auf die russische Stellung zuliefen, genauso wie bei der Kompanieübung in der Jungfernheide, nur dass dies jetzt der Ernstfall und der reale Nachtrag zur Simulation war und viel länger dauerte: den ganzen Tag. Ich werde über diesen Tag des Desasters noch berichten müssen.

Die kritische Beurteilung der Angriffsübung durch den Regimentskommandeur war eine deutliche Rüge für den Kompaniechef, drückte aber auch auf unsere Stimmung. Sollte denn dieses Kasernenleben nie enden? Waren wir verworfen worden? Oder wurden wir nicht gebraucht? Wir waren uns keiner schwerwiegenden Fehler bewusst. Und nachträglich glaube ich sagen zu können, dass wir damit recht hatten. Der Fehler lag im taktischen Konzept des frontalen Angriffs, und der falsche Schwung, in den wir geraten waren, machte nur deutlicher, dass diese Übung rein fiktiv war und ein solches Vorgehen in Wirklichkeit schlimme Folgen gehabt hätte, wie es sich dann am 13. Oktober auch zeigte.

Aber der Ausbildungsstand der Kompanie war nicht schlecht und gewiss weit besser als der vieler anderer Einheiten, die nach kürzerer Ausbildungszeit an die Front geschickt wurden. Eher waren wir übertrainiert mit den dafür charakteristischen Folgen: Man wird nachlässiger, langweilt sich und kompensiert das durch Übertreibung, wie bei der beschriebenen Angriffsübung. Der Krieg erscheint allmählich als ein Spiel ohne Folgen. Falls nicht ein unvorhergesehener Unfall passiert, wird niemand dabei verletzt, und niemand stirbt. Zwischen der Simulation und dem Ernstfall liegt eine unüberbrückbare Kluft.

Die unvermeidliche Realitätsferne der Ausbildung wurde verstärkt durch den Zwang, äußerst sparsam mit scharfer Munition umzugehen. Trockenübungen an den Waffen zur Perfektionierung der Bedienungsgriffe waren tägliche Routine. Am Maschinengewehr übten wir die Griffe zur Erschwerung mit einer schwarzen Binde vor den Augen, und der Ausbilder kontrollierte mit der Stoppuhr die Geschwindigkeit, mit der ein Gurt eingelegt oder der Lauf und das Schloss gewechselt wurden, Schießübungen mit scharfer Munition waren dagegen selten, obwohl man durch sie allmählich mit einer Waffe vertraut wurde. Das galt noch mehr für das Werfen scharfer Handgranaten, das ein- oder zweimal unter besonderen Sicherheitsvorkehrungen geübt wurde, bei Weitem nicht so oft, dass man die Scheu vor der abgezogenen Handgranate verlor und sie nicht mehr überhastet wegschleuderte, sondern sie ruhig und zielgenau warf. Der Gebrauch der im Abwehrkampf immer wichtiger gewordenen panzerbrechenden Faustgranate, die unter dem Namen »Panzerfaust« bekannt geworden ist, und auch das Schießen mit panzerbrechenden Raketen aus dem sogenannten »Ofenrohr« wurde, wenn ich mich recht erinnere, nur einmal geübt. Bei anderen Truppenteilen des Ersatzheeres war das gewiss nicht besser, da die teureren Raketengeschosse auch an der Front nicht überall in ausreichender Menge vorhanden waren. Das planmäßige Fortschreiten der Ausbildung bis zur Gefechtsübung im größeren Verband war im Wesentlichen eingehalten worden. So hatten wir beispielsweise auf dem Truppenübungsplatz Döberitz an einem Gewöhnungsschießen mit scharfer Munition teilgenommen, bei dem Granatwerfer und schwere Maschinengewehre über unsere Köpfe hinweg und durch offen gelassene Gassen an uns vorbeischossen, während wir selbst, sprungweise vorwärtslaufend, die Zielattrappen der gegnerischen Stellung unter Feuer nahmen. Auch das war natürlich keine echte Feuerprobe.

Gemessen an idealen Standards, hatte der Regimentskommandeur vielleicht recht gehabt, als er erklärte, die Kompanie sei noch nicht einsatzreif. Doch wenn er uns zur Behebung der Mängel weitere Ausbildungswochen oder sogar -monate verordnete, war er auf dem falschen Weg. Schon seit einiger Zeit stagnierte die Ausbildung. Was uns fehlte, um zu einsatzfähigen Soldaten zu werden, war der Einsatz selbst, die ernsthafte Herausforderung durch nicht simulierte Gefechtssituationen. Wir waren uns darüber genauso einig wie über die einfache Tatsache, dass die ganze ungeliebte Ausbildung keinen Sinn hatte, wenn wir keine Gelegenheit bekamen, uns praktisch zu bewähren.

Es ist sicher nicht einfach zu begreifen, weshalb wir so ungeduldig darauf warteten, an die Front zu kommen. War es denn nicht besser, den Rest des Krieges in der Kaserne zu überleben, als sich an der Front der hochwahrscheinlichen Gefahr auszusetzen, mehr oder minder schwer verwundet zu werden oder zu sterben? Ja, zweifellos, vom Standpunkt der erlittenen Erfahrung aus. Aber wir hatten die Erfahrung noch nicht gemacht, und sie im Gespräch vorwegzunehmen und durchzusprechen, war nicht möglich. Es wäre in dieser Kompanie von Kriegsfreiwilligen nicht ratsam gewesen, offen zu bekennen, man verzichte gern auf den Frontdienst und rette lieber seine eigenen Knochen. Das hätte als schnöde und feige Abwendung vom Gesamtschicksal des Volkes und als Verrat an allen an der Front kämpfenden oder gefallenen Soldaten gegolten. Und obwohl eine solche Äußerung, wenn sie keinen agitatorischen Charakter gehabt hätte, vermutlich nicht gemeldet worden wäre – ganz sicher konnte man nicht sein, dass nicht irgendein fanatischer Nazi oder jemand, der seine eigenen Zweifel unterdrücken wollte, Meldung erstattet hätte. Wäre diese Meldung über den Kreis der unmittelbaren Vorgesetzten hinausgedrungen, hätte sie wahrscheinlich böse Folgen gehabt. Defätistische Äußerungen unter Kameraden galten als Wehrkraftzersetzung, und dafür konnte man erschossen werden.

Das wusste man in der Kompanie. Denn ab und zu musste sie ein Exekutionskommando stellen, das zwischen den Erdwällen eines Schießstandes in Tegel Todesurteile von Kriegsgerichten an einem und einmal auch an drei Verurteilten vollstreckte. Als todeswürdige Delikte wurden genannt: Landesverrat, Desertion, Sabotage und Wehrkraftzersetzung. Die Teilnahme an einem solchen

Erschießungskommando war freiwillig. Einmal wurde, nach Aussage eines Kameraden, auch umgekehrt verfahren: Ein ganzer Zug wurde abkommandiert, aber es war jedem freigestellt, »Nein« zu sagen.

Das Erschießungskommando bekam am Hinrichtungsort schon geladene Gewehre. Eins davon war angeblich mit einer Platzpatrone geladen, ein alter militärischer Brauch von schauriger Lächerlichkeit. Denn wer konnte sich vor seinem Gewissen schon damit beruhigen, er habe vielleicht doch nur den Karabiner mit der Platzpatrone gehabt? Die zum Tode Verurteilten wurden in einem vergitterten Gefängniswagen vorgefahren und, wenn es mehrere waren, einer nach dem anderen an den Pfahl geführt, dort angebunden, und nach der Verlesung des Todesurteils durch den Offizier bekamen sie, wenn sie nicht Einspruch erhoben, ein undurchsichtiges schwarzes Tuch über den Kopf. Dann erteilte der Offizier das zweiphasige Kommando: »Gewehr legt an. Feuer!« Gezielt wurde auf die Brust. Wenn der Exekutierte noch ein Lebenszeichen von sich gab, schoss ihm der Offizier mit seiner Pistole aus nächster Nähe in den Kopf. Warteten in dem vergitterten Wagen noch mehrere Verurteilte auf ihre Exekution, dann wurde der Leichnam des Erschossenen beiseitegetragen, die Blutlache mit frischem Sand bedeckt und der nächste herangeführt. Zum Schluss wurde den Soldaten des Exekutionskommandos ein Schnaps ausgeschenkt, und den Rest des Tages hatten sie dienstfrei.

Exekutionen dieser Art gab es während des Krieges in allen Armeen, allerdings in den siegreichen Armeen wohl viel seltener. Ich habe mich nie für ein solches Kommando gemeldet, kann aber nicht behaupten, dass ich dafür klare moralische Gründe gehabt hätte. Ich habe sogar mehrfach überlegt, ob ich mich nicht einmal melden solle, um die gleiche Erfahrung zu machen wie die anderen und aus der Unwirklichkeit des Platzpatronenkrieges herauszutreten. Denn dies war zweifellos das Hauptmotiv derer, die sich für das Kommando meldeten: Sie wollten wissen, wie es ist, auf einen Menschen zu schießen. An einer Erschießung teilzunehmen war für sie so etwas wie eine Initiation in den tödlichen Ernst des Krieges. Sie sagten sich wohl alle, was ich mir auch sagte, dass es für den Verurteilten gleichgültig sei, ob man sich melde oder nicht melde, da das Todesurteil auf alle Fälle vollstreckt werde. Jener bekannte Verweigerungsslogan vom Ende der Sechzigerjahre »Stell dir vor, es ist Krieg und keiner geht hin« wäre damals absurd erschienen, und offenbar ist er ja auch heute noch eine realitätsferne Fantasie.

Ich meldete mich nur deshalb nicht, weil mich die Vorstellung erschreckte, auf einen gefesselten Menschen schießen zu müssen. Die völlige Aussichtslosigkeit der Situation, in der sich der Verurteilte befindet, der gefesselt zum Pfahl geführt wird, war für mich ein solcher Albtraum, dass ich mich nicht daran beteiligen wollte. Ich kann aber nicht sagen, dass ich mir etwas darauf zugutehielt, denn es war ja keine mutige Verweigerung, sondern ich beanspruchte nur das mir zugestandene Recht, mich dieser Belastung zu entziehen. Vielleicht, so fragte ich mich, war das auch eine Form von Schwäche. Jedenfalls konnte ich nicht behaupten, dass diejenigen, die sich freiwillig zu einem Erschießungskommando meldeten, menschlich und moralisch gesehen eine negative Auswahl aus dem Durchschnitt der Kompanie darstellten. Alles was sich sagen ließ, war, dass sie diejenigen waren, die sich einer Belastungsprobe stellen wollten.

Sie hatten alle etwas zu verarbeiten, wenn sie zurückkamen. Man merkte es ihnen an. Sie waren stiller als sonst. Und mir kam es sogar so vor, als hätten sie durch die Erschießung eine Beziehung zu dem Hingerichteten gewonnen. Nie sprachen sie, um sich zu rechtfertigen, über die Vergehen oder Verbrechen, die das Urteil des Gerichts dem Verurteilten zur Last legte, denn was immer er getan haben mochte, die Schuld war gelöscht worden durch den Tod. Sie, die Vollstrecker des Gerichtsspruchs, beurteilten ihn nur nach der Haltung, in der er ihnen in der letzten Minute seines Lebens gegenübergestanden hatte. War er ruhig und gefasst geblieben, dann sprachen sie voller Anerkennung über ihn, fast so, als statteten sie ihm ihren Dank ab. Durch seine Haltung hatte die Erschießung in ihren Augen wohl etwas von einem gemeinsam vollzogenen Straf- und Sühneritual bekommen, bei dem der zum Tode Verurteilte und das angetretene Peloton komplementäre Rollen innehatten, die sie so gut wie möglich ausfüllen mussten. Der eine musste stumm am Pfahl stehen, die anderen mussten gleichzeitig und genau schießen. Wenn es so ablief, verminderte sich der Eindruck der Gewalttätigkeit, und es konnte vielleicht sogar der Anschein entstehen, dass der Verurteilte in diesem letzten Augenblick die Hinrichtung akzeptierte. Es war jedenfalls sehr erleichternd für das Erschießungskommando, wenn er sie »in würdiger Form« hinnahm. Es ist wohl nicht immer so glatt gelaufen. Manche sollen auch geschrien und etwas gerufen haben.

Ich kann mich nicht genau daran erinnern, an wie vielen Erschießungen Angehörige der Kompanie teilgenommen haben. Die Exekutionen fanden im Frühjahr und Sommer 1944 statt, und es waren vermutlich nicht mehr als drei oder vier. Wie auch immer es sich verhielt: Es waren nachhaltige Belehrungen über die Härte der Kriegsgerichte. Wer es bis dahin noch nicht begriffen hatte, wusste jetzt, dass es schwerwiegende Gründe gab, kritische oder auch nur von der öffentlichen Propaganda abweichende Meinungen für sich zu behalten und keine Zweifel am deutschen Sieg, an der Legitimität des Krieges, an der Kompetenz und Moral der Führung und am Sinn einer Fortsetzung des mörderischen Kampfes zu äußern.

Doch die Angst vor Strafe, die die ständige, schon fast unbewusste Selbstkontrolle in nahezu allen Gesprächen verstärkte, beseitigte die abweichenden und kritischen Gedanken, die Entfremdungsgefühle, Zweifel und bangen Fragen natürlich nicht, sondern schob sie nur vorübergehend in den Hintergrund des Bewusstseins. Unerprobt und unbestätigt, aber auch unwiderlegt im Gespräch, blieben diese angstbesetzten Motive, die quer zu allen Überzeugungen und Grundsätzen standen, mit denen man aufgewachsen war, eine Quelle immer wiederkehrender, nicht zu beschwichtigender Beunruhigungen und manchmal auch einer aufwallenden Angst vor Orientierungsverlust und bedrohlicher Isolation. Denn was sollte man anfangen mit seinen Befürchtungen, Zweifeln und Einwänden? Welche praktische Perspektive ließ sich daraus gewinnen, da es doch für einen Soldaten keine Überlebensmöglichkeit außerhalb der militärischen Lebensordnung gab? Verpflegung, Unterkunft, medizinische Versorgung und eine legale, durch den Wehrpass dokumentierte soziale Existenz fand er nur im Rahmen seiner Einheit. Man saß auf Gedeih und Verderb in einem gemeinsamen Boot, und es war kein Land in Sicht, wo man sich von den anderen hätte trennen können. Im Gegenteil, die zunehmende Verdüsterung der Zukunft führte dazu, dass man enger zusammenrückte. Man hielt sich an das, was man kannte, das Greifbare, Berechenbare, die Schutz bietende, gewohnte Umgebung der eigenen Gruppe, wenn auch zugleich jeder verschwiegene, meist unklare Vorbehalte in sich trug.

Außenkontakte gab es so gut wie keine. Ich habe bis zum März 1945, als ich aus dem Lazarett entlassen wurde, nie Urlaub bekommen und vielleicht vier oder fünf Feldpostbriefe erhalten, in denen, da die Feldpost kontrolliert wurde, kein Wort über die Kriegslage oder über irgendeinen anderen Aspekt der Endzeit des Dritten Reiches zu lesen war. Die letzten Gegeninformationen zu den Wehrmachtsberichten und der Propaganda hatte ich bekommen, als ich am 13. März 1943, zwei Tage bevor ich zum Arbeitsdienst einrückte, die deutsche Nachrichtensendung der BBC aus London hörte, die von der Kapitulation des deutschen Afrikakorps handelte. Vorher und erst recht nachher hatte ich in einem Informationsvakuum gelebt, wie es sich heute kaum jemand vorstellen kann. Ich möchte deshalb einen unverdächtigen Zeugen zitieren, nämlich Graf Helmuth von Moltke, führende Persönlichkeit des Kreisauer Kreises, in dem sich der Teil der deutschen Widerstandsbewegung gegen Hitler und das Naziregime zusammengefunden hatte, der aus christlicher Überzeugung für Gewaltlosigkeit eintrat. Graf Moltke wurde am 5. Januar 1945 hingerichtet. Wie viele Widerständler hatte er Kontakt mit dem Ausland gesucht. Am 25. März 1943 schrieb er von Stockholm aus an einen englischen Bekannten einen langen Brief über die inneren Zustände in Deutschland, über die man sich damals auch im Ausland kein richtiges Bild machte.

Das Problem, das Moltke für »das Schlimmste« hält und breit erörtert, ist der »Mangel an Kommunikation«. Menschen, die zur Opposition gehören, können nicht telefonieren, nicht schreiben, keinem Boten eine schriftliche Nachricht mitgeben, und man könne eigentlich auch nicht mit einem Gleichgesinnten sprechen, da man damit rechnen muss, dass er unter den Befragungsmethoden der Geheimpolizei alles gestehen wird. Auch Flüsterkampagnen taugten nicht zur Verbreitung oppositioneller Nachrichten, da sie in der Regel nicht weit kamen. Das einzige Mittel zur Verbreitung von Nachrichten sei »der Londoner Rundfunk, da dieser von vielen Menschen der wirklichen Gegnerschaft und von vielen unzufriedenen Parteimitgliedern gehört wird«.

Diese Informationsquelle blieb selbstverständlich für alle kasernierten Soldaten und ebenso für die Soldaten an der Front verschlossen. Moltke schreibt, dass der Geheimhaltungsapparat der Nazis zum Teil die direkte Folge des Krieges selber sei. Eines der Hauptziele der Machthaber sei es, »die Armee von den politischen Strömungen im Land abzuschirmen, was auch weitgehend gelingt«. »Der gewöhnliche Soldat«, schreibt er seinem englischen Bekannten, »weiß nicht mehr über die Zustände in Deutschland als Sie, wahrscheinlich sehr viel weniger.« »Aber auch in Deutschland selbst wissen die Leute nicht, was vorgeht. Ich glaube, mindestens neun Zehntel der Bevölkerung weiß nicht, dass wir Hunderttausende von Juden umgebracht haben. Man glaubt weiterhin, sie seien lediglich abgesondert worden ...« »Würde man diesen Leuten erzählen, was wirklich geschehen ist, bekäme man zur Antwort: ›Du bist eben das Opfer der britischen Propaganda‹.«

Da in diesem Nichtwissen zweifellos auch ein Nichtwissenwollen steckt, erläutert Moltke im nächsten Absatz seines Briefes, wie selbst Nachrichten, an denen in der deutschen Bevölkerung ein weitverbreitetes, elementares Interesse besteht, von der Zensur erfolgreich unterdrückt werden. Er schreibt:

»Die Deutschen machen sich Sorgen um ihre Männer und Söhne, die in Russland als vermisst gemeldet worden sind. Die Russen haben, was sehr klug von ihnen war, unseren Männern erlaubt, nach Hause zu schreiben. Diese Briefe werden bei der Ankunft in Deutschland weggeschlossen oder vernichtet, keinesfalls an die Angehörigen weitergeleitet. Etwa tausend dieser Karten waren aufgrund eines technischen Fehlers der Zensur entgangen. Die Empfänger, die daraufhin auf normalem Weg zu antworten versuchten, wurden verhaftet, ausgefragt und so lange festgehalten, bis ihnen klar wurde, was passieren würde, wenn sie darüber sprächen, dass sie Nachricht von ihren Männern erhalten hätten. Derlei Dinge gehen in Deutschland monate-, vielleicht jahrelang so weiter ...«

Ich vermute, dass Leser von heute nicht ohne Weiteres verstehen, weshalb die Zensur die Post zurückbehielt oder vernichtete, die deutsche Soldaten aus russischen Gefangenenlagern an ihre Familien in Deutschland schickten. Welches Interesse konnte der Staat daran haben, den Angehörigen in Russland vermisster deutscher Soldaten die Nachricht vorzuenthalten, dass ihr Sohn oder ihr Mann, ihr Bruder oder Freund am Leben war? Nun, das Interesse war sehr massiv. Denn natürlich schrieben alle diese Soldaten, schon um ihre Angehörigen zu beruhigen, aber vor allem, damit der Brief von der russischen Zensur zum Versand freigegeben wurde, es ginge ihnen gut, die Behandlung sei anständig und die Verpflegung in Ordnung, und man hoffe, sich nach dem bald zu Ende gehenden Krieg wohlbehalten wiederzusehen. Es war keineswegs nur Menschlichkeit, was die Russen veranlasste, den deutschen Gefangenen zu erlauben, ihren Angehörigen solche Briefe zu schreiben, denn sie wussten, dass sie damit eine hervorragende Waffe für den psychologischen Krieg in der Hand hatten, in dem es darum ging, die gegnerischen Motivationen zu zerstören. Hunderttausende solcher beruhigenden Briefe hätten wahrscheinlich eine gewaltige Wirkung gehabt und das schreckenerregende Feindbild aufgelöst, das die Mehrzahl der deutschen Soldaten an der Ostfront veranlasste, sich bis zum Äußersten dagegen zu wehren, in russische Gefangenschaft zu geraten. Die tief eingeprägte Angst davor festigte noch den Widerstandswillen, als alle anderen Motive, wie der Glaube an den Endsieg, die Bereitschaft, das Vaterland oder die Heimat zu verteidigen, oder das Pflichtbewusstsein und der soldatische Stolz, sich schon weitgehend verflüchtigt hatten. Wenn sich das Bild von humanen russischen Gefangenenlagern, in denen man den Krieg unbeschadet überleben konnte, im Bewusstsein der deutschen Soldaten festgesetzt hätte, dann wäre in den verlustreichen Abwehrschlachten der letzten Kriegsjahre die Entscheidung, den ungleichen Kampf aufzugeben und Hitlers Haltebefehle nicht mehr zu befolgen, in vielen Situationen viel früher gefallen.

Im Brief des Grafen Moltke an seinen englischen Bekannten stehen noch andere markante Beispiele von Wissensverdrängung und Informationsunterdrückung. An eines kann ich aus persönlichem Wissen einige Bemerkungen anknüpfen. Moltke schreibt: »Inzwischen gibt es bei uns neunzehn mit erheblicher Geschwindigkeit arbeitende Guillotinen. Die meisten Leute haben davon überhaupt keine Ahnung, und praktisch weiß niemand, wie viele Menschen täglich enthauptet werden. Meiner Schätzung nach sind es täglich etwa fünfzig.«

Die eine Generation ältere Halbschwester meiner Frau, Elisabeth von Thadden, Direktorin eines von ihr gegründeten Internats in Heidelberg-Wieblingen und Nazigegnerin aus christlicher Überzeugung, ist mit einer Guillotine enthauptet worden. Sie stand dem sogenannten Solf-Kreis nahe und wollte über einen ihr Vertrauen erweckenden Mittelsmann, der aber ein Spitzel der Gestapo war, Kontakt mit gleich gesinnten Bekannten in der Schweiz aufnehmen, um mit ihnen zu besprechen, wie man nach dem verlorenen Krieg die zu erwartenden katastrophalen Versorgungsnöte der deutschen Bevölkerung lindern könne. Meine Frau, damals eine junge Studentin, reagierte auf diese Erfahrung mit Hass auf alles, was mit den Nazis zu tun hatte. Doch als sie Jahre nach dem Krieg noch einmal die vielen Briefe las, die sie in dieser Zeit an eine ältere Freundin geschrieben hatte, die von irgendwelchen Briefkästen aus verschickt worden waren, stellte sie fest, dass nicht eine einzige Äußerung über das schreckliche Ereignis noch sonst eine politische Bemerkung in den Briefen enthalten war. Das war allerdings nur noch eine nachträgliche Bestätigung des absoluten Schweigezwangs, der über der gesamten Familie lag. In diesen Jahren der Sippenhaft, in denen Hitler damit drohte, das ganze »Otterngezücht« seiner Gegner auszurotten, war die enge Verwandtschaft mit einer zum Tode verurteilten Nazigegnerin selbst schon eine Form von latenter Lebensgefahr. Die Folge war, dass das oppositionelle Wissen und Denken absolut exklusiv blieb und auf niemanden übergreifen konnte, der nicht durch ähnliche Erfahrungen ausgewiesen war. Da es aber eine so schmerzliche und erschreckende Erfahrung war und das Bewusstsein von der blutigen Gewaltherrschaft des Nazistaates so scharf und glühend, fiel es den unmittelbar Betroffenen gleichwohl schwer zu verstehen, dass andere Menschen, die zu derselben Zeit lebten, von solchen Schreckensvorgängen keine oder nur undeutliche Vorstellungen gehabt haben.

Ich zum Beispiel kann mich nicht daran erinnern, dass in den

Jahren, bevor ich Soldat wurde, und erst recht nicht, als ich Soldat war, in meiner Umgebung irgendjemand etwas gesagt hätte, was über die beiläufige Erwähnung von Straflagern für Staatsfeinde hinausgegangen wäre. Doch als gäbe es eine andere Art von Wissenserwerb als die sprachliche Mitteilung, war ich im Sommer 1944 auf eine grundsätzliche, nicht genau beziehbare Art davon überzeugt, in einer brutalen, unheimlichen Welt zu leben, in der jede Gemeinheit und Inhumanität möglich war.

Ich glaubte allerdings, dass es auf der russischen Seite noch viel schlimmer sei und auch Engländer und Amerikaner und die Japaner ohnehin zu allem fähig seien. Ein anthropologischer Pessimismus hatte mich erfasst und machte mich einsam, vorsichtig und wachsam. Ich stellte mich darauf ein, immer mit allem rechnen zu müssen. Damals vollzog sich ein grundsätzlicher Wandel mit mir: Ich verließ oder verlor die interpretierte Welt meiner Kindheit und Jugend und fand mich in einer uninterpretierten und undurchschaubaren Welt wieder, in der nichts mehr gewiss und gewohnt war, eine Welt, die man weder gegen eine andere tauschen noch ändern konnte und in der es kein anderes Gebot gab, als sich irgendwie durchzuschlagen. Das bedeutete noch keine radikale Entsolidarisierung, weil mein Bewusstsein sich spaltete. Ich war immer noch bereit, als Soldat meine Pflicht zu tun, was auch immer das im Ernstfall heißen mochte, doch zugleich und unabhängig davon wollte ich auf alle Fälle am Leben bleiben. Nicht dass ich das nicht schon immer gewollt hätte. Aber jetzt war es der klare, scharfe Entschluss, stets aufzupassen und alle Überlebenschancen wahrzunehmen, notfalls auch auf Kosten des nationalen Gesamtinteresses, in dem ich mich nicht mehr so fraglos aufgehoben wusste. Ich hatte mir sogar gesagt, dass ich im Fall einer totalen Niederlage bereit sei, unter fast allen Umständen und Bedingungen weiterzuleben, Zwangsarbeit in Sibirien oder anderswo eingeschlossen.

Dieser Gedanke war eine Selbstvergewisserung für den äußersten Fall, hinderte mich aber nicht daran, nach besseren Möglichkeiten Ausschau zu halten. Konnte der Krieg aufgrund von Faktoren und Prozessen, die wir nicht kannten, vielleicht doch noch eine günstige Wendung nehmen? Da Fantasie das menschliche Vermögen ist, Informationslücken auszufüllen, und wir ständig im Dunkeln tappten, waren wir anfällig für fantasieanregende Gerüchte und neue Erklärungsschemata. Die Wunderwaffen waren eines dieser Phantasmen. Und in der letzten Kriegsphase Gerüchte über eine Entzweiung der westlichen Alliierten und der Sowjetunion. Aber das alles war zu fantastisch und stand in einem zu krassen Gegensatz zu den sich häufenden Bildern der sich immer unaufhaltsamer vollziehenden Niederlage, um nicht als bloßes Wunschdenken verdächtigt zu werden.

Etwas anders verhielt es sich mit strategischen Konzepten, die für die seit 1943 sich fortsetzenden deutschen Rückzüge im Osten scheinbar sachliche Erklärungen fanden, die den Eindruck erweckten, dass dies alles auch noch ein deutsches Kalkül mit, langfristig gesehen, sogar besseren Aussichten für die deutsche Seite sei. Eine in der Propaganda noch gelegentlich ausgeschlachtete und in Gerüchten herumgeisternde Theorie ging auf einen Tagesbefehl von Generaloberst Model vom 16. September 1943 zurück, der ein Versuch war, den in die Defensive gedrängten deutschen Truppen klarzumachen, dass nicht nur der großräumige Angriff, sondern auch die Defensive eine erfolgreiche Form der Kriegsführung sein könne. Die umlaufende Theorie lautete: Die großen Raumgewinne, die die Wehrmacht in den Jahren 1941 und 1942 im Osten gemacht habe, erlaubten es ihr nun, die gewonnene Raumweite für eine dem angreifenden Gegner große Verluste abfordernde bewegliche Verteidigung auszunutzen und dabei schrittweise den eroberten Raum gegen einen notwendigen Zeitgewinn für die deutsche Rüstungsindustrie einzutauschen, die erfolgreich daran arbeite, das Waffenarsenal zu verbessern und zu erneuern.

Wenn sich dann die sowjetischen Angriffsarmeen, geschwächt durch schwere Verluste an Menschen und Material, der deutschen Reichsgrenze näherten, würde sich der Widerstand auf verkürzter Frontlinie erheblich versteifen, nicht zuletzt deshalb, weil die eigenen Truppen nun den Vorteil kürzerer und intakter Nachschubwege hätten, während im Hinterland der vorrückenden Sowjetarmeen Bahnlinien, Straßen, Brücken, Versorgungseinrichtungen und Unterkünfte von den abrückenden deutschen Truppen gesprengt worden seien.

Das hörte sich einigermaßen schlüssig an, war aber nur ein abstraktes Konzept, wie aus dem Strategielehrgang einer Kriegsschule, dem die Wirklichkeit längst immer drastischer widersprach. Es berücksichtigte weder den Zustand der seit Langem in Unterzahl kämpfenden deutschen Truppen noch die wachsende Konfusion der Führungsstäbe, und schon gar nicht Hitlers unsinnige Haltebefehle, die das Konzept der mobilen Verteidigung auf den Kopf stellten und dazu führten, dass ständig neue, durch den Befehl an ihre Stellung gefesselte deutsche Verbände vom Gegner umgangen, eingekesselt und nach und nach aufgerieben wurden oder, wie die im Baltikum abgeschnittene Heeresgruppe Nord, bis zum Kriegsende untätig in ihren Stellungen lagen.

Das alles wussten wir nicht. Die Front war ein Schattenland, aus dem in einer unzuverlässigen Sprache bruchstückhafte Nachrichten zu uns drangen. Und sie war auch ein proteushaftes Gebilde, das sich immer wieder anders zeigte. So schnurrten alle Gesamtansichten und Erklärungsmodelle bald wieder auf einen vom stärksten Interesse fixierten Kern zusammen. Von dem ganzen, längst schon wieder zerronnenen Konzept der mobilen Verteidigung hielt sich nur die Vorstellung, der russische Vormarsch würde an der Reichsgrenze zum Stehen gebracht. Auch das war fragwürdig geworden durch die Invasion der Amerikaner und Engländer in der Normandie. Da es nicht gelungen war, die Invasionstruppen am Tag der Landung ins Meer zurückzutreiben, hatten sich zwei inzwischen vereinte Brückenköpfe gebildet, die zwar noch abgeriegelt werden konnten, aber anscheinend ständig verstärkt wurden, denn wenn man die Berichte mit der nötigen Hellhörigkeit verfolgte, dann war klar, dass inzwischen der Hauptdruck von den Angreifern und nicht von den Verteidigern ausging. Der Zweifrontenkrieg, kollektiver Albtraum der Deutschen seit dem Ersten Weltkrieg, war seit dem sogenannten D-Day am 6. Juni 1944 Wirklichkeit geworden. Und als am 23. Juni zwischen den Pripjetsümpfen und der Düna die erwartete russische Sommeroffensive mit einem gewaltigen Artilleriefeuer begann und Tag für Tag weiter vordrang, sah das wie der Anfang vom Ende des Krieges aus.

Warum wurden wir jetzt also nicht alarmiert und an die Front geschickt? Die Beanstandungen des Regimentkommandeurs nach der Gefechtsübung auf der Jungfernheide konnten nicht der Grund sein, nicht nur, weil es angesichts der Kriegslage auf solche feinen und vielleicht nur vermeintlichen Mängel längst nicht mehr ankam, sondern vor allem deshalb, weil nicht der Regimentskommandeur, sondern die höheren Dienststellen des Ersatzheeres und die operativen Stäbe über den Einsatz der verfügbaren Truppen zu entscheiden hatten. Wurden wir also vielleicht auf einen Wink von höherer Seite verschont? Wollte der Reichsmarschall Hermann Göring, dessen Begleitregiment wir waren, für irgendwelche noch unabsehbaren Situationen und Problemlagen eine kleine Privatarmee behalten? Das war eine schwindelerregende Vermutung, die auf einen Machtzerfall und verborgene Konflikte hindeutete. Nicht im Mindesten war ich darauf vorbereitet, so etwas weiterzudenken. Es vertiefte sich nur das Gefühl der zunehmenden Uneinheitlichkeit und Undurchschaubarkeit dieser Kriegsgesellschaft, in der wir lebten.

Inzwischen waren der Kompanie sechzig Mann vom Jahrgang 1926 zugewiesen worden, lauter Siebzehn- und Achtzehnjährige, die sich wie wir freiwillig gemeldet hatten und zurzeit ihre Grundausbildung absolvierten. Sie lebten für sich in einem anderen Kasernenblock, gehörten aber nominell zur Kompanie, die damit über ihre normale Kriegsstärke hinaus aufgestockt worden war. Das konnte man eigentlich nur so deuten, dass in irgendeinem Stab des Ersatzheeres sich jemand Vorstellungen darüber gemacht hatte oder auch über durchschnittliche Erfahrungswerte verfügte, wie viele Verluste die Kompanie bei einem Fronteinsatz haben würde, der ungefähr so lange dauerte, bis dieses Ersatzkontingent ausgebildet war. Jeder dieser sechzig Rekruten repräsentierte also einen Toten oder Verwundeten von uns.

Doch vorläufig war Sommer, und an schönen Wochenenden sah er an den Berliner Seen beinahe wie Frieden aus. Wenn wir Ausgang hatten, fuhr ich mit meinem Freund Karl Heinz Sünner an den Wannsee, wo wir an irgendeiner Uferstelle abwechselnd schwammen, während der andere die abgelegten Uniformen bewachte. Manchmal mieteten wir auch einen Kahn, um auf diese Weise Bekanntschaften mit Frauen zu machen, die hier natürlich bei Weitem in der Mehrzahl waren, Frauen auch mit Kindern, vermutlich von Männern, die irgendwo an der Front waren oder nicht mehr lebten. Da Karl Heinz aus Düsseldorf stammte und ich in Neuss geboren war, sprachen wir oft über zu Hause oder, wie er sagte, »die Heimat«. Das war sein Lieblingsausdruck, was damit zusammenzuhängen schien, dass er, der davon träumte, Opernsänger zu werden, mit seiner unausgebildeten, ein wenig knödeligen Baritonstimme bei Kompanieabenden und anderen Feiern mit Vorliebe einen bis zum Überdruss bekannten Schlager des Reichsrundfunks zum Besten gab, der »Glocken der Heimat« hieß. Es war eine pompöse Propagandaschnulze, die in einem summarischen Überblick verschiedene Kriegsschauplätze aufzählte, wo angeblich überall deutsche Soldaten sich vom eingebildeten Klang der Heimatglocken rühren ließen. Karl Heinz schien die falschen Töne nicht zu bemerken, weil er einfach nur an Düsseldorf dachte und vor allem an die Königsallee, obwohl es dort kein bedeutendes Geläut gab.

Er war ein schwerknochiger niederrheinischer Typ, der sich immer etwas langsam bewegte. Seine blonden Haare waren wellig gelockt, als wären sie mit der Brennschere onduliert worden, wozu es allerdings in der Kaserne keine Gelegenheit gab. Er hatte blaue Augen und aufgeworfene dicke Kinderlippen und war gutmütig und humorvoll, ein guter Kumpel, auf den man sich verlassen konnte. Über den Sinn dieses Krieges hatte er nie nachgedacht. Sein persönliches Kriegsziel war die Wiederherstellung des Friedens, und zwar hatte er davon eine lokale Vorstellung. Er wollte am Samstagnachmittag in einem schicken Zweireiher ins Café Heemesath an der Königsallee einkehren, ein Stück Nougattorte und ein Kännchen Kaffee bestellen und die Frauen betrachten und vielleicht, wenn zum Tanzen aufgespielt wurde, die Bekanntschaft einer tollen Frau machen. Es war – zählt man die Bauelemente dieser Vorstellung auf: guter Anzug, Torte, Kännchen Kaffee, Frauen und Tanzmusik – eine rheinische Utopie nach Düsseldorfer Art.

Ich hatte allerdings wenig Lust, dauernd über »die Heimat« zu sprechen, vielleicht weil dort niemand mehr war, an den ich denken konnte. Da ich monatelang keine Post bekam, wusste ich nie, ob nicht inzwischen zu Hause alles zerbombt war. Auch das war mir gleichgültig, weil nach dem Ende des Krieges, wenn ich es denn erlebte, nichts mehr so sein würde, wie es einmal war. Ich hatte die Verbindung zur Vergangenheit in mir abgebrochen. Und weil die Zukunft dunkel war, sah ich auch die Gegenwart schon wie Vergangenheit. Ich lebte jetzt hier. Doch das bedeutete nichts. Es war eine schon ferngerückte Nähe, eine beständige Vorläufigkeit. Das Schauspielhafte oder die Unwirklichkeit von allem, was geschah, nahm zu. Ich war damit beschäftigt, es in unbeteiligter Genauigkeit in mich aufzunehmen. Manchmal flüsterte ich mir selbst zu: Merk es dir! Schau es dir an! Ich fühlte mich dann etwas besser, als hätte ich mir, gegenüber der Unentrinnbarkeit der Geschehnisse, einen Rest von Selbstständigkeit bewahrt.

Die eigene Perspektive und das Gesamtgeschehen, das Nahegelegene und das Entferntere brachen oft völlig auseinander. Während wir wieder einmal zu einer Übung auf einem Truppenübungsplatz bei Velten nordwestlich von Berlin waren, heulten in der Umgebung plötzlich die Sirenen auf. Bald danach hörten wir einen herannahenden amerikanischen Bomberverband im Anflug auf Berlin. Die Übung wurde abgebrochen. Man befahl uns, in Deckung zu gehen. Das war eigentlich nicht nötig, denn die Amerikaner wollten selbstverständlich ihre teure Bombenlast auf Berlin abwerfen. Wir lagen ungestört und faul im Sommergras des Waldrandes, während über uns in großer Höhe die fliegenden Festungen, umgeben vom Jagdschutz der gefürchteten Lightnings, geordnet wie bei einer Luftparade in Richtung Berlin flogen. Wir konnten noch sehen, wie einige wenige deutsche Jagdflugzeuge den Bomberverband angriffen und sofort von den Lightnings abgefangen wurden. Zwei oder drei Flugzeuge stürzten brennend ab. Wir waren uns nicht einig, ob es Deutsche oder Amerikaner waren. Aufzuhalten war der mächtige Bomberverband sowieso nicht, auch nicht von dem dünnen Flakfeuer, das jetzt im Süden zu hören war. Die meisten Flakregimenter befanden sich an der Front, um im Erdkampf die zerschlissenen Heeresdivisionen gegen die Übermacht der feindlichen Panzerkorps zu unterstützen. Es gab auch viel zu wenig Jagdflugzeuge und zu wenig ausgebildete Piloten. Der Schutzschirm der Luftwaffe über Deutschland, seit Jahren schon löcherig, bestand praktisch nicht mehr. Zu Anfang des Krieges hatte Göring als Oberbefehlshaber der Luftwaffe noch großmäulig getönt, er wolle Meier heißen und einen Besen fressen, wenn auch nur *ein* feindliches Flugzeug über Berlin erscheine. Dies war nun wieder ein Tag, an dem uns die Amerikaner zeigten, dass wir den Spitznamen »Division Hermann Meier« zu Recht trugen. Auch der Name »Besenmeier«, eine typisch berlinische Prägung, war in Umlauf gekommen. Immerhin verschafften uns die amerikanischen Bomber einen ruhigen und, wenn man nur die Sicht auf den Boden und die nächste Nähe beschränkte, einen friedlichen Nachmittag. Der Waldboden war weich und warm, die Kiefern strömten ihren Harzgeruch aus, die Vögel sangen, die Waldameisen gingen wie immer ihrer Arbeit nach, und unsere von den Anstrengungen des Dienstes ermüdeten Glieder entspannten sich, ganz nach der Gewohnheit aller Soldaten, jede sich bietende Ruhepause zur Erholung auszunutzen, gleichgültig, was etwas weiter weg geschah.

Als wir nach der Entwarnung in die Kaserne zurückfuhren, waren weitere Teile der Stadt zerstört worden. In der Nacht kamen dann vielleicht die Bomber der Royal Air Force, um die Rettungs- und Aufräumungsarbeiten zu unterbrechen und das Zerstörungswerk fortzusetzen. Ich musste heute Nacht zur Brandwache in die Staatsoper Unter den Linden, falls sie nicht auch zerbombt worden war.

Zurzeit waren Theaterferien. Wir, eine kleine Gruppe von Interessierten, profitierten davon. Als Dank für die Brandwachen lieh man uns Kostüme aus dem Fundus des Staatlichen Schauspielhauses. Beraten vom Maskenbildner der Oper, übten wir an einigen dienstfreien Nachmittagen ein Drama von Hans Rehberg über den Siebenjährigen Krieg ein, das wir zur Unterhaltung von Görings Gästen demnächst in seinem Jagdschloss Karinhall in der Schorfheide nördlich von Berlin aufführen sollten. Wer sich das ausgedacht hatte, weiß ich nicht. Die Kostüme stammten noch von der Uraufführung des Stückes, bei der Gustaf Gründgens Friedrich den Großen und Bernhard Minetti den Prinzen Heinrich gespielt hatten. Ich musste einen preußischen Adligen darstellen, doch ich kann mich weder an diese Rolle noch an das Stück erinnern, glaube nur, dass es eine Kleistnachfolge oder Kleistimitation war. Während ich dort auf dem Truppenübungsplatz im Gras des Waldrandes lag und über uns die amerikanischen Bomberverbände nach Berlin flogen, dachte ich daran, dass ich am Abend meine Rolle noch einmal rekapitulieren müsse. Die Brandwache unter dem Dach oder auf dem Schnürboden des Opernhauses bot gute Gelegenheit dazu. In irgendeiner Szene des Stückes musste ich »beiseitetreten« und außerhalb des großen historischen Dialogs etwas für mich sagen, aber ich weiß nicht mehr, was. Neben mir rekelte sich jemand in der Sonne und sagte: »Hoffentlich hauen die Amis die Kaserne zusammen.« Wir hatten unsere Zeltplanen dabei, und einige Sommernächte im Wald wären nicht schlecht gewesen.

Am 5. Juni 1944, dem Vorabend der Invasion an der französischen Kanalküste, hielt General Montgomery eine Ansprache an die Offiziere der britischen Landungstruppen, in der er auch die militärische Lage Deutschlands beschrieb. Er schilderte ein Land, das sich noch verzweifelt wehrte, aber inzwischen reif war für den letzten Sturm, der mit der Landung in der Normandie beginnen sollte: »Deutschland kämpft heute bereits an drei Fronten: in Russland, in Italien und auf dem Balkan. Bald wird es noch an einer vierten Front kämpfen müssen. Das kann es auf die Dauer nicht durchhalten. Es hat zwar viele Divisionen, aber sie sind alle schwach, keine erreicht ihre Soll-Stärke. Seine Städte und Industriebezirke werden laufend durch Luftangriffe verwüstet. Das wird im Laufe dieses Jahres in ständig zunehmendem Maße weitergehen, sodass gegen Ende des Jahres von seinen größeren Städten nicht mehr viel übrig sein wird.

Deutschland ist von allen Seiten eingekreist, überall haben die Alliierten die Initiative; und während die Luftangriffe erbarmungslos weitergehen, werden die Russen zum Angriff übergehen, und auch die Mittelmeerfront drängt weiter vor. Sehr viel wird vom Erfolg unserer Operationen abhängen. Wenn sie Erfolg haben, wird nach meiner Einschätzung Deutschlands Kraft allmählich erlahmen. Und sie werden Erfolg haben! Und die Luftangriffe werden Tag und Nacht weitergehen! Das kann Deutschland auf die Dauer nicht aushalten. Wenn wir unsere Sache richtig machen und keine Fehler begehen, dann, glaube ich, wird Deutschland Ende dieses Jahres am Ende sein.«

Alles stimmte an dieser Beschreibung, nur nicht der Zeitpunkt des voraussichtlichen Kriegsendes, das erst Anfang Mai 1945 kam. In diesen letzten elf Monaten des Krieges starben auf deutscher Seite viel mehr Menschen als in allen Kriegsjahren zuvor. Ebenso verhielt es sich mit den materiellen Kriegsschäden, vor allem in den deutschen Städten. Als am 23. Juni auf einer Breite von 350 Kilometern die russische Sommeroffensive begann, bekamen die weißen Buchstaben L.S.R. an den Berliner Häusern oder Hausruinen, die anzeigten, wo sich der Zugang zu einem Luftschutzraum befand, eine neue Bedeutung. »Lernt schnell Russisch« hieß das nun.

Es war seltsam, sich in dieser Situation in Soldaten- und Generalsuniformen aus dem Siebenjährigen Krieg zu kleiden und in der großen Halle von Görings Jagdschloss Theater zu spielen. Göring oder der Reichsmarschall, wie er offiziell hieß, war nicht anwesend. Er hielt sich in seinem Jagdhaus in der Romintener Heide in Ostpreußen auf, wo er in der Nähe von Hitlers Hauptquartier Wolfsschanze war. Die Gesellschaft, vor der wir das Stück aufführten, war ziemlich klein und wirkte in der überdimensionalen Wikingerhalle mit ihrem schweren geschnitzten Gebälk, den riesigen Gobelins und den Hirsch- und Elchgeweihen wie ein verlorenes Häuflein mühsam zusammengerufener Menschen, die nur uns zuliebe da saßen und sich diesen friederizianischen Mummenschanz anschauten, den wir mit der steifen Bemühtheit einer kostümierten Laienspielschar vor ihnen aufführten oder abspulten oder herunterrezitierten, wie auch immer sie es nennen mochten. Die meisten Zuschauer, außer den wenigen Hausgästen von Emmy Göring, waren wohl aus Berlin herbeordert worden.

Einige Offiziere waren darunter, vielleicht auch Beamte des Luftfahrtministeriums, und vermutlich auch Leute aus der näheren Umgebung von Karinhall. Man hatte ihnen wohl gesagt: »Soldaten des Begleitregiments haben ein Theaterstück einstudiert. Das müssen Sie sich ansehen.« Und dieses »müssen« hatten sie als Befehl aufgefasst.

Nachdem wir das Stück zu Ende gebracht hatten, gab es matten Beifall. Emmy Göring bedankte sich bei Unteroffizier Nilles, der den Alten Fritz gespielt hatte und sich bald darauf zu einem Göring-Imitator entwickelte. Wir bekamen noch eine warme Suppe und fuhren im Lkw nach Berlin zurück. Ich hatte das eigenartige Gefühl, eine Szenerie erlebt zu haben, die schon gar nicht mehr wirklich war, obwohl sie über ihr inneres Ende hinaus noch weiterbestand. Das Ganze war mir umso gespenstischer erschienen, als trotz einiger Bomben, die auch hier gefallen waren, an der Anlage nichts beschädigt war. Wahrscheinlich hatte man das Bild der Unversehrtheit sofort wiederhergestellt. Wie ein inselhafter, im Wald verborgener Wunschtraum von Luxus, Reichtum und Macht war die Anlage mitten im Machtzerfall des Reiches und der fortschreitenden Zerstörung des Landes stehen geblieben, einschließlich des Mausoleums für Görings erste, aus Schweden stammende Frau Karin, die dem Jagdschloss den Namen gab, des Filmsaals im Keller und des geräumigen Mansardenraums, in dem die Modelleisenbahn aufgebaut war, an deren Schaltpult Göring in besseren Zeiten mit seinen Generälen und Adjutanten und vor dem Krieg auch mit ausländischen Besuchern manchmal gespielt hatte. Vielleicht war er auf ähnliche Weise auch mit dem Riesenspielzeug der Luftwaffe umgegangen.

Diese bizarren Einzelheiten habe ich natürlich erst nach dem Krieg erfahren. Wir hatten nur Theater im Theater gespielt und verließen Karinhall durch den Hintereingang, zurück auf dem kürzesten Weg in das, was damals die Wirklichkeit war. Im April 1945 kam ich nach dem Zusammenbruch der Ostfront noch einmal durch die Schorfheide. Karinhall, Prunksitz des zweitmächtigsten Mannes des »Tausendjährigen Reiches«, war wohl schon gesprengt.

Ich weiß nicht, in welcher Verfassung ich damals gewesen bin. Irgendetwas hatte sich in mir quergestellt gegen meine Umgebung und die Routinen unseres Kasernenlebens, und ich musste aufpassen, dass ich mich nicht auf sinnlose Konfrontationen einließ oder irgendwelche gefährlichen Bemerkungen machte. Vermutlich war ich auch ein wenig auffällig geworden, denn eines Abends nach Dienstschluss, als wir alle am Tisch in unserer Stube saßen und Kommissbrot aßen, herrschte mich Ernst Preidt, der Gruppenälteste, an: »Wie schneidest du denn dein Brot?« Ich hatte lustlos an meinem Kanten Kommissbrot herumgesäbelt und mir einen Brocken in den Mund geschoben, anstatt wie die anderen genau bemessene, säuberlich abgeschnittene Scheiben manierlich mit Margarine, Schmierwurst oder Schmelzkäse zu bestreichen, sie in zwei Hälften zu schneiden und zu essen. Ernst Preidt, der aus der Steiermark stammte und Student der Forstwissenschaft war, garantierte als Stubenältester die Ordnung unseres engen Zusammenlebens. Er war ein vorbildlicher Soldat und außerdem ein handfester Bursche, mindestens einen halben Kopf größer als ich. Er war auch intelligent und hatte Humor, aber dem war meistens ein ironischer Unterton beigemischt. Und er neigte zu Wutanfällen, wenn die Dinge nicht so liefen, wie er es für richtig hielt. Eigentlich bewunderte ich ihn in mancher Hinsicht, aber an diesem Abend hatte er mich aus einer dumpfen Gereiztheit geweckt, und wie ich ihn ansah, repräsentierte er alles, was mir zuwider war. »Ich schneid mein Brot, wie es mir passt«, sagte ich. Ernst hatte verschiedene Methoden, Dominanz zu zeigen. Dieses Mal fragte er in herablassender, höhnischer Freundlichkeit: »Haben dir deine Eltern nicht beigebracht, wie man Brot schneidet?« Ich sah ihn fest an und sagte: »Man kann Brot quer und längs und schräg und in Dreiecken schneiden. Und man kann Löcher reinbohren, wenn es einem gehört.« Und um ihn zu provozieren, tat ich es auch. Wut stieg in ihm hoch, und er sagte etwas Beleidigendes. Ich antwortete entsprechend. Bevor es zu einer Schlägerei kam, mischten sich die anderen ein und brachten uns zur Vernunft. Ernst Preidt wusste natürlich auch, dass es seinem Ansehen bei den Vorgesetzten geschadet hätte, wenn er als Stubenältester eine Schlägerei angefangen hätte. Er zeigte sich als der vorbildliche Soldat mit Führungsqualitäten, indem er sich beherrschte. Aber zwischen uns blieb eine Spannung, die einige Zeit später doch noch zum Ausbruch kam.

Das Essen aus der zentralen Mannschaftsküche der großen Kaserne war meistens miserabel und wurde »der Fraß« genannt. Mittags gab es beispielsweise Pellkartoffeln mit Lungenhaschee und saurer Gurke oder wässerigen Kartoffelbrei mit zwei gekochten Eiern und Senfsauce oder einen Eintopf, den wir mit der Bemerkung quittierten, Fleischfasern seien gebündelt in der Küche abzugeben. Morgens und abends aßen wir Kommissbrot mit immer demselben knapp bemessenen Aufstrich. Morgens handelte es sich in der Regel um Kunsthonig. Mittags aß man hastig, um sich noch einmal an einer der langen Warteschlangen anstellen zu können und einen Zuschlag zu erwischen, wenn es auch manchmal nur einige Pellkartoffeln waren. Eigentlich war man immer etwas hungrig. Auch das war der Grund, sich an die Front zu wünschen, weil dort das Essen besser war.

Das alles reicht trotzdem nicht als Erklärung für die haarsträubend leichtsinnige Dummheit, die ich beging, um einmal etwas Besonderes zu haben: nämlich einige Dosen eingedickter, gezuckerter Büchsenmilch, die in einem Güterzug mit beschlagnahmten Lebensmitteln aus italienischen Armeebeständen nach Berlin gekommen waren. Einige der zu den Alliierten übergewechselten italienischen Armeeverbände waren von Einheiten der Division

Hermann Göring entwaffnet worden, und diese hatten nun die von den vorrückenden alliierten Truppen bedrohten Vorratslager geräumt und die kostbaren und seltenen Lebensmittel – Mehl, Teigwaren, Olivenöl, Tomatenmark, Thunfisch und Büchsenmilch – vermutlich auf höchste Weisung nach Berlin geschickt. Hier sollte wohl eines der geheimen Vorratslager angelegt werden, aus denen sich der Reichsmarschall bediente, um seinen Sonderzug und die verschiedenen Wohnsitze damit auszustatten und die Familien verdienter Luftwaffenoffiziere und anderer Günstlinge zu versorgen. Göring, der Sammler und genussfreudige Potentat, raffte und hortete alles, was das von den deutschen Truppen besetzte Europa an Kunstwerken, schönen Gegenständen und Genussmitteln noch zu bieten hatte. Das wussten wir so genau nicht, als wir abkommandiert wurden, den Zug, der plombiert und bewacht auf dem Abstellgleis eines Berliner Güterbahnhofs stand, zu entladen und die Säcke, Kisten, Kanister und Kartons in einer Halle der Reinickendorfer Kaserne zu lagern. Aber ganz genau wussten wir, dass wir nie etwas von diesen Köstlichkeiten bekommen würden. Wir waren nur die Kulis, die sie schleppen mussten.

Vor der Arbeit wurden wir noch einmal verwarnt und auf die hohen Strafen hingewiesen, die auf die Entwendung oder Beschädigung von Wehrmachtsgut standen. Aber zwischen den Kistenbergen in den Waggons waren wir nicht leicht zu überwachen, und so öffneten wir einen der kleineren Kartons und stachen eine der darin verpackten kleinen Büchsen an und leckten an der cremigen süßen Masse, die daraus hervorquoll: Es war mit Puderzucker gesüßte, eingedickte Büchsenmilch, die uns wie das allerfeinste Dessert schmeckte. Jeder trank eine Büchse leer, dann schlossen wir den Karton wieder und räumten ihn in der Lagerhalle in den unteren Teil des Stapels ein. Das süße cremige Zeug war ein mächtiger Energiespender und machte gute Laune, und mich hatte es offenbar süchtig gemacht.

Da wir mit Kontrollen rechneten, hatten wir keine Büchsen in die Unterkunft mitgenommen. Ich brauchte aber nur die Augen zu schließen und hatte den süßen, verwöhnenden Geschmack noch auf der Zunge, sodass mir das Wasser im Munde zusammenlief. Ich war noch ganz besessen von dieser Fantasie, als ich zum Wachdienst eingeteilt wurde. Das zu bewachende Objekt war die Lagerhalle mit den Lebensmitteln. Die Halle musste schon deshalb bewacht werden, weil zur Lüftung einige der oberen Fenster geöffnet waren. Es waren schmale, waagerechte Fenster, gerade groß genug, dass man sich hindurchschieben konnte, doch konnte man sie ohne Hilfe vom Boden aus nicht erreichen. Eigentlich genügte dieser Sachverhalt, um jeden Gedanken an einen Einbruch aufzugeben, auch wenn ich ganz davon absah – und das tat ich seltsamerweise –, dass der Einbruch eines Wachpostens in das Objekt, das er bewachte, ein todeswürdiges Verbrechen war. Einige Schlucke gesüßter Büchsenmilch und die Gefahr, vor die Läufe eines Erschießungskommandos zu geraten – waren das überhaupt Dinge, die sich gegeneinander abwägen ließen? Ja, offenbar, denn ich wollte noch einmal dieses süße Zeug trinken, und der Vorgeschmack davon vernebelte mein Bewusstsein und nahm mir das Gefühl für die Gefahr.

Allein konnte ich den Einbruch allerdings nicht machen. Es traf sich aber so, dass Gideon Schüler, mit dem ich beim Entladen der Waggons die Kiste mit der Büchsenmilch geöffnet hatte, auch zum Wachdienst an der Halle eingeteilt war. Er war der Posten, der mich nachts um vier ablösen sollte. Also sprach ich ihn an, als wir einen Moment allein waren, und sagte: »Wollen wir uns heute Nacht nicht ein paar von den Büchsen holen?« »Während der Wache?«, fragte er erstaunt. »Es geht ganz schnell«, sagte ich. »Wenn du mich abgelöst hast, klettere ich rein und mache einen Karton auf. Ich weiß noch genau, wo sie stehen. Du stehst draußen Posten, und wenn Kontrolle kommt, räusperst du dich, dann weiß ich Bescheid und warte. Wenn die Luft wieder rein ist, pfeifst du einmal leise.«

»Und wo tust du Stahlhelm und Karabiner hin?«, fragte er. »Die versteck ich solange im Gebüsch.« Er nickte nachdenklich. Die geschilderte Aktion lief vor seinen Augen ab. Anscheinend waren keine neuen Schwierigkeiten dabei sichtbar geworden, und er willigte ein. Erst in diesem Augenblick begriff ich, wie wahnsinnig das Ganze war, wollte aber keinen Rückzieher mehr machen. Es wird schon klappen, redete ich mir ein.

Ich hatte damit gerechnet, dass der wachhabende Unteroffizier seinen Kontrollgang zu den verschiedenen Wachtposten im Kasernengelände innerhalb der zwei Stunden machte, in denen ich bei der Halle auf Posten stand. Stattdessen näherte sich pünktlich und mit schnellen Schritten Gideon durch die Dunkelheit. Ich rief ihn vorschriftsmäßig an, und er antwortete. Dann war er da und sagte: »Schnell, schnell, in der Wachstube pennt alles.« Es wäre peinlich gewesen, die Sache noch einmal infrage zu stellen, und so legte ich Koppelzeug, Helm und Karabiner ins Gebüsch und kletterte über die sogenannte Räuberleiter aus Gideons Händen und Schultern zu dem offenen oberen Hallenfenster hoch, durch das ich mich so hindurchwinden musste, dass ich die richtige Ausgangsposition zum Absprung in die dunkle Halle fand. Der Turnlehrer, der bei missglückten Übungen jedes Mal »armes Deutschland« gerufen hatte, wäre jetzt mit mir zufrieden gewesen. Das dachte ich in diesem Augenblick genauso, wie ich mir sagte, dass ich mir auf keinen Fall einen Fuß brechen durfte, wenn ich im Dunkeln auf den Betonboden der Halle hinuntersprang. Alles das für ein paar Schluck süßer Büchsenmilch, fuhr es mir durch den Kopf. Doch darum ging es gar nicht mehr. Ich hatte etwas angefangen und musste es zu Ende bringen. Es war eine Sache der Ehre daraus geworden, und also sprang ich.

Ich landete schräg und fiel zur Seite, aber passiert war mir nichts. Jetzt schnell noch den richtigen Karton finden in dem aufgestapelten Kistenberg, der bis auf schmale Gänge zu beiden Seiten die ganze Halle füllte, eine kompakte schwarze Barriere. Ich brannte ein Streichholz an und fand den richtigen Karton, bevor es erloschen war. Da hörte ich, dass Gideon draußen Meldung machte. Geräuspert hatte er sich anscheinend so leise, dass ich nichts gehört hatte. Der Unteroffizier unterhielt sich mit Gideon. Ich konnte nichts verstehen, da ich auf der Suche nach dem richtigen Karton ein Stück weit in die Halle hineingegangen war. Es war wohl eine freundliche Unterhaltung. Gideon sagte mir später, der Unteroffizier sei mit dem Fahrrad gekommen und habe kein Licht angehabt, sodass er ihn erst bemerkte, als er um die Ecke der Halle fuhr. Zwei oder drei Minuten vergingen vielleicht, dann hörte ich den vereinbarten Pfiff. Ich schlitzte den Karton mit meinem Taschenmesser auf, nahm für jeden drei Büchsen heraus und stellte den Karton unter einen anderen in die Reihe zurück. Jetzt erst erkannte ich, dass ich etwas Wichtiges nicht bedacht hatte. Ich musste, um wieder aus der Halle herauszukommen, mehrere Kisten unter das Fenster schieben und aufeinandertürmen, und die konnte ich dann nicht mehr wegrücken. Eine deutlichere Spur meines Einbruchs konnte ich nicht hinterlassen. Beim nächsten Kontrollgang durch die Halle mussten die Kisten unter dem Fenster sofort auffallen, wahrscheinlich auch noch Kratzspuren an der Mauer, die ich nach der Kletterei zurückgelassen hatte. Da die Halle rund um die Uhr bewacht wurde, musste einer der Wachtposten selbst der Einbrecher gewesen sein. Ich weihte Gideon in das Problem nicht ein. In seinen Augen hatte alles glänzend geklappt. Die Büchsen hatten wir in unseren Strohsäcken versteckt.

Zwei Tage später schrillten abends die Trillerpfeifen der Unteroffiziere durch die Gänge. »Raustreten! Raustreten!«, brüllten sie und rissen die Türen der Mannschaftsstuben auf. Wie bei einer Alarmübung mussten wir die Treppen hinunterlaufen und draußen antreten. Und dann wurde drinnen Stube für Stube der ganze Kasernenblock durchsucht. Die Stubenältesten wurden aufgerufen und mussten mitgehen bei der Durchsuchung. Ich dachte,

Ernst Preidt würde sich gewiss nicht wundern, wenn in meinem Strohsack eine Dose der gestohlenen Büchsen entdeckt wurde. Eine war noch da. Ich hatte sie mir aufbewahrt. Wie es sich bei Gideon verhielt, wusste ich nicht. Er stand einige Schritte von mir entfernt in einem anderen Glied, und ich konnte nicht mit ihm sprechen. Wenn er reinfiel, war auch ich an der Reihe, denn ich musste natürlich sagen, dass ich ihn angestiftet hatte und dass ich in die Halle eingebrochen war.

Fast drei Stunden standen wir da. Ein Murren ging durch die Reihen, denn die meisten fühlten sich unschuldig und erlebten das Ganze als eine sinnlose Schikane. Ich wusste jetzt, dass ich allein war, fast schon so allein wie die Leute, die man an den Pfahl gebunden hatte, wo sie erschossen wurden. Gemessen an der Schrecklichkeit des Todes, konnte das, was sie getan hatten, auch nicht bedeutender sein als gestohlene Büchsenmilch. Ich empörte mich dagegen und überlegte, was ich sagen konnte, wenn meine Schuld erwiesen war. Das Einzige, was mir einfiel, war: ein Reuebekenntnis abzulegen und um die Chance einer Bewährung an der Front zu bitten. Auch an meinen Vater dachte ich, für den es sicher eine Schande war, wenn sein Sohn wegen schweren Wachvergehens und Einbruch in ein Lager mit Wehrmachtsgütern erschossen wurde.

Plötzlich war die Durchsuchung zu Ende, und wir konnten in unsere Stuben zurück. Anscheinend war nichts gefunden worden. Wie betäubt ging ich zu meinem Bett und legte mich auf meinen Strohsack. Etwas später zog ich das Laken zurecht und tastete nach der Büchse. Sie war nicht mehr da. Entweder hatte ich mir in meiner Panik eingebildet, dass noch eine Büchse im Strohsack stecke, oder, was noch fantastischer war, jemand hatte sie entfernt. Ich ging zum Tisch, um etwas zu essen, und tauschte einen Blick mit Gideon. Wie durch ein Wunder war alles gut gegangen. Endgültig befreit fühlte ich mich allerdings erst zwei Tage später, als der lange erwartete richtige Alarm kam. Es war so weit. Am

17. Juli verließen wir den Kasernenblock, fuhren im sogenannten Mot-Marsch nach Strausberg, wo die gesamte Kompanie mit allen Fahrzeugen in einen Zug verladen wurde, der in Richtung Osten fuhr. Die russischen Angriffsarmeen standen inzwischen dicht vor der ostpreußischen Grenze.

6

Das Attentat, der Reichsmarschall und die Riegelstellung

Die russische Sommeroffensive 1944 im Bereich der Heeresgruppe Mitte, die zu deren fast vollständiger Vernichtung führte, wird in der Kriegsgeschichtsschreibung einhellig als eine der schwersten Niederlagen der deutschen Wehrmacht dargestellt. Nicht nur wegen der Höhe der deutschen Verluste an Menschen und Material, auch wegen der lawinenartigen Gewalt des Geschehens, das die russischen Angriffsarmeen auf einer Breite von 350 Kilometern einen Einbruch von durchschnittlich 400 Kilometer Tiefe erringen ließ, gilt der Untergang der Heeresgruppe als ein noch größeres militärisches Debakel als Stalingrad.

Die deutsche Führung hatte die sowjetische Hauptoffensive in der Ukraine erwartet und dort die noch vorhandenen Reserven zusammengezogen, als der russische Zangenangriff gegen den von der Heeresgruppe Mitte gehaltenen großräumigen Frontvorsprung westlich von Smolensk begann, der für Hitler eine Art Balkon war, von dem aus er immer noch nach dem schon ferngerückten Moskau hinüberblickte. Da er den schon bald abgeschnittenen Truppen den Rückzug verbot, wurden sie nacheinander eingekesselt und aufgerieben. Bestrebt, nicht in russische Gefangenschaft zu geraten, versuchten zwei deutsche Armeekorps, ständig angegriffen von Partisanen, durch ein unwegsames Waldgebiet nach Westen zu entkommen, wurden aber von den mobilen russischen Angriffsverbänden im Norden und Süden überflügelt und mussten sich schließlich aus Mangel an Munition und einsatzfähigen schweren Waffen ergeben.

Nur acht angeschlagene deutsche Divisionen gelangten, zum

Teil unter Verlust ihres gesamten schweren Gerätes, nach Westen, und nur weitere acht Divisionen konnten von anderen Frontabschnitten, vor allem von der ukrainischen Front, zur Unterstützung herangeführt werden. Ihnen standen nach den Erkundungen der Abteilung Fremde Heere Ost im Generalstab des Heeres auf sowjetischer Seite 126 Infanteriedivisionen, sechs Kavalleriedivisionen und 62 Panzerbrigaden gegenüber. Bei den Mannschaftsstärken war das ein Verhältnis von eins zu zehn, bei der Artillerie und den Raketengeschützen, die eine Hauptwaffe der Roten Armee waren, sah es noch ungünstiger aus.

Dass diese gewaltige Streitmacht nicht einfach nach Ostpreußen durchmarschierte, sondern auf der Linie Brest – Grodno – Kowno – Wilkomir erst einmal zum Halten kam, hatte einen besonderen Grund. Die sowjetische Großoffensive war in der Nacht zum 20. Juni 1944 mit der bisher größten Partisanenaktion des Krieges vorbereitet worden. Über zehntausend Sprengungen hatten das gesamte Eisenbahnnetz im Hinterland der Heeresgruppe lahmgelegt. Die Rote Armee, die das verwüstete Gebiet erobert hatte, musste das Verkehrsnetz erst wieder instand setzen, um ihren gewaltigen Bedarf an Treibstoff, Munition, Waffen, Verpflegung und Ersatzmannschaften heranzuführen. Das gab der deutschen Führung eine Atempause, um an der Reichsgrenze eine neue Verteidigungslinie aufzubauen. Nun wurden nicht nur alle verfügbaren Truppen des Ersatzheeres alarmiert, sondern auch aus Italien und Frankreich mehrere Verbände abberufen, aus Italien zum Beispiel die Division Hermann Göring, die mit dem Begleitregiment, das aus Berlin kam, zu einem Kampfverband zusammengeschlossen werden sollte.

Die russische Führung ordnete ihre Verbände für die bevorstehende Herbstoffensive und rüstete sie neu aus. Sie hatte es bei der gewaltigen Überlegenheit der Roten Armee an Menschen und Material auch nicht nötig, die Gunst der Gelegenheit durch riskante, schlecht vorbereitete Vorstöße auszunutzen, sondern konnte sich darauf verlassen, dass im weiteren Verlauf des Krieges alles seinen berechenbaren Gang nahm.

Der Bahntransport der Kompanie von Strausberg östlich von Berlin, wo wir verladen wurden, bis in die Romintener Heide nahe der ostpreußischen Grenze nach Litauen dauerte knapp drei Tage, vermutlich weil alle Bahnstrecken in Richtung Osten überlastet waren. Vielleicht auch aus irgendwelchen anderen geheimnisvollen Gründen, über die nichts zu erfahren war. Auch über die militärische Gesamtlage wussten wir nichts Bestimmtes, konnten jedoch aus älteren Wehrmachtsberichten schließen, dass es an der Ostfront brannte. Das Ziel unserer Reise kannten wir nicht. Es schien nach Nordosten, in Richtung Ostpreußen zu gehen, der deutschen Provinz mit der am weitesten nach Osten vorgeschobenen Grenze. Manchmal hielt der Zug auf dem Abstellgleis einer kleinen Bahnstation. Wir konnten Essen fassen, die Bahnhofstoiletten benutzen, uns die Beine vertreten und einen Blick auf die ländliche und, wie ich dachte, täuschend friedliche Umgebung der Bahnhöfe werfen, bis das Kommando kam »Kompanie fertig machen zur Weiterfahrt«, das uns in unsere Waggons zurücktrieb.

Wenn ich mich recht erinnere, lag Stroh auf dem Waggonboden, und die Schiebetür wurde während der Fahrt bis auf einen Spalt geschlossen. Man saß oder lag im Halbdunkel, schlief oder döste vor sich hin. Deshalb habe ich wohl auch keine detaillierten Erinnerungen an die Reise, nur dass ich oft dachte, wenn wir wieder irgendwo hielten, die Menschen hier seien vorläufig noch in Sicherheit, aber wahrscheinlich alle schon in Angst. Wir fuhren durch ein gemischtes westpreußisches Siedlungsgebiet, in dem Polen und Deutsche nebeneinanderlebten, und vermutlich waren die Erwartungen ganz verschieden, und was ich als dunkle Vorahnung und bange Erwartung in dieser melancholischen Landschaft zu spüren glaubte, war meine eigene Stimmung. Die unerklärlichen Aufenthalte auf manchen Bahnhöfen waren wie ein

Stocken, ein Nicht-weiter-Wollen. Manchmal dachte ich, einen Weg, eine kleine Straße entlangblickend, dass es schön wäre, in das sommerliche Land hineinzugehen und seine ländliche Stille in sich aufzunehmen, bevor es Kriegsschauplatz wurde. Ich konnte den Gedanken, dass das bald geschehen werde, nicht loswerden. So wie man auf der Fahrt zur Küste dem Land und dem Himmel die Meeresnähe ansieht, so glaubte ich auch hier, in dem weiten offenen Land den vorausgeworfenen Schatten des Krieges wahrzunehmen, momentweise sogar die grauen Phantome heranrollender Panzer, doch meistens etwas Unbestimmtes und Immaterielles, das alles Körperhafte und Materielle durchdrang und die friedliche, geordnete Beständigkeit der Häuser und Gutshöfe, der Silos und Scheunen, der Straßen und Wege längs der Bahnstrecke zum trügerischen Schein machte. Dreimal kam die Dämmerung und verwischte die Außenwelt, dreimal war es Nacht, dreimal wurde es langsam wieder Tag. Wenn der Zug nachts auf einem Seitengleis stand, wurden Posten aufgestellt, die die lange Reihe der Waggons und der Flachwagen mit den aufgeladenen Mannschaftsautos und Lkws gegen die stille Dunkelheit der fremden Umgebung abschirmten. Die Mannschaften schliefen in den Waggons neben ihren Waffen, während auf der Strecke planmäßige oder außerplanmäßige Züge fuhren, alle selbstverständlich verdunkelt und, wie mir schien, verschlossen: ein stählernes Vorbeirollen menschenleerer Finsternisse. Irgendeine große Konfusion war im Gang. Vielleicht war man in einem höheren Planungsstab unentschieden, wohin man uns dirigieren solle. Vielleicht gab es an der Front neue schwierige Situationen, ohne dass man schon klare strategische Antworten gefunden hatte.

Morgens in der Frühe holten wir bei der Feldküche, die wie die anderen aufgebockten Fahrzeuge auf einem Flachwagen stand, den üblichen Malzkaffee ab, und irgendwann, es konnte Nachmittag darüber werden, ging die Fahrt weiter. Den größten Teil von Ostpreußen, das schon im Bereich der russischen Luftaufklärung lag, durchfuhren wir in der Nacht. Am Morgen des 20. Juli wurden wir in Harteck-Eichkamp in der Romintener Heide ausgeladen. Wir bezogen Quartier in den Baracken eines verlassenen Lagers des Reichsarbeitsdienstes.

Wir hatten gerade Mittagspause, wuschen unsere Kochgeschirre aus, lagen auf den frisch bezogenen Strohsäcken oder richteten unsere Spinde ein, als, rund 70 Kilometer Luftlinie von uns entfernt, in einer Baracke von Hitlers Hauptquartier Wolfsschanze bei der täglichen Lagebesprechung unter dem großen Kartentisch die Bombe explodierte, die Oberst Graf Schenk von Stauffenberg in seiner Aktentasche mit bereits gezündetem Zeitzünder in der Nähe von Hitler abgestellt hatte, bevor er den Raum unter dem Vorwand verließ, für seinen Vortrag noch wichtige telefonische Informationen aus Berlin zu erwarten. Sekunden vor der Explosion, die Stauffenberg noch beobachtete, veränderte der Zufall geringfügig die Situation in der Baracke und änderte damit den geschichtlichen Lauf der Dinge. Oberst Heinz Brandt, ein Generalstabsoffizier, dem Stauffenberg, bevor er sich unauffällig entfernte, noch zugeflüstert hatte, er lasse seine Aktenmappe hier, müsse nur eben noch telefonieren, fand, dass die Tasche in der Nähe von Hitlers Füßen störe, und stellte sie hinter den rechten der beiden schweren Eichensockel, auf denen der große Kartentisch ruhte. Es war die von Hitler abgewandte Seite, und alle, die um dieses Kopfende herumstanden, starben oder wurden schwer verletzt. Noch vergingen eineinhalb Minuten, aber das Ticken der Sekunden konnte niemand hören, denn in der Bombe arbeitete ein erbeuteter britischer Spezialzünder, in dem eine Säure lautlos einen Metalldraht zerfraß und damit die Explosion auslöste. Einen Augenblick vorher griff der Zufall mit einer zweiten Korrektur in das Geschehen ein. Der Vortragende Generalleutnant Heusinger, Chef der Operationsabteilung, verwies bei seinem Vortrag auf einen entfernten Punkt der auf dem Tisch ausgebreiteten Karte, und um besser sehen zu können, beugte sich Hitler mit seinem ganzen Oberkörper über die massive Eichenholzplatte des Tisches, die ihn nun gegen die Explosion schützte. Es war 12.42 Uhr. Die Bombe detonierte. Der Besprechungsraum der Lagerbaracke barst auseinander. Die Decke stürzte ein. Ein Mann wurde aus dem Fenster geschleudert. Neben dem zerborstenen Kopfende des Kartentisches lagen Tote, Sterbende und Schwerverwundete, doch Hitler, am Bein und durch herumfliegende Trümmer am Gesäß verletzt, wurde blutend, in völlig zerfetzter Hose, von seinem militärischen Paladin Feldmarschall Keitel zu seinem Bunker geführt. Die Szene ist leider nicht fotografiert worden. Das Foto wäre ein historisches Dokument von hoher Symbolkraft geworden.

Am Nachmittag war Mussolinis Besuch angesagt. Hitler empfing seinen Gast auf dem Bahnhof der Wolfsschanze in einem langen dunklen Umhang, der an die Pelerine von Graf Dracula erinnerte. Die Filmaufnahmen, die es von dieser Szene gibt, zeigen ihn mit düsterem, versteinertem Gesicht auf dem Bahnsteig, in großem Respektabstand umgeben von seinen Begleitern und den SS-Wachen. Als der egomanische Psychopath und Fantast, der er war, deutete er die Zufälle, die ihn gerettet haben, wie immer als das Werk der über sein Leben waltenden »Vorsehung« und sagte, als er seinem Gast den Ort des Attentats zeigte: »Es ist nicht das erste Mal, dass ich dem Tod auf wunderbare Weise entgangen bin. Was hier geschah, ist der Wendepunkt! Dass ich dem gewissen Tod auf solch ungewöhnliche Weise entkommen bin, überzeugt mich mehr denn je davon, dass das große Werk, dem ich diene, die augenblicklichen Gefahren überstehen und alles zu einem guten Ende geführt werden wird.« Mussolini, der nach den Aussagen der Beobachter einen schwer irritierten Eindruck machte, stimmte ihm beflissen zu. Niemand fragte Hitler, warum die Vorsehung, die ihn angeblich für erhabene historische Ziele erwählt hatte, so geschmacklos gewesen war, ihm am Wendepunkt seines Weges die Hose zu zerreißen und sein Hinterteil blutig zu schlagen. Er selbst, der maßlos misstrauisch gegen die Menschen war, hatte anscheinend die Vorsehung nie im Verdacht, sie könne sich zwiespältig verhalten oder sogar Hochverrat begehen und sich auf die Seite seiner Feinde schlagen. Pessimistische Zeichendeuter, die solche Vermutungen nahelegten, wurden mit dem Fallbeil oder dem Strick zum Schweigen gebracht.

Die Farce ging weiter an diesem Nachmittag, als sich im Führerbunker der Wolfsschanze zur Teestunde mit dem Duce die herbeigeeilten Potentaten der zweiten Reihe einfanden, um Hitler ihre Ergebenheitserklärungen abzugeben. Der Erste, der sprach, war Göring, Hitlers designierter Nachfolger, der seit längerer Zeit wegen des Versagens der Luftwaffe an der Invasionsfront und in Russland, vor allem aber bei der Abwehr der alliierten Bombenangriffe auf die deutschen Städte gewaltig an Ansehen verloren hatte und sich seit einiger Zeit nicht mehr in der Wolfsschanze hatte blicken lassen. Eingenebelt von seiner wieder stärker gewordenen Morphiumsucht, lebte er zurückgezogen in seinem Jagdhaus in der Romintener Heide. Jetzt sah er die Gelegenheit, aber auch die dringende Notwendigkeit, sich zu rehabilitieren, und so eröffnete er den Reigen der Loyalitätserklärungen mit den Sätzen: »Mein Führer, jetzt wissen wir, warum unsere tapferen Armeen im Osten zurückgehen. Sie sind von den Generälen verraten worden. Aber meine unbesiegbare Division Hermann Göring wird ihnen den Rücken stärken.« Das war in schlagwortartiger Kürze der Versuch, Hitlers Zorn auf andere abzulenken und sich selbst dabei wieder ins rechte Licht zu setzen. Nach Göring sprachen, mit ähnlichen Phrasen und alle mit der Anrede »Mein Führer« beginnend, Dönitz, Bormann und Ribbentrop. Himmler, der Reichsführer der SS, von Hitler »der treue Heinrich« genannt, nebenbei gesagt ein psychologischer Irrtum, war der Gewinner der Szene, denn Hitler hatte ihn zum Befehlshaber des Ersatzheeres ernannt, und in dieser Eigenschaft war er unterwegs nach Berlin.

In Berlin saß einer der fanatischsten Gefolgsmänner Hitlers, der Propagandaminister Joseph Goebbels, der dort zum Hauptgegenspieler der Putschisten wurde. Sie hatten zwar den Berliner Sender besetzt, aber nicht bemerkt, dass es für Notfälle noch ein zweites Sendestudio gab. So konnte Goebbels um 18.45 Uhr auf einer Wellenlänge, die ganz Europa erreichte, die Nachricht durchgeben, dass ein Sprengstoffattentat auf Hitler stattgefunden habe, das der Führer mit leichten Verletzungen überlebt habe. Anschließend empfing er Major Remer, den Kommandeur des Wachbataillons Großdeutschland, das im Rahmen des Plans Walküre das Regierungsviertel abgeriegelt hatte. Walküre, der normale, von Hitler selbst unterzeichnete Alarmplan, der für den Fall von ausbrechenden Unruhen die Übernahme der Gewalt durch die Armee regelte, war von den Verschwörern, die keine auf sie eingeschworenen Truppen zur Verfügung hatten, für ihre Zwecke eingesetzt worden: ein schwieriges Täuschungsmanöver, das nicht mehr gelingen konnte, nachdem Hitler überlebt hatte. Major Remer war misstrauisch geworden und hatte Graf Helldorf, den Polizeipräsidenten und Stadtkommandanten von Berlin, der einer der Verschwörer war, um Erläuterung des Befehls gebeten, war aber ohne jede Erklärung angehalten worden, den Befehl auszuführen. Daraufhin ging Remer zu Goebbels, der ihn sofort telefonisch mit Hitler in der Wolfsschanze verband, zum Beweis, dass der Führer lebe. Remer wechselte die Fronten, umstellte den Bendlerblock und inhaftierte die Verschwörer. Noch am selben Abend wurden sie im Hof der Bendlerstraße von einem Exekutionskommando des Wachbataillons erschossen.

Nur ein schwaches Echo dieses Dramas erreichte uns in unserem Barackenlager in der Romintener Heide. Wir schliefen längst, als um ein Uhr nachts am 21. Juli Hitler über den Reichsrundfunk sprach. Doch die Versprengten der Widerstandsbewegung, die in Deutschland und in den besetzten Gebieten entweder noch unerkannt oder noch nicht verhaftet waren und versuchten unterzutauchen oder ohnmächtig abwarteten, was geschehen würde, schliefen gewiss nicht in dieser Nacht, als die verhasste Stimme des Diktators in ihrer rauen, barschen Diktion mit einem großen Aufwand an Adjektiven sagte: »Eine ganz kleine Clique ehrgeiziger, gewissenloser und zugleich verbrecherischer, dummer Offiziere hat ein Komplott geschmiedet, um mich zu beseitigen und zugleich mit mir den Stab der deutschen Wehrmachtsführung auszurotten.« Nicht einmal im Traum hätte einer von uns das denken können. Und als am nächsten Morgen beim Kompanieappell der Kompaniechef den Tagesbefehl vorlas, in dem die Ereignisse in ähnlichem Wortlaut berichtet wurden, waren wir zunächst einmal wie vor den Kopf geschlagen. Ohne einen Kommentar und ohne jede weitere Information wurden wir nach der Verlesung des Befehls in die Unterkünfte zurückgeschickt. Der Kommentar lag allein in der Kürze der Veranstaltung, die jede Stellungnahme vermied.

Drei Tage später mussten wir wieder zum Appell antreten. Diesmal gab Oberleutnant Elsner mit einer unübersehbaren Geste des Widerwillens bekannt, dass der traditionelle militärische Gruß durch Anlegen der Hand an den Mützenrand von nun ab durch den sogenannten Deutschen Gruß, also das Erheben des ausgestreckten rechten Armes, ersetzt sei. Er machte diesen Gruß in einer Weise vor, als wolle er damit die Bedeutung ausdrücken, die dem Nazigruß im Volksmund untergeschoben wurde: »So hoch liegt der Schutt in Berlin.« Obwohl er wohl noch genauer meinte: »So hoch liegt der Dreck in ganz Deutschland.« Er ließ uns wegtreten und wandte sich sofort ab, als habe er es kaum ertragen können, diesen Befehl vorzulesen.

Die Abschaffung des militärischen Grußes, die von vielen Berufssoldaten, besonders von den Offizieren, als eine Beleidigung ihres Standes empfunden wurde, war übrigens, was wir nicht wussten, ein Vorschlag Görings gewesen: eine der eilfertigen

Unterwerfungsgesten, mit denen er in der neu entstandenen labilen Lage in der Führungsspitze um Hitlers Gunst buhlte. Das politische und militärische Machtgefüge des Dritten Reiches hatte sich mit den Jahren zu einem undurchschaubaren Gewirr von Kompetenzen, verworrenen Befehlswegen, sich überschneidenden Organisationen und Plänen und sich gegenseitig beargwöhnenden und konkurrierenden Institutionen und Machtgruppierungen entwickelt, sodass nach dem Attentat überall die Alarmglocken schrillten und schwelende Konflikte aktualisiert wurden. Aber entsprechend zahlreich waren auch die Treuegelöbnisse und die Versuche, alle Schwierigkeiten der letzten Jahre, vor allem die militärischen Niederlagen, den Verschwörern in die Schuhe zu schieben. Göring hatte damit den Anfang gemacht. Dass das Attentat fehlschlug und der Krieg nicht beendet werden konnte, hat noch zahllosen Menschen auf beiden Seiten das Leben gekostet und zu einer weiteren Zerstörung der deutschen Städte geführt. Doch dass der Weg in die vollständige Niederlage bis zum Ende gegangen werden musste, hat jedenfalls verhindert, dass eine neue Dolchstoßlegende entstanden ist.

Wir fragten uns damals vor allem, was nach einem geglückten Attentat geschehen wäre und welche Rolle wir dabei gehabt hätten. Wäre es vielleicht zu einem Bürgerkrieg zwischen Teilen des Heeres und der SS gekommen? Wäre die Front zusammengebrochen? Und auf welcher Seite, an welcher Stelle hätte man uns eingesetzt?

Alles hing natürlich von der Rolle Görings als Nachfolger Hitlers ab und wie sich Himmler dazu verhalten hätte. Beide hatten hier in Ostpreußen ihre Befehlsstände eingerichtet: Göring beim Jagdhaus Rominten und Himmler im Hauptquartier der Waffen-SS am Mauersee, nicht weit von der Wolfsschanze entfernt. Beide waren beim Attentat nicht anwesend, wie Stauffenberg gehofft hatte, sodass sich die Nachfolgeprobleme nicht beiläufig von selbst gelöst hätten. Darüber dachte wohl kaum einer länger nach, geschweige denn, dass jemand dazu eine Anmerkung machte. Angesichts der beängstigenden Möglichkeiten, die in der Situation lagen, schien es den meisten jedenfalls für uns besser zu sein, dass das Attentat missglückt war. Völlig im Dunkeln blieben die Gedanken der Attentäter. Dass sie nicht gründlich über alles nachgedacht hatten, bevor sie das tödliche Risiko wagten, nahm vermutlich niemand an. Doch das vermehrte nur die Unsicherheit. Vom Verstehen der Tat war es weit entfernt.

Am Nachmittag dieses Tages wurden wir – das heißt alle inzwischen eingetroffenen Kompanien des Begleitregimentes – von Göring besichtigt. Wir wurden dazu auf einer großen, nach allen Seiten durch Posten gesicherten Waldlichtung in der Nähe des Jagdhauses in einem nach einer Seite offenen Karree aufgestellt und mehrfach umdirigiert, weil sich immer wieder zeigte, dass der schwergewichtige Reichsmarschall beim Abschreiten der Fronten auf unüberwindliche Geländeschwierigkeiten wie kleine Gräben und sumpfige Stellen gestoßen wäre. Bohlen und Bretter wurden herbeigeschafft, dann wohl als zu unsicher empfunden. Die Position der Kompanien musste erneut verändert werden. Schließlich erschien Göring, vom Meldung machenden Regimentskommandeur als »Herr Reichsmarschall« »gehorsamst« angeredet: eine Erscheinung von grotesker Opulenz.

Er trug eine hellgraue ordengeschmückte Uniform, rotbraune lackartig glänzende Stiefel und grüßte mit seinem Marschallstab. Dann schritt er schwerleibig die Front seines Begleitregiments ab, das aus lauter jungen Soldaten bestand. Langsam und offenbar auch unsicher auf dem weichen Boden der Waldlichtung ging er in einem Abstand von kaum mehr als anderthalb Metern am ersten Glied vorbei, sodass ich ihn, während ich ihm mit der vorgeschriebenen Blickwendung folgte, genau sehen konnte. Ich blickte in blaugrüne weit aufgerissene Augen, von denen ich annahm, dass sie nur irgendwelche Schemen wahrnahmen. Das Gesicht war gedunsen, doch unter der hängenden Fettschicht ahnte man den schweren Knochenbau. Der Mann, der an uns vorbeiging, mit seinem Marschallstab grüßte und alle paar Schritte im huldvollen, gravitätischen Stil eines obersten Heldenvaters sagte: »Wo ich vorbei bin, kann gerührt werden«, war eine Ruine von beträchtlicher Vitalität und, um es mit einem heutigen Begriff aus der Drogenszene auszudrücken: »total zu« vom Morphium.

Was ich nicht wusste: Göring hatte 1923 beim sogenannten »Marsch zur Feldherrnhalle«, der von der bayerischen Landespolizei mit einer Gewehrsalve gestoppt worden war, einen Schuss in die Leiste bekommen und war seitdem, wegen wiederkehrender Schmerzen, trotz mehrerer Entziehungskuren, morphiumsüchtig. Vermutlich hatte er, aufgewühlt durch das Attentat und die anschließende Neuverteilung der Machtverhältnisse unter Hitlers Gefolgsleuten, eine größere Dosis Morphium genommen und schritt in einem Traumnebel an uns vorbei. Dennoch ließ er sich, weil es zum Ritual einer Besichtigung gehörte, die Ausrüstung unseres dritten Zuges vorführen und stapfte dann in die Mitte des Karrees, um von dort mit lauter Stimme, die noch wie immer aus seiner Brust schwoll, seine Ansprache zu halten.

Ich will nicht mal sagen, dass er uns für dumm hielt. Es war primitiver und instinkthafter. Für ihn waren wir gar keine Personen, sondern eine Art Zubehör zu seiner Person, eine Art Kampfgefieder, das er aufzurichten versuchte. Umrandet von seinem feldgrauen Regiment stand er in seiner auffallenden hellen Marschallsuniform, der keine andere in ganz Deutschland gleichen durfte, allein mitten auf dem Platz und schien zu glauben, wir seien dort angetreten, um von ihm mit Mut und Zorn und Energie aufgepumpt zu werden. So jedenfalls hörte sich die Schimpfkanonade an, mit der er begann. Er brüllte etwas von »feigen, nichtswürdigen Verrätern«, die den Zusammenbruch der Ostfront verschuldet hätten, und vom »Gesindel der russischen Infanterie«, dem wir »in den Arsch treten« sollten. Er ließ auch keinen Zweifel daran, dass wir uns gegenseitig kontrollieren sollten, um standfest zu bleiben. Jeder von uns, sagte er, habe die Pflicht, einen feigen Lumpen, der seine Waffe wegschmeiße, auf der Stelle zu erschießen. Und schließlich holte er rhetorisch aus, als wolle er uns noch einmal an »Heilig Vaterland« erinnern, und sagte: »Aber eines, meine Kameraden, müsst ihr euch schwören: Man konnte russisches Gelände aufgeben, mehr oder weniger, das war nicht entscheidend, aber eigenes deutsches Gebiet, das ist unmöglich. Es darf keine deutsche Frau, kein deutsches Kind diesen Bestien in die Hand fallen. Sollte das Schicksal gegen uns sein, sollte der Russe in diese Provinz hineinkommen, dann muss es erst dann möglich sein, wenn kein Soldat der Division Hermann Göring mehr am Leben ist.«

Ja, das war es. Das hatten wir gesungen: »Eh der Fremde dir deine Krone raubt, Deutschland, fallen wir Haupt bei Haupt.« Jetzt wurde es also von uns eingefordert.

Wir kehrten beklommen in unsere Unterkunft zurück. Die verhaltene Spannung schlug in Gelächter um, als am Abend Unteroffizier Nilles aus Düsseldorf, der in Karinhall den Alten Fritz gespielt hatte und nun als Unteroffizier vom Dienst seinen Kontrollgang durch die Baracken machte, überall mit der gewichtigen Langsamkeit des schreitenden Reichsmarschalls sagte: »Wo ich vorbei bin, kann gerührt werden.« Heute denke ich, es war ein Gelächter, das seinen tieferen Grund gar nicht kannte. War Göring denn nicht der unfreiwillig komische Darsteller der vorüberschwankenden, ihrem Ende entgegengehenden Macht gewesen, der uns gesagt hatte, nach seinem Abgang könnten wir uns auf uns selbst besinnen und uns frei fühlen?

In den folgenden Tagen und in den nächsten Nächten gab es eine erste kriegerische Beschäftigung für uns. Görings Wagen war in der Nähe seines Jagdhauses aus dem Wald heraus beschossen worden. Die Begleitmannschaft hatte zurückgeschossen, und als sie anschließend das Waldstück durchsuchte, fand sie in der Richtung, aus der die Schüsse gekommen waren, Patronenhülsen russischer Herkunft. Man folgerte daraus, dass ein russisches Partisanenkommando nachts mit Fallschirmen in der Nähe abgesprungen sei und sich in dem weiten und dichten Waldgebiet der Romintener Heide versteckt halte. So wurden wir dazu abkommandiert, mit schussbereitem Karabiner und unter absolutem Sprechverbot in langen Treiberketten stundenlang durch den Wald, auch durch Schonungen und Dickungen, zu wandern, wo wir Rehe, Hirsche und Wildschweine aufstöberten und vor uns hertrieben, die natürlich für die Partisanen, falls sie sich irgendwo in der grünen Wildnis versteckt hielten, die beste Warneinrichtung waren.

Man könnte annehmen, dass dies für begeisterte Waldspaziergänger ein schöner Einsatz war. Doch es ging nicht über Wege, sondern durch dick und dünn. Man konnte Pech haben mit dem Geländestreifen, für den man eingeteilt war. Dann ging es durch Rankengebüsche, morastige Senken und sumpfige Waldwiesen und dichte dunkle Nadelgehölze, und nach einigen Stunden war man so zerschunden und zerkratzt und von Insektenstichen und Zeckenbissen bedeckt, dass man innerlich – denn reden war ja verboten – dieses offenbar völlig sinnlose Unternehmen nur noch verfluchen konnte. Noch unangenehmer waren die Nachteinsätze. Man lag irgendwo in der Dunkelheit des Waldes zu zweit oder dritt im Gebüsch auf dem Waldboden und beobachtete eine Schneise oder eine Lichtung, auf denen in der Finsternis oder in den sich schnell bildenden Bodennebeln beim besten Willen nichts zu sehen oder gar zu treffen war. Natürlich war eine Parole ausgegeben worden. Aber war es vernünftig, jemanden anzurufen und damit seinen eigenen Platz zu erkennen zu geben, nicht wissend, ob der graue menschliche Schemen, der im Dunkeln sich näherte, nicht vielleicht doch ein Partisan war? Nach einigen Tagen wurde die Suchaktion abgebrochen mit der Behauptung, man habe dabei einen russischen Gefangenen gemacht, der nun verhört werden könne. Vielleicht war das nur eine Schutzbehauptung, um die Einsätze nachträglich zu rechtfertigen. Daneben hielt sich das Gerücht, das ganze Manöver sei nur vorsichtshalber angeordnet worden, weil Göring prominente Jagdgäste erwartete. Genau unterrichtet wurden wir darüber genauso wenig wie über das, was an der Front geschah. Das missglückte Attentat auf Hitler, das keine spürbaren Folgen für uns gehabt hatte, war auch schon wieder fast vergessen.

Es begannen Tage eines müßiggängerischen Barackenlebens, die mit einigen Waffenappellen und Routinediensten vergingen. Ich wurde zum Küchendienst eingeteilt und musste, zusammen mit zwei Kameraden, Hühner schlachten, die die Kompanie von einem nahe gelegenen großen Gut bezogen hatte. Wir bekamen jeder einen Holzklotz und ein Beil und mussten uns die Hühner einzeln aus großen Körben greifen, um ihnen die Köpfe abzuhacken. Da wir zu dritt waren, arbeiteten wir nicht zusammen, was einfacher gewesen wäre, sondern jeder für sich. Zunächst fand ich es sehr schwierig, ein ausgewachsenes Huhn mit einer Hand so zu halten, dass man außer den Beinen auch noch die Flügelspitzen zu fassen bekam und zusammenpresste. Dann musste man das Tier so drehen, dass der Kopf und der Hals seitlich und fest angedrückt und bewegungslos auf dem Block lagen. Ich sah das runde, von einem Hautring umrandete Tierauge, das ausdruckslos und ohne Regung auf mich gerichtet war, fast so, als fotografiere es mich, wog das schwere Beil in der Hand und schlug zu. Der Kopf war abgetrennt und lag zu meinem Erstaunen ordentlich wie ein ausgestellter Gegenstand auf dem Holzblock, aber durch den Hühnerleib, aus dessen Halsstumpf Blut spritzte, ging ein solcher Sturm von Bewegung, dass ich erschrocken losließ und sah, wie der kopflose, Blut verspritzende Rumpf im Taumelflug eines Schmetterlings in den nächsten Strauch flatterte und dort in letzten Zuckungen hängen blieb. Mir zitterten die Hände, und ich musste mich erst sammeln, bevor ich das nächste Huhn aus dem Korb griff. Schon beim zweiten Mal machte ich es besser.

Als ich fertig war und mit den toten Hühnern im Korb zur Küche ging, hörte ich von dort lautes, panikartiges Quietschen von Schweinen. Es ist ein elementares Tiergeschrei, das sich wie ein inneres Bersten anhört, aber, so formlos, wie es ist, doch Bewusstsein und äußerste Angst verrät. Das Schwein ist das Tier, das besser als alle anderen weiß, dass es geschlachtet wird. Angelockt durch den Lärm standen schon einige Leute am geöffneten Küchenfenster und schauten zu, wie der Küchenunteroffizier zwei jüngere Schweine zu schlachten versuchte. Er trieb sie in eine Ecke, klemmte ein Schwein zwischen seine Beine und versuchte, mit dem stumpfen Ende einer Axt die Stirn des Schweins zu treffen, um es zu betäuben und dann die Halsschlagader zu öffnen. Jedes Mal rannte das Schwein weg und riss ihn fast um, bevor er ausholte. Und so versuchte er es auf gut Glück von der Seite oder von hinten und mit kürzerem Schwung, aber weniger wuchtigem Schlag, um das Schwein zu überraschen. Er traf es aber nicht richtig, sodass es nur einen Moment in die Knie brach und auf dem in der Panik mit Kot und Urin beschmutzten Küchenboden herumschlitterte und erst beim zweiten oder dritten Hieb zur Ruhe kam, wahrscheinlich weil es eine Gehirnblutung hatte. Auch das war Krieg. Wir waren eine Truppe im Feld, die sich zum Teil aus dem umgebenden Land ernährte und nicht mehr angeschlossen war an zivile Versorgungseinrichtungen, wie zum Beispiel einen Schlachthof.

Oberleutnant Elsner, unser Kompaniechef, hatte inzwischen im Schloss des Gutshofes, von dem wir einen Teil unserer Verpflegung bezogen, einen Höflichkeitsbesuch gemacht und war freundlich aufgenommen worden. Wir sahen ihn manchmal morgens zusammen mit einer Tochter der Gutsfamilie über die Felder reiten. Auch zu einem Abendessen wurden er und sein Adjutant,

Leutnant Rohde, eingeladen. Man speiste, bedient von einem alten livrierten Diener, und die beiden Offiziere brachten, als handele es sich um eine Szene aus einem UFA-Film, zwei Soldaten als Tafelmusikanten mit. Der eine, dessen Namen ich vergessen habe, war ein mittelmäßiger Akkordeonspieler, der andere mein Freund Karl Heinz Sünner, der neben einigen anderen Liedern, bei denen ihn das Akkordeon begleitete, zum Abschluss des Dinners seine Starnummer »Glocken der Heimat« vortrug. Anschließend bekamen die beiden in der Gesindeküche ein Abendessen.

Auf den Feldern und in den Stallungen des Gutes arbeiteten französische und russische Kriegsgefangene, und wahrscheinlich war es der Gutsbesitzerfamilie angenehm, in der Nachbarschaft eine Kompanie deutscher Soldaten zu haben, die auch gelegentlich im Hofbereich zu sehen waren. Worüber wurde gesprochen an der abendlichen Tafel und nachher in den Sesseln am Kamin? Worauf wurden die Gläser gehoben? Was für Hoffnungen gab es noch, auf die man anstoßen konnte? Welche bangen Fragen wurden den beiden Offizieren von ihren Gastgebern gestellt, und was konnten sie antworten außer: »Wir werden es schon schaffen. Die Reichsgrenze wird verteidigt. Nach Ostpreußen kommen die Russen nicht.«

Immerhin hatten sie die Memel erreicht, brachen in Rumänien ein, und auch die finnische Front stand vor dem Zusammenbruch. In Italien war Florenz geräumt worden. Die Alliierten waren in der Provence gelandet und drangen nach dem Durchbruch in der Normandie gegen Paris vor. Warum also machte man dort nicht Schluss mit dem Krieg und schickte alle Truppen hierher an die deutsche Ostgrenze?

Was können die beiden Offiziere geantwortet haben, wenn man sie das fragte? Versuchten sie ihren Gastgebern Mut zu machen, oder rieten sie ihnen, sich darauf vorzubereiten, dass sie bald und vielleicht plötzlich von hier wegmussten? Vielleicht wurde auch darüber gesprochen, dass Teile der von Italien nach

Ostpreußen verlegten Division noch in Warschau festgehalten wurden, wo am 1. August, als die Angriffsspitzen der Roten Armee sich den Vorstädten östlich der Weichsel näherten, ein Aufstand der polnischen Untergrundbewegung unter General Bor ausgebrochen war. Verstanden die Gesprächspartner, dass die polnische Untergrundarmee mit der Volkserhebung den Anspruch auf ein freies Polen bekräftigen wollte und deshalb die Rote Armee am Weichselufer haltmachte und den Aufständischen nicht zu Hilfe kam, während die deutschen Truppen sie niederkämpften? Wusste man, dass auch auf deutscher Seite Verbände russischer Freiwilliger kämpften, wie zum Beispiel die russische SS-Sturmbrigade Kaminski und zwei Aserbeidschaner SS-Bataillone? Erzählte vielleicht Oberleutnant Elsner zur Erheiterung der Gastgeber die sonderbare Tatsache, dass in Warschau neben einem Verband der Division Hermann Göring, der vorwiegend aus Förstern und Studenten der Forstakademien bestand, das berüchtigte SS-Polizeiregiment Dirlewanger kämpfte, in dem lauter zur Frontbewährung freigelassene Gefängnisinsassen, vor allem aber ehemalige Wilderer dienten? Schüttelte man den Kopf? Lachte man? War man niedergeschlagen? War man gefasst? Die Situation war so, dass jeder menschliche Ausdruck zugleich richtig und falsch erschien. Allein der Situation angemessen war nur noch das ganz Unangemessene und Sinnverlassene wie das stundenlange Dudeln eines Grammofons in der Baracke, in der der Tross untergebracht war. Ich weiß nicht mehr, ob es der Raum der Kleider- oder der Waffenkammer war, erinnere mich nur, dass die Fenster aufstanden und in wechselnder Anordnung drei Schlager über den Platz tönten:

Sing, Nachtigall, sing ein Lied aus alten Zeiten.

Und dann flotter und noch blödsinniger:

Der Onkel Jonathan, der Onkel Jonathan,
der ist gar nicht so, der gibt ja nur so an.

Und schließlich:

Eine kleine Landpartie mit dir in den Wahahahald,
liebes kleines Mägdelein, mit dir allein.

Dies war das Lied, mit dem wir immer zur Partisanensuche in die Romintener Heide aufbrachen, um in der Regel bei Einbruch der Dunkelheit oder auch erst am nächsten Morgen in das Barackenlager zurückzukehren. Wir lebten hier auf Abruf, warteten auf den Fronteinsatz. Der Dienst war auf das Nötigste beschränkt worden. Trotzdem war es nicht erlaubt, das Lager auch nur für zehn Minuten zu verlassen und ein Stück durch die Felder zu streifen. Der dauernde Alarmzustand, in dem wir lebten, verdichtete sich zu einer Atmosphäre der Langeweile und Gereiztheit. Und in der Enge, in der wir zwangsweise zusammenlebten, flammten alte Konflikte wieder auf.

Ich erinnere mich nicht mehr, was sich zwischen Ernst Preidt und mir wieder zuspitzte, jedenfalls rempelte er mich eines Tages in der Stube so schwer an, dass ich mit dem Rücken gegen die Tischkante fiel. Das war von ihm aus die Eröffnung einer Schlägerei. Doch ich sah sofort, dass ich, eingeklemmt zwischen Tisch und Etagenbetten, gegen ihn keine Chance hatte, und so maulte ich nur etwas und nahm die Herausforderung nicht an. Das konnte ich allerdings nur, weil ich mir fest vornahm, bei nächster Gelegenheit diese Scharte auszuwetzen. Es waren noch vier oder fünf Leute in der Stube, und ich hatte den Eindruck, dass sie das Verhalten von Ernst nicht billigten. Sie fanden es sicher auch nicht besonders eindrucksvoll, dass ich der Auseinandersetzung ausgewichen war. Einer sagte jedenfalls in dem trägen, herablassenden Ton, der uns zu zwei Bauerntölpeln stempelte: »Geht doch raus, wenn ihr euch schlagen wollt.«

Ich fragte mich, ob man das von mir erwartete. Aber die Spannung war aus der Situation heraus, weil Ernst jetzt mit dem Rücken zu mir an seinem Spind stand und sein Brot herausholte. Ich wusste nicht, wie ich mich darauf einstellen sollte. Mich einfach mit an den Tisch setzen, als ob nichts geschehen sei, mochte ich nicht. Es hätte nach stillschweigender Anerkennung der Machtverhältnisse in der Gruppe ausgesehen. Es war aber auch nicht besser, rauszugehen und erst wiederzukommen, wenn die anderen schon gemeinsam am Tisch zu Abend gegessen hatten und die Platte abgewischt war. Ich setzte mich also doch dazu.

Glücklicherweise kam die Gelegenheit zu meiner Rehabilitierung zwei Tage später, als mein Entschluss noch heiß war. Wer weiß, ob ich die Gelegenheit sonst nicht hätte verstreichen lassen.

Ernst und ich wurden eingeteilt, den Flur der Baracke zu scheuern. Er hatte den Schrubber, ich den Wasserschlauch. Nah bei der offenen Tür saß eine Anzahl Leute beim Kartoffelschälen, für Ernst Anlass, sein altes Machtspiel zu treiben und mir Prügel anzudrohen, falls ich ihn nass spritze. Ein besseres Stichwort hätte er mir nicht geben können. Ich richtete den Schlauch auf ihn.

Das war nicht nur eine Befreiung für mich, sondern auch die beste denkbare Eröffnung. Ernst warf den Schrubber weg und stürmte blindlings auf mich zu, während ich – als hätte ich in diesem Augenblick das Prinzip des Judokampfes erfunden, die Kraft des Gegners gegen ihn selbst zu wenden – ihn am Hals erwischte, mich mit seinem Schwung drehte und ihn über die Schulter riss. Er schlug schwer mit dem Rücken auf den Fliesenboden auf, denn ich hatte mich auf ihn fallen lassen und die Wucht seines Sturzes durch mein Gewicht verstärkt. Ich wusste, das hätte schlimm ausgehen können, und war froh, dass er sich wehrte und mit allen Mitteln, auch mit hammerartigen Kopfstößen, versuchte hochzukommen. Zurückfedernd schlug er dabei mehrfach mit dem Hinterkopf auf die Fliesen, und ich bot ihm an, Schluss zu machen. Er schüttelte nur einmal den Kopf, als scheuche er diesen unzumutbaren Vorschlag weg, und während wir weiter durch den nassen Flur rutschten, versuchte er, seine Arme freizubekommen, und stemmte sich, Halt suchend, mit den Füßen gegen die Wand, um sich zu drehen und mich abzuwerfen. Einmal gelang es ihm, mir einen Daumen ins Ohr zu bohren, aber ich riss sofort seine Hand weg und brachte ihn wieder unter Kontrolle. Ich merkte, er konnte nicht mehr hochkommen, und der Gedanke juckte mich, ihn aufstehen zu lassen, um ihn noch einmal vor aller Augen auf den Rücken zu werfen. Ich war jetzt völlig sicher, dass mir das gelingen würde. Ich musste nur etwas Überraschendes tun: ihn unterlaufen und ihm die Beine wegreißen oder irgendetwas anderes, was sich gerade anbot.

Ich sah uns beide mit dem Blick der Kameraden, die um uns herumstanden, und fantasierte davon, ihnen das Schauspiel eines doppelten Sieges zu bieten, während unser Kampf am Boden allmählich in einem zähen Klammern und Zerren erstarrte. Ernst war mit dem Kopf in eine Wandecke geraten und lag mit verbogenem Hals unter mir, ohne dass er es zuließ, dass ich mich von ihm löste, doch auch ohne Chance, sich aus seiner Lage zu befreien. Als ich ihm vorschlug, Schluss zu machen, willigte er ein.

Ich war nicht ganz befriedigt über dieses Ende, aber ich wusste, dass es vernünftig war. Wir machten gemeinsam Schluss, und das hatte etwas von einem Vertrag, der zunächst einmal gültig war und durch die Zeugen, die herumstanden, garantiert wurde. Wir standen beide auf und gingen auseinander wie zwei Boxer, die sich in ihre Ringecke begeben, wo sie von ihren Betreuern empfangen werden. Was ich nicht bemerkt hatte: Die Rheinländer hatten auf mich gesetzt, als wäre es der Endkampf der deutschen Meisterschaften im Freistilringen gewesen. Vor allem Karl Heinz Sünner klopfte mir heimlich auf die Schulter, heimlich nicht deshalb, weil er Angst vor Ernst hatte, sondern weil er, wie alle anderen, bemüht war, den Konflikt nicht wieder zu schüren. Das innere Gruppengefüge hatte sich zwar verschoben, man tat aber so, als sei es eine freundschaftliche Rauferei gewesen, und ging zur gewohnten Tagesordnung über. Schließlich waren wir alle aufeinander angewiesen.

Nach einem Monat Barackenleben wurden wir am 21. August alarmiert. Die Unteroffiziere liefen mit Trillerpfeifen durch die Flure und riefen: »Kompanie fertig machen zum Abmarsch«, und das aus vielen Alarmübungen gewohnte Packen und Rennen begann. Die Mannschaftswagen fuhren auf den Hof, wir verstauten unser Gepäck und saßen auf: je Fahrzeug eine Halbgruppe von sechs Mann und dazu der Fahrer, im ersten der beiden Wagen auch noch der Gruppenführer, insgesamt eine Kolonne von 24 Mannschaftswagen, vorneweg der Kübelwagen des Kompaniechefs und davor und dahinter die Kradfahrer und Melder des Kompanietrupps. Der Tross mit seinen Lastwagen blieb als Nachkommando noch einige Stunden im Lager, um es ordnungsgemäß zu hinterlassen, und sollte anschließend folgen. Noch waren wir eine militärische Einheit, wie sie im Buch stand.

Nördlich des Wyschtyter Sees fuhren wir über die ostpreußische Grenze nach Litauen hinein und besetzten bei Viystitis eine Riegelstellung, die »Ostpreußenschutzstellung 2« hieß, was immer das bedeuten mochte innerhalb von Strategien, die ständig durch die Wirklichkeit korrigiert wurden. Die Stellung war nicht mehr als ein Laufgraben, der sich vorwiegend über die Anhöhen eines hügeligen, von kleinen Waldstücken durchsetzten Geländes hinzog. Die vier Züge der Kompanie wurden in Scheunen und Gehöften dicht hinter dem Laufgraben untergebracht, sodass wir ihn im Alarmfall in Minutenschnelle besetzen konnten. Gleich nach unserer Ankunft übten wir die Besetzung des Grabens, teilten das davorliegende Gelände in Schussfelder ein und bestimmten die Positionen der Maschinengewehre. Wir fühlten uns unwohl in diesem Laufgraben, in dem es keine Unterstände, keine vorbereiteten MG-Tische und keine rückwärtigen Verbindungsgräben zu einer zweiten Linie gab, sodass man, wenn der Angriff kam, als Verteidiger im Graben festgenagelt war und keine taktische Alternative hatte. Man musste die Stellung halten oder wurde überrollt. Und das Letztere war vorauszusehen, da wir nur die infanteristischen Standardwaffen hatten: zwei Granatwerfer, schwere und leichte Maschinengewehre, Maschinenpistolen, Karabiner, Panzerfäuste und für den Nahkampf Handgranaten. Bei der Herfahrt hatten wir den Eindruck gewonnen, dass es hinter uns nichts gab: keine Artillerie, keine Werferstellung, keine Panzer in Bereitschaft und keine Panzerabwehr und keine infanteristischen Reserven. Wir nannten das Ganze »Ostpreußenschutzstellung zweiter Klasse«.

In dieser Stellung erlebten wir am nächsten Tag das stundenlange Zurückfluten der abgekämpften und demotivierten Soldaten zerschlagener deutscher Truppen der Heeresgruppe Mitte. Sie kamen zu zweit, zu dritt oder in größeren Gruppen auf der schmalen Landstraße, die von Ost nach West durch unseren Abschnitt führte. Die meisten waren ohne Waffen, bärtig und in verdreckten, zerschlissenen Uniformen, viele trugen schmutzige Verbände an Armen und Kopf oder humpelten und hatten sich Stöcke geschnitzt, auf die sie sich stützten. Andere stützten sich gegenseitig. Und ab und zu fuhr ein Panjewagen vorbei, auf dem schwerer Verwundete lagen, davorgespannt ein völlig abgetriebenes kleines Pferd, das den Kopf hängen ließ. Zum Teil waren sie über eine Woche in einem wandernden Kessel gewesen, ständig von allen Seiten angegriffen, seit Tagen ohne Verpflegung und Munition. Sie baten uns um Zigaretten, wollten etwas zu trinken und zu essen haben. Wenn sie sich einmal gesetzt hatten, brachten es manche kaum fertig, wieder aufzustehen. In den größeren Gruppen, die sich bewusst zusammenhielten, waren immer einige, die uns zuriefen: »Kommt mit!«, »Hat doch keinen Zweck mehr!«. Und manche, die sahen, wie wir da standen – gut ausgerüstet und gut ernährt –, beschimpften uns als Kriegsverlängerer. Der Strom versickerte im Laufe des Nachmittags. Noch einige Nachzügler, dann wurde es still. Zwischen uns und den russischen Truppen war niemand mehr außer den Sterbenden am Straßenrand, die es nicht mehr geschafft hatten, sich weiterzuschleppen.

Die Russen kamen nicht, obwohl wir zehn Tage in dieser Stellung blieben. An ihrer Stelle wurde das menschenleere Land vor uns zu einer Bedrohung, besonders nachts, wenn wir durch den Laufgraben patrouillierten und uns gegenseitig im Dunkeln anriefen, wenn wir uns begegneten. Wir standen dann eine Weile zusammen und sprachen leise miteinander, als würden wir vom Ohr der Finsternis belauscht.

7
Feindberührung

31. August 1944. Neue Schwerpunkte sind entstanden, neue Drohungen. Bei Schirwindt und Neustadt, dem litauischen Naummiestis, hat die Rote Armee die Reichsgrenze erreicht. Im Stab der Heeresgruppe erwartet man dort einen neuen russischen Vorstoß in Richtung Kurische Nehrung und Königsberg. Gelingt er, ist die »Heeresgruppe Nord«, die noch einen Teil der ehemaligen baltischen Staaten besetzt hält, von Ostpreußen abgeschnitten und kann nur noch über See versorgt werden.

Wir wussten nichts über die allgemeine Lage, als wir am Nachmittag des 31. August aus der Riegelstellung abgezogen wurden, in die nun eine Infanterieeinheit des Heeres einrückte. Es waren ältere Leute, spät eingezogene, die bisher als unabkömmlich oder nur bedingt tauglich galten. Man hatte sie »ausgekämmt« aus den Betrieben und Verwaltungen der sogenannten »Heimatfront«. Auch in Uniform wirkten sie ziviler als wir. Sie hatten einen anderen lebensgeschichtlichen Hintergrund aus beruflichen Erfahrungen, erworbenem oder ererbtem Eigentum, und die meisten waren wohl auch verheiratet und hatten Kinder. Sie redeten uns mit »Jungs« an. »Wie sieht es hier aus, Jungs?« Wir konnten ihnen nicht viel erzählen. Keine »Feindberührung« seit zehn Tagen. Wir sagten nicht, dass wir noch keine Fronterfahrung hatten, genauso wie sie.

Die Stellung hatten wir inzwischen etwas weiter ausgebaut, aber alles war nur Flickschusterei. Wir hatten gelernt, dass man mit Stacheldraht Angriffe nicht nur bremsen, sondern durch frei gelassene Gassen zwischen den Hindernissen auch so kanalisieren kann, dass der Feind in Minenfelder oder direkt in das Schussfeld der Maschinengewehre gerät. Doch es gab weder Stacheldraht noch Minen, um das Vorfeld zu sichern, und wir waren froh, dass wir hier endlich abziehen konnten. Das Beste an dieser Stellung war noch, dass unsere Fahrzeuge ziemlich nah heranfahren konnten, sodass wir unser Gepäck, die Waffen und die Munition nicht weit zu schleppen brauchten.

Wohin es ging, wussten wir nicht. Aber eines war klar: Wir kamen an die Front, und das putschte uns auf, wie eine bedeutende, immer wieder hinausgeschobene Einladung, die nun plötzlich fällig war. Weit auseinandergezogen, um russischen Tieffliegern kein bequemes Ziel zu bieten, fuhr die Kompaniekolonne bei strahlendem Sonnenschein durch ein spätsommerliches Land. Die Felder waren abgeerntet, das Vieh stand noch auf den Weiden. Nichts, außer unserer Anwesenheit auf der schmalen Landstraße, erinnerte hier an den Krieg.

Wir halten in einem kleinen Dorf. Die Zugführer werden zum Kompaniechef befohlen, vermutlich, um die weitere Fahrtroute zu besprechen. Da es gleich weitergehen soll, dürfen wir nicht absitzen. Die Dorfbewohner bringen uns etwas zu trinken an die Wagen: Milch, Buttermilch, Saft, was sie gerade haben. Einige bieten auch Brote mit Wurst und Käse an. Wir merken den Leuten an, dass sie besorgt sind. Was wird passieren in den nächsten Wochen? Werden die Russen in Ostpreußen einbrechen? Müssen sie aus ihrem Dorf fliehen? Sie schauen uns nach, als wir weiterfahren, einige winken. Wir haben uns bemüht, einen unbekümmerten Eindruck zu machen. Aber hinter uns bleibt die Angst zurück.

Zwei Stunden später steht die Kolonne in einem dämmerigen Waldweg. Wir müssen die hereinbrechende Dunkelheit abwarten, bevor wir weiter ins Einsatzgebiet hineinfahren. Viele sind abgestiegen, um sich die Beine zu vertreten, oder stehen herum und rauchen. Andere überprüfen noch einmal die Befestigung des

Gepäcks auf den offenen Wagen oder sitzen dösend auf ihrem Platz. Noch eine Mütze voll Schlaf. Die erste Nacht an der Front wird vermutlich unruhig. Wer weiß, ob man zum Schlafen kommt. Hier im Wald hört man nichts von der Front. Entweder wird zurzeit nicht geschossen, oder wir sind noch zu weit weg. Neben mir sitzt Karl Heinz Sünner. Wir haben ein wenig über dies und das geredet, aber eigentlich gibt es nichts zu sagen. Der Ernstfall beginnt, und in uns ist nichts als eine leichte Erregung.

Ich klettere noch einmal von meinem Sitz herunter und gehe einige Schritte in den Wald hinein. Noch einmal austreten, bevor es weitergeht. Hier ist schon alles dunkel. Die Farben des Laubes und der Nadelbäume sind erloschen. Als ich zurückkomme, stoße ich auf Franz Hörnlein, einen aus unserer Gruppe. Er ist Goldschmied, stammt aus Thüringen, ein netter, braun gelockter Kerl, der eine schief stehende Boxernase in seinem sonst eher zarten Gesicht hat und schnaufend Luft holt, wenn er sich anstrengen muss. Er bleibt trotzdem nie zurück, wenn es darauf ankommt. Ich gebe ihm eine Zigarette von meiner Tagesration, die ich immer verschenke, denn ich rauche nicht. Franz ist ein starker Raucher. Das scheint mit seiner Schweigsamkeit zusammenzuhängen. Rauchend zieht er sich immer in sich selbst zurück. Für viele ist Rauchen etwas Geselliges. Es regt sie zum Reden an. Er aber gehört zu der Gruppe der stillen, introvertierten Raucher. Indem sie den Rauch einatmen, scheinen sie etwas in sich zu beleben, was ihre Aufmerksamkeit von der Außenwelt abzieht. Die bessere, die interessantere Welt ist offenbar jetzt in ihnen.

Franz zupft ein weißes Stäbchen aus der fast leeren Packung und grüßt mich damit wie mit einem Marschallstab in Miniaturausführung. »Man dankt«, näselt er. Ich empfinde eine plötzliche Zuneigung zu diesem stillen Menschen. Vielleicht sage ich deshalb noch: »Wir werden es schon schaffen, Franz.« Er nickt und zündet die Zigarette an, tut einen ersten süchtigen Zug, bevor er antwortet. Es ist die für ihn typische kurze Formel, die hinter seinem

Rücken manchmal von anderen nachgeäfft wird, weil er wegen seiner verengten Nase kein L aussprechen kann. Vermutlich hört er es selber nicht, denn er sieht mich treuherzig an und sagt: »Na klar.«

Beim Abmarsch der Kolonne, zehn Minuten später, gibt es einen Zwischenfall. Der Fahrer des Wagens vor uns war wohl eingeschlafen und verpasst den Start. Als er hochschreckt, würgt er den Motor ab, der nicht gleich wieder anspringt. Inzwischen sind die ersten acht Wagen längst fort. Mit erhöhter Geschwindigkeit versucht der Fahrer, seinen Fehler wettzumachen und wieder Anschluss an die Spitze zu finden. Die ganze Kolonne braust hinterher. Ohne Licht geht es in halsbrecherischem Tempo über eine mit Feldsteinen gepflasterte Straße. Die Stöße schlagen durch die Federungen so hart in das Fahrgestell durch, dass wir fast von unseren Sitzen fliegen. Plötzlich fällt vom Wagen vor uns ein Tornister herunter, gerade so weit zur Seite, dass er nicht unter unsere Räder kommt. Die Kolonne muss wieder halten, bis der Tornister geholt und besser befestigt ist. Weiter geht es in dem verrückten Tempo über den holprigen Boden. Die Stahlhelme der Gruppe im Wagen vor uns wippen auf und ab, kippen zur Seite, genauso, wie wir Sekunden später durcheinandergerüttelt und geschaukelt werden. Es macht Spaß. Es sieht aus wie eine Spritztour übermütiger junger Leute, nur dass wir alle stumm sind.

Häuser tauchen aus dem Dunkel auf. Das Schild »Schirwindt«. Ich kann es lesen, weil der Wagen vor uns abbremst und jemand im Vorbeifahren seine Taschenlampe darauf richtet. Schirwindt. Es soll der letzte Ort vor der Reichsgrenze sein, die letzte Bahnstation. Hier sieht alles so aus, als seien wir hinter eine letzte Grenze in ein unbetretbares Niemandsland gelangt. Die Häuser, in der Mehrzahl unbeschädigt, wirken wie verrammelt. Nirgends ein Lichtschimmer oder ein Laut. Die Bewohner scheinen alle geflohen zu sein. Sie haben den Ort wie einen aufgeräumten Arbeitsplatz verlassen und die Häuser vermutlich sorgfältig hinter sich abgeschlossen. Oder halten sich hier noch einige versteckt?

Ein umgekippter Lichtmast zwingt uns zu halten. Wir müssen uns verfahren haben. Jedenfalls geht es hier nicht weiter. Der Zugführer und die Fahrer der ersten Wagen steigen ab und studieren im Schein einer Taschenlampe eine Karte. Da kommt von hinten ein Kradmelder an der wartenden Kolonne entlang. Es ist Eugen Büssing vom Kompanietrupp. Er sitzt allein auf seinem schweren Beiwagenkrad. Ist nur schnell losgefahren, um uns zu suchen. »Wo wollt ihr denn hin?«, fragt er. »In anderthalb Kilometern seid ihr hier beim Russen.« Nur der umgekippte Lichtmast hat uns davor bewahrt, direkt ins Vorfeld der russischen Stellung zu fahren.

Die Motoren werden wieder angelassen. Während wir wenden, steigen hinter den Dächern der Ortschaft zwei Leuchtkugeln hoch. »Die Kollegen sind aufgewacht«, sagt jemand. Hier sind wir noch im Schutz der Häuser, falls sie uns nicht mit Werfern beschießen. Am östlichen Rand der Ortschaft muss ja wohl noch irgendeine Verteidigungslinie existieren, aber Büssing hat sich so ausgedrückt, als käme hier nichts mehr. Grund genug, schnell wieder zu verschwinden. Die Wagen wenden auf der Stelle, und jetzt sind wir der vorletzte Wagen. Büssing fährt an der Kolonne vorbei und setzt sich an die Spitze. Auf Feldwegen umfahren wir den Ort und halten schließlich bei niedrigen dunklen Gebäuden in einem Buschgelände. Es ist eine stillgelegte Ziegelei. Dort stehen die Fahrzeuge des Kompanietrupps und des ersten Zuges in einer Reihe hintereinander. Bis auf die letzte Gruppe, die gerade ihr Gepäck aufnimmt, sind wohl alle schon unterwegs in die Stellung. Soldaten einer Kompanie des 16. Fallschirmjägerregiments, die wir ablösen sollen, stehen bereit, um uns einzuweisen.

Im Osten flackert das weiße Licht von Leuchtkugeln, und ich höre die Feuerstöße von Maschinenwaffen – die Nachtgeräusche der Front. Es gibt sie nicht nur in Büchern und Berichten. Dahinten ist sie und wartet auf uns. Als der Krieg begann, habe ich mir gewünscht, er solle so lange dauern, dass auch ich noch Soldat werden könne. Ich wollte diese Erfahrung auf keinen Fall versäumen. Jetzt ist es so weit, und ich fühle mich beklommen und aufgeregt. Der Krieg rumort dort hinten wie ein großes, unheimliches Wesen. Es hat den Abstand zwischen uns verschlungen und ist auf mich zugekommen, wie herbeigerufen. Ich spüre den Druck, der auf mir lastet, die Ausstrahlung einer zusammengeballten, gesichtslosen Drohung, und versuche, mich zu wappnen, um mir selbst, einem alten Bild von mir selbst, treu zu bleiben. Ich will meine Sache gut machen. Man soll sich auf mich verlassen können. Aber die Dinge haben sich in letzter Zeit in mir verschoben. Hinter dem alten Vorsatz hat sich ein anderer festgesetzt, der nun meine geheime Hauptsache ist: Vor allem will ich den Krieg überleben. Möglicherweise denken das jetzt alle. Alle werden nicht überleben. Vielleicht jeder Zweite? Ich schaue mich um und sehe lauter geschäftige Schattengestalten, die ihr Gepäck, die Geräte und Waffen verschnüren, damit nichts gegeneinanderschlägt und klappert. Auch ich muss mich für den Abmarsch fertig machen.

Der Fallschirmjäger, der unseren Zug in die Stellung führt, hat einige Zeit auf uns warten müssen und scheint jetzt in Eile zu sein. Er trägt nur sein Sturmgewehr auf dem Rücken, und wir, bepackt mit unserer gesamten Ausrüstung, müssen mit ihm Schritt halten. An meinem Koppel und den Schultergurten hängt die persönliche Ausrüstung – Brotbeutel, Feldflasche, Seitengewehr, Klappspaten, zusammengerollte Zeltbahn und die Tasche mit der 38er Pistole. Schräg auf dem Rücken trage ich zwei Ersatzläufe für das Maschinengewehr und über der Schulter einen Beutel mit Eierhandgranaten. In jeder Hand habe ich zwei Kästen mit gegurteter Munition.

Man muss gleichmäßig gehen, Schritt für Schritt, ohne einen Augenblick stehen zu bleiben, um die Last abzusetzen und einen Riemen zurechtzurücken, der in die Schulter schneidet. Bald werden wir ja ankommen. Die Anstrengung kann nicht endlos dauern. Wir sind bereits in der Reichweite der russischen Maschinengewehre. Leuchtspurgeschosse durchkreuzen das Dunkel über uns, neben uns. Sie kommen von vorne und von der Seite, denn wir gehen in einen Frontbogen hinein.

Ich kämpfe mit den Lasten, die ich trage, vor allem mit den vier vollgepackten Munitionskästen, die an Hand- und Schultergelenken zerren. Wir müssen so viel tragen, weil das Maschinengewehr 42, unsere Hauptwaffe, eine extrem schnelle Schussfolge hat: bei Dauerfeuer 1100 bis 1200 Schuss in der Minute. Natürlich schießt man nur in kurzen Feuerstößen, nach denen man das Ziel jedes Mal neu anvisiert. Auch so frisst die Waffe massenhaft Munition und macht uns alle zu ihren Kulis. Die Anstrengung stumpft mich ab, lässt meinen Gesichtskreis schrumpfen. Ich blicke auf den Boden oder auf den Rücken des Mannes vor mir, um Anschluss zu halten. Nur wenn eine Leuchtkugel über dem Gelände hochsteigt, lassen wir uns alle auf ein Knie herunter, bevor der Leuchtsatz über unseren Köpfen zündet und die Nachtlandschaft für zwanzig oder dreißig Sekunden in eine gipsgraue, von unruhigen Schatten durchfurchte Einöde verwandelt. Angeblich sind in diesem Gespensterlicht reglose menschliche Körper aus der Ferne nicht zu erkennen. Doch solange das bleiche Licht den Körper umhüllt, scheint das Dunkel voller Augen und schussbereiter Waffen zu sein, die auf einen gerichtet sind. Man muss bewegungslos warten, bis nach einem kurzen Flackern die schwebende Leuchtkugel erlischt, als habe sie jemand ausgeblasen. Sofort stehen dann alle auf und gehen weiter.

Von vorne kommt schon ein Trupp abgelöster Fallschirmjäger. In ihren gefleckten overallähnlichen Kampfanzügen, den Springerstiefeln und den mit Zeltplane bespannten Helmen sehen sie fast wie Amerikaner aus. Alle haben sie das automatische Sturmgewehr, eine im letzten Jahr eingeführte Waffe, die wir leider nicht haben. Sie ist besonders geeignet für Stoßtruppunternehmen und

Gefechte auf kurze Distanz. Das Maschinengewehr 42, unsere Hauptwaffe, haben sie auch. Ihre Munitionskästen und Gurttrommeln scheinen fast leer zu sein. Ihre Arbeit ist getan. Lautloser Schichtwechsel. Die beiden Kolonnen schieben sich im Dunkeln aneinander vorbei.

Als wir im Laufgraben der Kampflinie ankommen, erfahren wir, dass wir noch weiter müssen. Wir – das ist eine Halbgruppe von sieben Mann, die unser Zugführer, Oberfeldwebel Krug, nach Gutdünken zusammenstellt. Krug, ein Wiener, ist ein vierschrötiger Mann mit buschigen schwarzen Augenbrauen, unter denen seine Augen funkeln, als ob er ständig in Wut sei. Wegen seiner Statur und seines groben Gesichtes, das beim Brüllen weinrot anläuft, hat er den Spitznamen »Bulli« bekommen. Sein Auftreten hat etwas Stampfendes, als glaube er, sich ständig behaupten zu müssen. Auch mich hat er im Verdacht, dass ich ihn nicht mit dem gebührenden Respekt betrachte, nachdem ich einmal, nach einer seiner Anschnauzereien, mit ironischer Dehnung »Jawohl, Herr *Ober*feldwebel« gesagt habe.

Nun bin auch ich misstrauisch. Als er mich für den Vorposten aussucht, denke ich: Das wird kein angenehmes Kommando sein. Vielleicht darf ich mich aber auch geehrt fühlen. Mich stört allerdings, dass ich zusammen mit Ernst Preidt ein Maschinengewehr bedienen soll. Seit unserem Ringkampf auf dem Flur der Baracke herrscht immer noch eine unterdrückte Spannung zwischen uns: keine gute Voraussetzung, um in vorderster Linie Tag und Nacht eng beieinander in einem Erdloch zu leben. Franz Hörnlein und Paul Olbrich, ein Schlesier, bedienen das zweite Maschinengewehr. Ferner gehören zu dem Kommando Gideon Schüler, mein Kumpan beim Einbruch in das Beutelager, der für einen Offizierslehrgang ausgewählt worden ist und vorher noch Fronterfahrung sammeln soll, und Kurt Sieben aus Düsseldorf, ebenfalls ein Offiziersanwärter.

Unser Gruppenführer, Obergefreiter Hoppe aus Hamburg, ist der Einzige unter uns, der Fronterfahrung hat. Er war verwundet und ist erst vor Kurzem zur Kompanie gekommen. Ich kenne ihn kaum, aber er macht einen besonnenen und vernünftigen Eindruck: ein Mensch, auf den man sich verlassen kann. Er gibt uns allen die Hand, während wir im Graben beieinanderstehen, und ich merke ihm an, dass er, als der einige Jahre Ältere, sich für uns verantwortlich fühlt. Sein Händedruck soll sagen, dass wir für die nächsten zwei Wochen eine Überlebensgemeinschaft sind.

Der Einweiser von den Fallschirmjägern zeigt uns den Einsatzort noch vom Graben aus: ein kleines, verwildertes Wäldchen, etwa 200 Meter vor der eigenen Linie, das Reste einer verlassenen Hofanlage in sich birgt. Als ein abgesprengtes Eiland liegt dieser Fleck mitten im Niemandsland zwischen der deutschen Stellung und dem russischen Frontbogen, der es wie eine Schlinge umschließt. Bei Tageslicht ist der deckungslose Streifen zwischen dem deutschen Graben und dem Vorposten unpassierbar, denn er wird von zwei Seiten durch russische Maschinengewehre und Scharfschützen kontrolliert. Nur bei Dunkelheit kann man Verpflegung und Munition heranschaffen und Verwundete zur eigenen Linie zurückbringen. Auch das nur unter hohem Risiko. »Gibt's vorne ein Feldtelefon?«, fragt Hoppe. Nein, das gibt es nicht. Nicht einmal Nachrichten können am Tag die Todesschneise überqueren.

Warum wird unter diesen Umständen diese Vorpostenstellung überhaupt besetzt? Die Antwort kann ich mir selber geben: Das Wäldchen böte den Russen eine hervorragende Deckung und Ausgangsposition für einen nächtlichen Angriff auf die deutsche Linie. Wir sind also nichts anderes als eine lebendige Alarmanlage vor der eigenen Hauptkampflinie. Halten können wir das Wäldchen gegen einen ernsthaften Angriff nicht. Wahrscheinlich würde er gleich in unserem Rücken geführt, um uns von der deutschen Linie abzuschneiden.

»Gut, gehn wir«, sagt Hoppe. Zusammen mit dem Fallschirmjäger, der uns nach drüben bringen soll, klettern Ernst und ich aus dem Graben. Wir sind viel zu schwer bepackt, um das offene Gelände durchlaufen zu können, schon gar nicht im geschlossenen Sprung. Die Gruppe wird paarweise nacheinander hinübergehen.

Ungeschützt ein feindliches Schussfeld zu durchqueren ist auch in der Dunkelheit eine Wette mit dem Zufall. Man muss sich sagen, »es wird mir schon nichts passieren«, in der Hoffnung, dass der Zufall sich durch solche Beschwörungen beeinflussen lässt. Noch immer überrascht mich der Gedanke, dass ich jetzt an der Front bin, wo scharf geschossen wird. Zwar sehe und höre ich es, aber eine geisterhafte Hand zieht den dunklen Vorhang im Kopf wieder zu. Trotz der schweren Lasten, vielleicht auch ihretwegen, bewegt man sich wie im Traum. Wirklich ist nur der enge Raum, den der eigene Körper ausfüllt mit seinen Schmerzpunkten, seinen angespannten Muskeln, den tastenden Schritten auf dem unebenen Boden. Der Körper ist der Kokon, der eine dunkle Innenwelt aus flüchtigen, unbestimmten Gedanken umschließt, die keinen Platz im Bewusstsein finden, wie huschende Schatten, die von Dunkel zu Dunkel einen schmalen, dämmrigen Korridor durchqueren. Draußen, an den Rändern, flackert der Krieg, ein fremder Feuerzauber, der die Nacht schraffiert. Angst hat wohl keiner. Wir sind in eine Art von Nichtsein getaucht. Noch ist keiner von uns getroffen worden.

Ich habe das Gefühl, in einen dunklen Innenraum zu treten, als wir aus dem offenen Gelände in das Wäldchen kommen. Eine Gestalt, die an einem Baum lehnt, löst sich und kommt auf uns zu. Es ist der Unteroffizier, der den Vorposten befehligt hat. Drei andere Fallschirmjäger sitzen neben dem Eingang eines Erdbunkers bei ihrem aufgestapelten Gepäck. Zwei Maschinengewehrschützen sind noch vorne in ihren Stellungen und warten auf ihre Ablösung.

Sobald unsere Gruppe vollständig eingetroffen ist, werden wir eingewiesen. Die beiden Maschinengewehrstellungen befinden sich an den vorderen Eckpunkten des Wäldchens, weil man dort weit zur Seite schwenken kann. Der Raum zwischen den Stellungen muss von den Gewehrschützen gedeckt werden. Auch tagsüber gibt es keine Blickverbindung zwischen den einzelnen Posten und erst recht keine Verbindungsgräben. Man muss von Deckung zu Deckung springen. Vorsicht vor Scharfschützen! Die Fallschirmjäger haben in den zwei Wochen durch die russischen Scharfschützen zwei Mann verloren.

Hoppe, der einen Blick in den primitiven Erdbunker geworfen hat, fragt, warum die Hofgebäude nicht in die Stellung einbezogen worden sind. Das ginge nicht, wird ihm erklärt. Die Scheune ist abgebrannt, die Ställe sind nicht ausgemistet. Das Wohnhaus, ohnehin nur ein Katen, hat keinen Keller, und die Zimmer liegen voller Schutt und Exkremente. Dort sei man vor Scharfschützen sicher und könne sich in Ruhe hinhocken. Der Abtritt bei der Klärgrube sei ein zusammengebrochenes Holzhäuschen. Auch die Pumpenanlage funktioniere nicht. Immerhin böten die flachen Stallgebäude nach vorne etwas Deckung. Hier im Erdbunker sei man in dieser Hinsicht am sichersten. Doch kann man bei der isolierten Lage des Wäldchens nicht ausschließen, dass in der Nacht ein russischer Stoßtrupp von hinten oder von den Seiten kommt. Hoppe antwortet, und das gefällt mir an ihm: »Genauso haben wir uns das gedacht.« Dann werden wir eingeteilt. Ernst und ich sollen die Maschinengewehrstellung vorne rechts besetzen. Einer der Fallschirmjäger führt uns dorthin.

Wir durchqueren einen Obstgarten mit alten Bäumen, hinter denen ich, dunkel gegen den helleren Nachthimmel abgesetzt, die Landschwelle erkennen kann, auf der die russische Stellung liegt. Die Entfernung, in der Nacht schwer einzuschätzen, beträgt vielleicht 150 bis 200 Meter. Hier und da blitzt Mündungsfeuer auf, winzige rote Punkte. Weiter rechts ist ein Feuergefecht im Gang. Wegen der Leuchtspurgeschosse könnte man meinen, die Linien tauschten Grüße aus. Ein Feuerstoß, der durch die Baumkronen fetzt, zwingt uns zu Boden. Über uns platzt und blitzt es in den Zweigen wie ein Hagel von Knallerbsen. Wir werden mit Explosivmunition beschossen. Es sind Geschosse mit hochempfindlichen Aufschlagzündern, die einem ganze Fetzen aus dem Leib reißen. Zu dritt robben wir die letzten Meter in die Stellung, in der kaum Platz für vier Leute ist. Die beiden Fallschirmjäger wollen auch so schnell wie möglich weg.

Schon auf dem Weg durch den Obstgarten habe ich einen Übelkeit erregenden süßlichen Gestank bemerkt. Obwohl ich ihn zum ersten Mal in meinem Leben roch, wusste ich sofort, was ich einatmete, war Leichengeruch. Nun sehen wir, woher er kommt. Keine zehn Meter vor unserer Stellung liegen in leicht abfallendem Gelände zwei verwesende schwarz-weiße Kühe. Die Fallschirmjäger erzählen uns, dass die Russen mit Absicht in die Kadaver schießen, damit noch mehr Faulgase ausströmen. Auf die Dauer könne man sich daran gewöhnen. Schlimmer sei es, dass die toten Kühe den russischen Maschinengewehren und Scharfschützen eine gute Orientierungshilfe böten. Die Stellung hier sei nicht nur längst enttarnt, sondern könne auch gar nicht auffälliger markiert werden. Eigentlich müsse man sie räumen. Doch unter dem ständigen Beschuss sei es nicht möglich, eine neue zu bauen. Man könne sich nur wundern, dass nachts noch kein russischer Stoßtrupp gekommen sei, um den Vorposten auszuheben. All das beeindruckt mich im Augenblick nicht besonders. Das, worauf ich nicht gefasst war, ist allein dieser widerliche Geruch aus muffiger Süße, gemischt mit einem Schwaden von Ammoniak. Ich weiß nicht, wie lange ich es aushalten werde, dass mir der Tod seine Stinkefinger unter die Nase hält, damit ich begreife, wo ich bin.

Seit zehn Minuten sind die Fallschirmjäger fort. Sie sind bis hinter das Stallgebäude gelaufen, und wahrscheinlich haben sie inzwischen den Graben der Hauptkampflinie passiert.

Einige Minuten bleibt es ruhig. Wir können uns umsehen und das dunkle Niemandsland zwischen den Linien betrachten, in dem man wenig Einzelheiten erkennen kann. Es sieht aus wie eine dunkelgrau ausgeschlagene Mulde, in der große schwarze Wollknäuel herumliegen. Irgendwo dort muss zwischen niedrigem Gebüsch ein kleiner Bach fließen. Genaues kann man nicht sehen. Auch hier ist das Vorland nicht mit Stacheldraht gesichert, und der hintere Zugangsgraben zu unserer Maschinengewehrstellung ist viel zu flach und weniger als drei Meter lang. Von dort muss man um sein Leben laufen, bis man hinter den Ställen in Deckung ist. Seit einigen Minuten werden wir wieder beschossen, teilweise mit Explosivmunition, aber auch mit normalen Geschossen. Wir hören es an den Querschlägern, die wimmernd von der Mauer des Stallgebäudes abprallen, als würde eine große Stimmgabel angeschlagen. Eingeschüchtert hocken wir in unserer Stellung und ziehen die Köpfe ein, spähen nur ab und zu in das dunkle Vorland, ob sich vielleicht jemand nähert. Am anderen Ende des Wäldchens hören wir Hörnleins Maschinengewehr mit mehreren Feuerstößen und fragen uns, was los ist.

Kurz darauf kommt jemand gelaufen. Es ist Obergefreiter Hoppe, der in unseren Graben springt. »Wie schaut es bei euch aus?«, fragt er. »Warum schießt ihr nicht?« Als wollten ihm die Russen auf der Stelle die Antwort geben, fetzt wieder eine Garbe rings um uns durch den Obstgarten. »Das können wir doch auch«, sagt Hoppe, »lasst mich mal an die Spritze.« Er stellt sich hinter das Maschinengewehr und antwortet auf die nächste Geschossgarbe mit mehreren Feuerstößen. »Jetzt du«, sagt er zu Ernst, der es genauso macht. Dann bin ich an der Reihe. Ich warte auf das rote Mündungsfeuer, visiere es an und ziehe den Abzug durch. Die Waffe vibriert an meiner Schulter, und ich sehe die hinüberjagenden Leuchtspurgeschosse. Nur jedes sechste Geschoss im Gurt ist eine Leuchtpatrone, aber durch die hohe Feuergeschwindigkeit sieht die Schussbahn aus wie ein perforierter weißer

Strich. Gerade noch rechtzeitig gehe ich in Deckung, als von drüben die Antwort kommt, eine leicht verrissene Salve durch die Bäume und gegen die Stallmauern mit singenden Querschlägern. Sofort ist Ernst wieder am Maschinengewehr und schießt mehrere Feuerstöße in verschiedene Richtungen, als wolle er die ganze uns gegenüberliegende russische Linie herausfordern. Ich führe den Gurt mit den Händen, damit er glatt in den Verschluss hineinläuft. Es ist wie in der Wochenschau. Begeisterung hat uns ergriffen, ein mitschwingendes Echo der mechanischen Raserei der Waffe. Dann spritzt Erde um uns auf, und wir müssen die Köpfe einziehen. Als wir wieder an das Maschinengewehr wollen, hält Hoppe uns zurück. »Verballert nicht eure ganze Munition. Die wissen jetzt, dass es euch gibt. Das reicht erst mal.«

Wir hocken beieinander auf dem Boden des Grabens. Hier können wir von den russischen Maschinengewehren nicht getroffen werden, sodass sich fast ein Augenblick von Behaglichkeit einstellt, wie früher beim Versteckenspielen, wenn man sich unauffindbar glaubte. Hoppe erklärt uns, wo die anderen Stellungen des Vorpostens sind, die wir von hier aus nicht sehen können, und teilt die Gruppe zum Essenholen ein. Ich soll zusammen mit Paul Olbrich gehen. Gewechselt wird täglich. Man trifft sich nach Einbruch der Dunkelheit beim Erdbunker, und dann muss man zunächst einmal durch das offene Gelände bis zur eigenen Linie laufen. Von da aus geht es weiter bis zur alten Ziegelei, wo die Feldküche mit dem warmen Essen und der übrigen Verpflegung wartet. Es dauert noch zwanzig Stunden, bis es so weit ist. Hoppe ermahnt uns, mit dem Kräutertee in unseren Feldflaschen sparsam umzugehen. Meine ist nur noch halb voll. Ich habe jetzt schon Durst, wenn ich nur daran denke, wie lange ich damit auskommen muss. Ab und zu muss ich einen Schluck trinken, um den Verwesungsgeruch besser zu ertragen.

Hoppe will aufbrechen, muss aber noch warten, weil die Russen wieder schießen. »Ist ja direkt lebensgefährlich«, sagt er, zweifellos der beste Witz, den ich seit Langem gehört habe, aber ich kann trotzdem nicht lachen. Er wird auch gleich wieder sachlich und hält uns dazu an, die Stellung auszubauen. Der Zugangsgraben zur MG-Stellung muss vertieft und bis hinter das Stallgebäude verlängert werden. Dort sollen wir auch die ausgeschachtete Erde hinkippen, um den Russen keinen neuen, deutlich sichtbaren Anhaltspunkt zu geben, wo sich unsere Stellung befindet. Den Erdaushub müssen wir in unseren Zeltbahnen dorthin tragen, immerhin sechs oder sieben Meter weit ohne Deckung. Da müsste man den Russen eigentlich zurufen, sie sollten bitte mal ein paar Stunden Pause machen mit dem Krieg.

Nachdem Hoppe uns verlassen hat, gerate ich mit Ernst in Streit darüber, ob wir die Schanzarbeit auch unter Beschuss fortsetzen sollen. Ich bin entschieden dagegen, zumal die Russen wieder mit Explosivmunition schießen. Soll man wegen einiger Zeltplanen voll ausgehobener Erde riskieren, dass einem das halbe Gesicht weggeschossen wird? Ernst will von diesem Einwand nichts wissen. Der Auftrag muss ausgeführt werden. Er brennt darauf, mir zu beweisen, dass er der bessere Soldat ist. Er hat seine Niederlage im Flur der Baracke nicht verwunden, und da er es mir nicht in gleicher Münze heimzahlen kann – hier an der Front wäre das ein schwerer Verstoß gegen die militärische Disziplin –, versucht er, mich auf diese Weise zu deklassieren. Fast ungedeckt steht er in dem flachen Endstück des Grabens und kämpft verbissen gegen das zähe Wurzelwerk an, das den Boden durchzieht. Die Wut, die in ihm steckt, macht ihn blind gegen die Gefahr. Er reagiert kaum, als uns wieder Geschosse um die Ohren fliegen. »Mach doch keinen Quatsch, Ernst«, sage ich. Doch er würdigt mich keiner Antwort und setzt seine Demonstration noch eine Weile fort.

Jetzt steht er wieder am Maschinengewehr und beobachtet das Vorgelände, wo in der Bachsenke Nebel aufkommt. In meinen Augen hat er nicht recht behalten, sondern nur Glück gehabt. Er glaubt wahrscheinlich, dass er mich beschämt hat. Ich sage nichts dazu, weil ich fürchte, dass er sich wieder ereifern wird. In Ruhe esse ich eine Scheibe Brot, bevor ich mich an die Arbeit mache. Vielleicht regt ihn das auch auf. Auch er sagt nichts. Aber es gibt eine wortlose Ausstrahlung der Körper. Ich spüre diese unterdrückte Spannung, während ich kaue und den Brotbrei trocken herunterschlucke, weil ich den Rest Tee in meiner Feldflasche noch auf einen ganzen langen Tag verteilen muss. Zur Schanzarbeit im rückwärtigen Graben kann ich mich ein Stück entfernen. Glücklicherweise wird nicht geschossen, und ich schaffe es, drei Zeltplanen voll ausgehobener Erde wegzutragen, bevor ich in die Stellung zurückkehre. Ich habe keine Ahnung, was inzwischen in Ernst vorgegangen ist. Er zeigt sich auf einmal wieder umgänglich, und wir besprechen den Nachtdienst. Abwechselnd wollen wir jeweils zwei Stunden schlafen, während der andere am Maschinengewehr steht. Ich ziehe das längere der beiden Streichhölzer, die Ernst mir hinhält, und darf als Erster versuchen, auf einem der ausgeschachteten niedrigen Erdsitze seitlich vom Maschinengewehrstand zu schlafen oder wenigstens zu dösen und etwas auszuruhen.

Ernst rüttelte mich wach, und ich fahre hoch aus einem zerstiebenden Traum: »Was ist? Was ist?« »Nichts ist«, sagt Ernst. »Ich habe dich kaum wach gekriegt.« Ach so, dann ist ja alles in Ordnung. Im Augenblick des Hochschreckens habe ich mit allem gerechnet, und nun, da der Schreck nachlässt, merke ich erst, wie benommen und klamm vor Kälte ich bin. Auch die Beine fühlen sich taub an, und Nacken und Rücken sind verspannt. Trotzdem bin ich in der unbequemen kauernden Haltung anscheinend tief eingeschlafen, und erst jetzt, mit einiger Verzögerung, sehe ich, was sich inzwischen verändert hat: Es herrscht dichter Nebel. Man kann kaum bis zu den toten Kühen sehen. Zudem ist es vollkommen still. Ich sage Ernst, dass ich austreten will, bevor ich die Wache übernehme, klettere steifbeinig aus dem Graben und gehe hinter das Stallgebäude, den sichersten Platz in unserer Nähe, und pinkle gegen die dunkle Mauer. Es ist ein Augenblick der Zurückgezogenheit, in dem ich wieder zu mir komme. Schemenhaft stehen die Obstbäume in der grauen Stille. Es scheint mir ein ganz anderer Ort zu sein als der, an dem wir vor fünf Stunden angekommen sind. Auch für die Zeit habe ich kein Gefühl, als seien alle Verbindungen hinter mir abgerissen. Als ich in die Stellung zurückkehre, sitzt Ernst schon, eingehüllt in seine Zeltplane, auf seinem Platz. Er scheint erschöpft zu sein und wird wohl sofort einschlafen.

Ich befinde mich in einem eigentümlichen Zwischenzustand: erregt, fröstelnd, schwerfällig und wie betäubt. Im Dunkeln betaste ich das Maschinengewehr, um zu prüfen, ob der Gurt richtig eingelegt ist und der Schieber auf Dauerfeuer steht. Es ist alles in Ordnung, die Waffe ist schussbereit. Aber was heißt das in dieser wattigen Raumlosigkeit, in die ich hineinstarre, um sie nach menschlichen Umrissen, geduckt näher kommenden Gestalten abzusuchen? Einmal, als sich etwas Graues im Grauen bewegt, merke ich, dass ich die Augen geschlossen hatte. Ich könnte im Stehen einschlafen und spanne nacheinander verschiedene Muskeln an, um mich wach zu halten. Es geschieht nichts. Wenn etwas geschieht, wird es plötzlich sein, hervorbrechend aus der Unsichtbarkeit und kürzester Distanz. Die ermüdeten Augen sind mit solchen Ermahnungen nicht wach zu halten. Mehrmals schrecke ich hoch aus einem sekundenlangen Schlaf. Es ist fast beruhigend, in der Ferne zwei Feuerstöße zu hören, vermutlich ein nervöser Posten, der auf verdächtige Formen oder Geräusche schießt. Eine Leuchtkugel steigt dort hinten hoch. Ihr mattes Licht sieht aus wie eine von Tüchern verhüllte Lampe, die langsam durch die Dunkelheit schwebt und von einer unsichtbaren Hand wieder ausgeschaltet wird. Es war nichts zu sehen zwischen den Frontlinien. Der Krieg ist eingeschlafen. Neben mir sitzt Ernst, vermummt von seiner Zeltplane, eine formlose dunkle Nischenfigur. Immerhin, wir sind zu zweit.

Noch zweimal lösen wir uns ab, bis hinter der russischen Stellung die Sonne aufgeht. Es ist zunächst nur ein gedämpfter weißlicher Glanz, als blicke man durch den Dunst in ein dahinterliegendes erleuchtetes Zimmer, dessen Tür sich allmählich öffnet, um die aus der Tiefe kommenden Strahlen freizulassen, die um mich herum die Formen und dann auch die Farben der Dinge aus dem Nachtgrau lösen, vor allem das Maschinengewehr, das mit aufgerichtetem Visier auf seinem gespreizten Zweibein steht, mit einer gefüllten Gurttrommel links vom Verschluss. Ich ziehe es jetzt zurück, sodass es flach auf dem geglätteten Halbrund des Schießtisches liegt, daneben die beiden Ersatzläufe und einige wurfbereite Handgranaten. Wer weiß, was man von drüben schon alles sehen kann. Sie haben die aufgehende Sonne im Rücken.

Der russische Scharfschütze, der diese Frage beantworten wird, hat inzwischen seinen Posten bezogen. Im Unterschied zu uns hat er die Nacht in einem Unterstand geschlafen, denn Soldaten, die ein Präzisionshandwerk ausüben, müssen ausgeschlafen sein. Wahrscheinlich hat er zum Frühstück eine warme Kohlsuppe mit kleinen Wurststücken und einen Kanten Brot gegessen und heißen Tee getrunken, und nun ist er ein ausgeglichener, völlig unaggressiver junger Mensch, der einen freundlichen Namen verdient. Nennen wir ihn Grigori.

Grigori betrachtet durch den Feldstecher die aus dem zerfledderndem Nachtnebel wieder auftauchende deutsche Stellung, die er gut kennt. Vor einer Woche hat er einen deutschen Soldaten abgeschossen, ein Treffer mehr auf seiner Liste, der ihm von einem Kameraden bestätigt worden ist. Eine Auszeichnung ist ihm jetzt nahezu sicher. Aber er ist nicht ungeduldig. Auch das qualifiziert ihn für seinen besonderen Dienst. Der Scharfschütze muss ein gutes Auge haben, eine ruhige Hand und ein gleichmäßig schlagendes Herz. Heute Nacht war die Front unruhig. Wahrscheinlich gab es auf deutscher Seite eine Ablösung. Grigori hat die abendlichen Schießereien noch mitbekommen, sich aber früh schlafen gelegt.

Drüben ist alles, wie es immer war. Die beiden toten Kühe liegen auf ihrem Platz, dicht vor der Maschinengewehrstellung, in der niemand zu sehen ist. Die zweite Maschinengewehrstellung der Deutschen liegt auf der anderen Seite des Wäldchens und ist schwerer auszumachen. Dazwischen sind Gewehrschützen postiert, auch die hocken verborgen in ihren Erdlöchern. Im Gegensatz zur eigenen Stellung hat der deutsche Vorposten keinen durchgehenden Laufgraben. Ab und zu müssen die Deutschen ihre Stellung verlassen. Dann laufen sie einige Meter durch das Schussfeld, bevor sie hinter einem der Gebäude in Deckung sind. Grigori kann fast sicher sein, dass er die Auszeichnung bekommen wird.

Da läuft einer! Grigori legt den Feldstecher beiseite und zieht den Kolben des Zielfernrohrgewehrs an seine Schulter. Der Deutsche ist hinter einem Gebäude verschwunden, aber Grigori weiß seit vergangener Woche, wo er gleich wieder auftauchen wird. Er wird keinen Kunstschuss versuchen, nicht auf den Kopf schießen, sondern auf den Brustkorb oder den Bauch, weil das bei laufenden Menschen das sicherste Ziel ist. Da ist die winzige graue Gestalt, genau in seinem Fadenkreuz, und Grigoris Finger am Abzug hat durchgezogen. Von einem mächtigen Schlag getroffen, taumelt die kleine graue Gestalt und stürzt, rollt sich aber noch zur Seite. Grigori nimmt wieder den Feldstecher, um zu beobachten, was jetzt drüben passiert. Vorläufig geschieht nichts. Grigori hat den Obergefreiten Hoppe dicht unterhalb des linken Kiefers in den Hals geschossen. Der Getroffene kann nicht mehr schreien und sich nicht bewegen. So liegt er eine Weile mit schwindendem Bewusstsein zwischen den Büschen, bis Gesichter sich über ihn beugen. Er erkennt sie nur undeutlich und versteht nicht, was sie sagen.

Hoppe wird aufgehoben und in den Bunker getragen. Das Blut sprudelt aus der Wunde, kommt auch aus dem Mund. Er kann nur noch röcheln. Man versucht, ihm einen Kompressionsverband anzulegen, was am Hals fast unmöglich ist, wenn man den Verwundeten nicht erdrosseln will. Niemand ist auf diese Katastrophe vorbereitet. Immerhin scheint das kein arterielles Blut zu sein, denn das würde bis an die Decke des Unterstandes spritzen. Der notdürftig angelegte Halsverband ist schon völlig durchseicht. Hoppe ist sichtlich desorientiert und scheint das Bewusstsein zu verlieren. Unruhige, bebende Hände suchen seinen schwächer werdenden Puls. Er lebt noch. Auch nach Stunden lebt er noch. Man kann ihn aber nicht abtransportieren, bevor es dunkel ist, und das dauert noch mehrere Stunden. Kurt Sieben läuft von Stellung zu Stellung und sammelt die fast leeren Feldflaschen ein. Er will versuchen, Hoppe so viel Flüssigkeit wie möglich einzuflößen, um den großen Blutverlust etwas auszugleichen. Das ist die einzige Notfallmedizin, die es hier auf dem Vorposten gibt. Die meiste Flüssigkeit läuft Hoppe aus den Mundwinkeln über das kalkweiße Gesicht.

Als ich mich abends zum Essenholen mit Paul Olbrich beim Unterstand treffe, ist Hoppe schon abtransportiert worden. Auf lautes Rufen kamen zwei Mann vom 2. Zug mit einer Tragbahre herübergelaufen, haben den schweren, ohnmächtigen Körper aufgeladen und sind im Schritt mit ihrer Last durch das offene Gelände zurückgegangen. Paul Olbrich und ich brechen zwanzig Minuten später auf. Wir glauben beide, dass Hoppe beim Transport gestorben ist. Als wir bei der Ziegelei ankommen, weiß dort niemand Bescheid. Ja, vor Kurzem sei ein Sanitätsauto hier abgefahren. Das war also Hoppe.

Wir stellen uns in der Schlange der Essenholer an: ich beim warmen Essen, Paul mit den Feldflaschen bei den Getränken. Heute gibt es Kaffee-Ersatz. Ich fantasiere davon, das Gesöff literweise zu trinken. Als Essenholer hat man hoffentlich einige Vorteile. Als wir uns mit gefüllten Flaschen, Kochgeschirren und einer mit abgezählten Brotportionen gefüllten Zeltplane auf den Rückweg in die Stellung machen, ist es gerade 24 Stunden her, dass wir den ganzen Weg, beladen mit Waffen, Munition und Gepäck, gegangen sind. In drei Tagen sind wir wieder an der Reihe mit Essenholen. Es ist im Augenblick der einzige Anhaltspunkt in einer ungewissen Zukunft. Auf dem Rückweg in die Stellung hängt Paul trüben und ängstlichen Gedanken nach. Zwischendurch erzählt er von zu Hause: wie schön, wie behütet das Leben in seinem Elternhaus in Niederschlesien gewesen sei. Wie gut seine Mutter kochte, wie behaglich sie es hatten. Ich lasse ihn reden, aber er geht mir auf die Nerven mit seiner Wohnküchenidylle.

Als wir in der Stellung ankommen, erwarten uns Neuigkeiten. Das Kommando über den Vorposten ist Ernst Preidt übertragen worden. Er ist sichtlich stolz auf diesen Auftrag, denn schließlich ist er kein Offiziersanwärter wie Gideon oder Kurt Sieben. Ich bin froh, dass sich unser Rivalitätsproblem auf diese Weise gelöst hat. Ernst zieht an die Stelle von Hoppe in den Erdbunker, für ihn ist Karl Heinz Sünner aus der Hauptkampflinie nach vorne geschickt worden. Ich treffe ihn im Maschinengewehrstand, und wir freuen uns beide, denn wir wissen, dass wir gut miteinander auskommen. Dabei haben wir kaum Gemeinsamkeiten, außer der Tatsache, dass wir beide vom Niederrhein stammen. Für mich ist das eigentlich kein Argument, und wenn er »Glocken der Heimat« singt, möchte ich mir am liebsten die Ohren zuhalten. Aber wenn er über Café Heemesath und die Königsallee sprechen will, habe ich nichts dagegen. Er ist einfach, gutmütig und zuverlässig. Und singen wird er hier sowieso nicht.

Außerdem haben wir einen Mann Verstärkung bekommen: Walter Wehrlich, ein Schauspielschüler aus Gera, mit dem ich mich in der Reinickendorfer Kaserne oft unterhalten habe, da er, wie ich, in der Theatergruppe der Kompanie war, die das Drama über den Siebenjährigen Krieg in Karinhall aufgeführt hat. Walter, der bei der Ausbildung zu seiner eigenen Überraschung besonders gute Schießergebnisse hatte, ist anschließend zu einem Scharfschützenlehrgang geschickt worden und soll nun den russischen Scharfschützen auf die Erschießung des Obergefreiten Hoppe eine entsprechende Antwort geben. Gute Karten hat er in dieser Stellung nicht.

8

Zweimal Stellungskrieg

Zahlen sagen nicht alles. Doch es ist heute erstaunlich zu sehen, wie genau und differenziert die Statistiken zum Beispiel des Heereswaffenamtes und der Abteilung »Fremde Heere Ost« im Oberkommando des Heeres die militärische Lage Deutschlands im Sommer und im Frühherbst des Jahres 1944 dargestellt haben. Da wundert es eigentlich nicht, dass Hitler und die anderen Nazigrößen, die in solchen, mit Zahlen belegten Situationsberichten schon die Unabwendbarkeit der militärischen Niederlage und damit ihr eigenes Ende vorgezeichnet fanden, mit heftiger Abwehr reagierten. Als Walter Schellenberg, damals Chef des deutschen Geheimdienstes, Göring 1942 ein Dossier über die Produktionskapazität der amerikanischen Stahlerzeugung und der amerikanischen Rüstungsindustrie, besonders des Flugzeug- und Schiffbaus, vorlegte, gab ihm Göring das Papier mit der Bemerkung zurück: »Alles, was Sie da geschrieben haben, ist Quatsch. Sie lassen sich am besten auf Ihren Geisteszustand untersuchen.« Auf der ersten Seite des Berichtes stand in Görings großer Handschrift zu lesen: »Schellenberg spinnt.« Hitler bezeichnete Schellenbergs Ausarbeitung als »gemeingefährlich« und ordnete an, dass keine andere Dienststelle davon Kenntnis erhalten dürfe. Der gleiche Vorgang wiederholte sich Anfang April 1945, als General Gehlen, der Chef der Abteilung »Fremde Heere Ost«, einen Bericht über die sowjetische Rüstungsindustrie vorlegte. Hitler nannte die ermittelten Produktionszahlen »übertrieben, defätistisch, ja idiotisch« und ließ Gehlen ablösen. Es war die wütende Realitätsleugnung eines Mannes, der seinen Generälen immer vorgeworfen hatte, sie verstünden nichts von Kriegswirtschaft. Propagandaminister Goebbels praktizierte die berühmte Palmströmlogik, dass »nicht sein kann, was nicht sein darf«, auf seine gewohnt pathetische Weise, indem er am 28. Februar 1945 in einer Rundfunkrede den Gedanken weit von sich wies, dass »die Göttin der Geschichte nur eine Hure des Geldes und eine feige Anbeterin der großen Zahl« sei.

So sahen im Sommer und Frühherbst 1944, in den Monaten unseres Fronteinsatzes, die Zahlen aus. Ich zitiere aus den umfangreichen Statistiken nur einige markante Eckdaten: Die Stärke des deutschen Ostheeres, die am 1. Juni 1944 noch 2,62 Millionen Mann betragen hatte, sank, trotz der Zuführung von rund 300 000 Mann Ersatz, durch die schweren Kämpfe im Bereich der Heeresgruppe Mitte und an der ukrainischen Front bis Ende Oktober auf 1,84 Millionen Mann. Denen stand laut Ermittlungen der Abteilung »Fremde Heere Ost« auf sowjetischer Seite eine Streitmacht von 5,29 Millionen Mann gegenüber, die über ein Vielfaches an Artillerie, Panzern und Flugzeugen verfügte. An den anderen Fronten im Westen und Süden sah es nicht besser aus.

Im August 1944 verschoss die deutsche Wehrmacht in schweren Abwehrkämpfen insgesamt rund 670 000 Tonnen Munition, bei Weitem der höchste Munitionsverbrauch seit Kriegsbeginn. Gleichzeitig gingen beim Rückzug in Frankreich 426 000 Tonnen Munition verloren. Die höchste monatliche Produktionsrate der deutschen Industrie lag unter 300 000 Tonnen. Wegen des dramatischen Mangels an Sprengstoff wuchs der Bestand an ungefüllten Granaten für die deutschen Feldhaubitzen auf 2 545 200 Stück an. Große Verluste von Handwaffen und schrumpfende Nachlieferungen führten dazu, dass die Waffendichte bei allen Fronttruppen sank.

Am 30. August besetzte die Rote Armee das rumänische Erdölgebiet, die bedeutendste Rohstoffquelle für die Treibstoffversorgung der deutschen Wehrmacht, der nun zunehmend Immobilität drohte.

Das deutsche Reichsgebiet war den schweren amerikanischen und britischen Luftangriffen inzwischen fast schutzlos ausgeliefert.

All dem zum Trotz hatte ein von Himmler beauftragter Hamburger Astrologe für das Jahr 1945 eine deutliche Besserung der militärischen Lage Deutschlands vorausgesagt und fand Glauben oder zumindest hoffnungsgierige Aufmerksamkeit bei einigen Leuten in Hitlers Umgebung und wohl auch bei ihm selbst. Dabei hatte sich derselbe Sterndeuter schon einmal gewaltig geirrt, als er prophezeite, die erwartete alliierte Landung auf dem Kontinent werde in Dänemark stattfinden, was Hitler veranlasste, die Landung in der Normandie trotz des riesigen Materialeinsatzes für ein Ablenkungsmanöver zu halten, dem der eigentliche Angriff in Dänemark mit direkter Stoßrichtung auf Berlin erst folgen werde. Er zögerte deshalb mehrere Tage, bevor er die strategischen Einsatzreserven zum Angriff auf die amerikanischen und britischen Brückenköpfe in der Normandie freigab.

Wir, die wir in den Erdlöchern der Vorpostenstellung hockten, hatten keine Informationen über die militärische Gesamtlage und erst recht keine Angaben über sinkende Personalstärken, unzulängliche Bewaffnung, schwindende Munitionsvorräte und die reduzierten Produktionskapazitäten der deutschen Rüstungsindustrie. Die düstere Botschaft erreichte uns auf andere Weise als eine gespenstische nächtliche Darbietung. Ein russisches Leichtflugzeug, das wir »Die Mühle« oder auch »Unteroffizier vom Dienst« nannten, flog die deutschen Linien entlang und warf Flugblätter ab, die uns aufforderten überzulaufen. Ab und zu drosselte das Flugzeug seinen Motor und segelte nun fast im Gleitflug durch die Dunkelheit, und eine gut vernehmliche Lautsprecherstimme sagte: »Deutsche Soldaten, der Krieg ist für Deutschland verloren. Wenn ihr euer Leben retten wollt, lauft über. In den nächsten zwei Stunden wird nicht geschossen.« Vor und nach der Durchsage ertönte Musik: zu Anfang einige Takte des Badenweiler Marsches, der den ganzen unbekümmerten, auftrumpfenden Hahnentrittstolz militärischer Paraden repräsentierte, von dem wir verdreckten und bald auch schwer verlausten Erdlochbewohner meilenweit entfernt waren. Nach der Aufforderung überzulaufen folgten einige Takte des damals in allen Armeen des 2. Weltkrieges populären Liedes »Lili Marleen«, das von einem Soldaten handelt, der, seinen Tod vorausahnend, seiner Liebsten verspricht, noch als Gespenst beim alten Treffpunkt vor dem Kasernentor auf sie zu warten. Es waren die Zeilen:

Wenn sich die späten Nebel drehn,
werd ich bei der Laterne stehn,
wie einst Lili Marleen,
wie einst Lili Marleen.

Die vertraute Stimme der Sängerin Laie Andersen, die die Schlussworte der Zeilen ein wenig verschleppte und dehnte, kam laut und verständlich aus der Dunkelheit über unseren Köpfen, dann sprang der Motor des Flugzeugs wieder an, und kurz danach segelten, matt und lautlos wie tote Riesenfalter, einige Flugblätter in der Umgebung unserer Stellung herab und fielen auch in unseren Graben. Sie waren als Passierscheine für Überläufer gemacht und wiederholten die Durchsage mit etwas mehr Worten. Auf der Rückseite war ein weites Schneefeld abgebildet, auf dem als dunkle Buckel tote deutsche Soldaten lagen. Darüber stand die Schlagzeile: »Deutsche Soldaten, der nächste Kriegswinter steht euch bevor.«

Es war nicht ratsam, ein solches Flugblatt bei sich zu tragen, falls man einmal kontrolliert wurde. Sie sollten eingesammelt, abgeliefert oder sofort vernichtet werden. Obwohl an unserem Frontabschnitt niemand überlief, machte die Stimme aus dem Dunkel über unseren Köpfen den Eindruck unheimlicher Dominanz. Denn es war klar, dass nur die Propagandisten einer deutlich überlegenen Armee so zu den gegnerischen Soldaten sprechen konnten. Umgekehrt wäre es bloß lächerlich gewesen. In den ersten Kriegsjahren hatten die deutschen Truppen ihre unterlegenen Gegner häufig über Lautsprecher aufgefordert, den aussichtslos gewordenen Kampf aufzugeben. Ich hatte solche Szenen in der Wochenschau gesehen. Doch dazu gab es keine Anlässe und Gelegenheiten mehr. Die Stimmen kamen jetzt von der anderen Seite.

Mit dem Fortschreiten des Krieges hatten die Inszenierungen, an denen auf russischer Seite ganz unüberhörbar deutsche Gefangene oder Überläufer mitwirkten, erheblich an tückischer Raffinesse zugenommen. Eine Hörspielkunst des lähmenden Schreckens war da entstanden, die als Psychoterror vor allem gegen abgeschnittene oder eingekesselte Truppen eingesetzt wurde, die sich nicht ergeben wollten. In einzelnen Fällen steigerten sich die Regieeinfälle zu Beispielen eines abgründigen schwarzen Humors. So erzählte mir mein Freund Gerhard Bauer, den ich im Lazarett kennenlernte, bei einer Kesselschlacht in Lettland hätten die Russen die Salven ihrer »Stalinorgel« genannten Raketenwerfer über riesige Lautsprecher mit dem Strauß'schen Walzer »Wiener Blut« begleitet. Sobald eine Frist für die Kapitulation verstrichen war, kam die Ankündigung: »Und nun spielen wir wieder euer Lieblingslied.« Und in unheimlicher akustischer Verstärkung dröhnte es über die Fronten hinweg: »Wiener Blut, Wiener Blut, voller Schmiss, voller Schwung, voller Glut, Wiener Blut, Wiener Blut ...« und so weiter in unbeschwerter Operettenseligkeit, während gleichzeitig die heulenden Abschüsse der Stalinorgeln zu hören waren, deren Geschosse dicht über den Köpfen der Eingeschlossenen als Schrapnells explodierten, ein entnervender Kontrast von Walzerklängen, technischem Todeslärm und den Schreien der Verwundeten.

Vergleichbar obszönen Psychoterror habe ich nicht erlebt. Doch der Ablauf der nächtlichen Lautsprecherattacken, die sich einige Male wiederholten, folgte derselben Dramaturgie. Sobald die Feuerpause verstrichen war, setzte besonders heftiger Beschuss ein, sozusagen als Quittung dafür, dass wir der Aufforderung überzulaufen nicht gefolgt waren. Statt Fahnenflucht gab es einen Fall von Selbstverstümmelung in der Kompanie. Einer vom 3. Zug, ein blonder Junge mit einem runden Kindergesicht, ein unauffälliger Mitmarschierer, der nie in irgendeiner Hinsicht aufgefallen war, schoss sich selbst ins Bein, in der Hoffnung, für einen normalen Verwundeten gehalten zu werden und einige Zeit ins Lazarett zu kommen. Damit es nicht wie ein Nahschuss aussah, hatte er durch eine Brotscheibe geschossen, um den Pulverschmauch von der Schusswunde abzuhalten. Er fiel trotzdem sofort auf, weil sich nicht erklären ließ, wie und aus welcher Richtung er auf diese Weise am Bein verletzt worden war. Nun erwartete ihn das Gefängnislazarett und anschließend ein Todeskommando bei einer Bewährungskompanie: zum Beispiel das Räumen von Minenfeldern innerhalb der Reichweite der feindlichen Schusswaffen.

Mit Karl Heinz, der an diesem Tag Essenholer war und die Nachricht mitbrachte, war ich sofort einig, dass wir es beide nicht fertiggebracht hätten, uns schwer zu verletzen, um der Gefahr einer noch schwereren oder tödlichen Verwundung zu entgehen. Das Gefühl sträubte sich gegen ein solches Kalkül, vielleicht weil man sich im Innersten für unverletzbar hielt. Mit der Zeit nahm das Gefühl für die Gefahr sogar ab, während die alltäglichen Daseinsbedingungen der Vorpostenstellung immer belastender wurden. Man konnte sich nicht waschen, nicht die Zähne putzen und auch nicht die am Körper vergammelnde Wäsche wechseln. Schlafen musste man im Sitzen, wurde alle zwei Stunden geweckt, um die Wache zu übernehmen, und ein Teil der Nacht ging für die Schanzarbeiten drauf, die nur langsam vorankamen. Tagsüber gab es so gut wie nichts zu tun. Einer der beiden Posten am Maschinengewehr konnte dösen oder zu schlafen versuchen, doch in der engen Maschinengewehrstellung konnte man sich nicht hinlegen und schon gar nicht aufrichten, denn dann ragte der Kopf über den Stellungsrand und bot dem russischen Scharfschützen ein todsicheres Ziel. Verließ man die Stellung, musste man mit wenigen schnellen Schritten in die nächste Deckung springen, um nicht das Schicksal des Obergefreiten Hoppe zu erleiden, von dem wir nichts mehr gehört hatten. Wahrscheinlich war er tot.

Die Scharfschützen waren tagsüber unser größtes Problem. Manchmal fuhr zwar hinter der russischen Stellung auch die Stalinorgel auf und sandte mit ihrem unheimlichen Heulton einige Salven herüber. Aber die Geschosse überflogen den Vorposten und landeten in der Hauptkampflinie oder noch weiter im Hinterland, dessen Versorgungsstützpunkte und Verbindungswege tagsüber von russischen Aufklärungsflugzeugen kontrolliert wurden. Ungestört durch Flakgeschütze oder deutsche Jagdflugzeuge, die es an diesem Frontabschnitt nicht mehr zu geben schien, lenkten russische Flugzeuge das Feuer der eigenen Artillerie und der Raketenwerfer und warfen Schwärme von Stabbomben über den deutschen Stellungen ab. Sie mussten nur darauf achten, nicht so weit herunterzukommen, dass sie in die Reichweite der deutschen Infanteriewaffen gerieten.

Die Bedrohung durch die Scharfschützen war von ganz anderer Art, weil stunden-, ja tagelang kein Schuss fiel und man vergessen konnte, dass sie da waren und ständig auf ein Opfer lauerten. Schoss ein Scharfschütze, dann war es wahrscheinlich, dass er auch traf, im Unterschied zu unseren nächtlichen Maschinengewehrduellen mit der russischen Stellung, bei denen man, ohne jede Erfolgskontrolle, auf das feindliche Mündungsfeuer schoss oder einfach nur auf den Bereich, in dem man, nach dem Weg der Leuchtspurgeschosse zu schließen, den feindlichen Schützen vermutete. Da die Scharfschützen über ihre abgegebenen Schüsse und Treffer genau Buch führten, wurde ihnen immer ein Beobachter zugeordnet, der die Trefferliste des Schützen durch seine Unterschrift bestätigen musste. Einmal lag ich als Beobachter einen ganzen Tag lang in der Stellung unseres Scharfschützen Walter Wehrlich, und während des ganzen Tages gab er keinen einzigen

Schuss ab. Wir hatten beide Feldstecher. Aber die Augen ermüden, wenn man lange durch das Glas blickt, und weil wir flach auf dem Bauch lagen, wurde der Nacken steif, und man musste den schwer werdenden Kopf zur Entspannung eine Weile auf den Unterarm legen. Wenn man dann wieder hochblickte, gierte man darauf, dass drüben endlich jemand unvorsichtig wurde und dem eigenen Schützen ein Ziel bot. Einmal entdeckte ich einen russischen Helm über dem Grabenrand und machte Walter darauf aufmerksam. Der hatte den Helm auch gesehen, meinte aber, der Helm sei nur ein hochgehaltener Köder, mit dem man ihn herausfordern wolle zu schießen, damit der russische Scharfschütze, der irgendwo anders lag, unsere Stellung entdecken könne. Da die Russen in einem Laufgraben waren, konnten sie ihre Position ständig wechseln. Wir dagegen lagen fest, was ein schwerwiegender Nachteil für die eigene Sicherheit war.

Im Vergleich zu diesen lähmenden Tagesstunden konnte einem das aufflackernde Feuer der Infanteriewaffen, besonders die Feuerstöße der Maschinengewehre bei Beginn der Dunkelheit, wie der Lärm des wiedererwachenden Lebens erscheinen. Es hatte den Anschein des Vertrauten und gehörte zur alltäglichen Routine des Stellungskrieges. Man störte mit diesem Streufeuer die jetzt auf beiden Seiten ablaufenden Aktivitäten, wie das Essenholen, den Munitionsnachschub und den Abtransport der Verwundeten, und bekämpfte gleichzeitig die gegnerische Stellung. Dass dies keine ganz sinnlose Ballerei, keine bloße Existenzbekundung sich langweilender Posten war, sondern den nächtlichen Frontraum schwerer passierbar machte, erlebte ich an dem dritten Abend, an dem ich mit Paul Olbrich zum Essenholen eingeteilt war.

Wie immer trafen wir uns an der rückwärtigen Seite des Wäldchens. Wir hatten die eingesammelten Kochgeschirre, die Feldflaschen und eine Zeltplane für den Transport der Brotportionen und des üblichen Aufstrichs dabei. Außerdem einen Kanister, den wir mit Wasser, Tee oder irgendeinem anderen Getränk füllen wollten, weil es kaum möglich war, mit dem Inhalt einer Feldflasche 24 Stunden auszukommen. Auch die verklebten und verkrusteten Kochgeschirre mussten wir beim Tross erst einmal auswaschen, ehe wir sie mit warmem Essen füllen konnten. Hoffentlich hatte die Küche so viel Wasser mitgebracht, dass es auch noch für unseren Kanister reichte.

Im Augenblick wurde viel geschossen, und hier in der Schlinge des russischen Frontbogens kam das Feuer mal aus dieser, mal aus jener Richtung, wie man an den Bahnen der Leuchtspurgeschosse sah. In unserem Jargon hieß das: »Die Luft ist stark eisenhaltig«, eine ironische Analogiebildung zu dem sachlichen Begriff »eisenhaltiges Wasser«, die sich in gespielter Leichtfertigkeit darüber hinwegsetzte, dass die »Rostflecke«, die man von eisenhaltiger Luft bekam, aus Blut waren.

Am Boden kauernd, bereit, sofort loszugehen, sobald die Schießerei abflaute, beobachteten wir den Geländestreifen, den wir durchqueren mussten. Es war eine Schönwetternacht mit zu- oder abnehmendem Mond, heller, als uns lieb war, wenn wir vielleicht auch von der russischen Stellung aus nicht oder allenfalls schemenhaft zu sehen waren. Doch man musste sich jedes Mal einen Ruck geben, bevor man sich auf den ungewissen Weg machte. »Jetzt?«, fragte ich. Paul nickte. Und indem wir aufstanden und geduckt oder vorgebeugt, um den ersten Schritt zu tun, nebeneinanderstanden, so dicht, dass sich fast unsere Schultern berührten, fetzte und schmetterte wie ein Feuerüberfall aus nächster Nähe eine Maschinengewehrgarbe um uns herum, und ich sah und hörte, als sei ich der Zuschauer einer schauspielerischen Darbietung, wie Paul mit einem weithin hörbaren Schrei vornüberfiel. Auch am Boden liegend schrie er. Und der russische Maschinengewehrschütze, der aufs Geratewohl geschossen hatte, hörte diesen Beweis seines unerwarteten Erfolges und feuerte weiter. Die beiden Maschinengewehre des Vorpostens antworteten ihm. Leuchtkugeln stiegen hoch, und von überall setzte Maschinengewehrfeuer ein, wie in einer plötzlich ausgebrochenen allgemeinen Gier, den empfindlichen Punkt in der Nacht zu finden, wo sich das feindliche Leben schreiend verriet und jetzt wahrscheinlich auch noch andere waren, die dem Verwundeten zu Hilfe eilten. Aber nur ich war bei ihm, flach an die Erde gedrückt, um nicht auch getroffen zu werden, während ich ihn anherrschte, aufzuhören mit dem Schreien, das uns noch mehr gefährdete. Es lag etwas Seltsames in seiner Stimme, nicht körperlicher Schmerz, sondern der Ausdruck des Entsetzens darüber, dass geschehen war, was er befürchtet und wovon er häufig gesprochen hatte – er war getroffen.

Ich suchte im Dunkeln nach dem Einschuss, fand etwas unterhalb der rechten Schulter ein Loch in der Uniform, und drehte ihn herum, um ihm die Uniformjacke so weit aufzuknöpfen, dass ich sie zusammen mit dem Unterhemd hochschieben konnte. Aber ich kam nicht an die Verwundung heran. So suchte ich erst Pauls Verbandszeug in den Seitentaschen seiner Jacke und dann mein Taschenmesser, um den Rücken seiner Uniformjacke von unten bis oben aufzuschneiden. Paul wimmerte jetzt, und was er mit der hohen Stimme eines weinenden, ängstlichen Kindes vor sich hin sprach – »Bitte, Mutti, hilf mir, ich will nicht sterben« –, erfüllte mich mit einem Gefühl von Peinlichkeit und Befremden. Was sollte das? Wie schrecklich stellte er sich an! Doch das war nur ein Nebengedanke, so bedeutungslos wie das Gegreine selber. Ich musste handeln, handeln, ohne zu wissen, wie und worauf ich gefasst sein musste. Die Klinge meines Messers ratschte durch den dicken Uniformstoff, schlitzte die Jacke bis dicht unter den Kragen auf, und nachdem ich das blutbefleckte Unterhemd hochgeschoben hatte, sah ich die Einschusswunde. Das kleine dunkle Loch auf der hellen Haut sah geringfügig aus, aber erschreckend falsch: eine gewaltsame Einstanzung in den Körper, aus der ein wenig schwärzliches Blut sickerte. Vorsichtig drehte ich Paul herum und suchte nach dem Ausschuss, aber den gab es nicht. »Es ist ein Lungensteckschuss«, sagte ich. »Ist das gut?«, fragte Paul. »Besser als ein Durchschuss«, sagte ich.

Ich wusste nichts darüber und sagte es, um ihn zu beruhigen, während ich ihn wieder umdrehte und ein Pflaster mit Mull über die Wunde klebte. Es saß schlecht. Ich wusste nicht, ob ich es abreißen sollte, um ein anderes darüberzukleben, aber wahrscheinlich war das alles egal. Ich war am Ende meiner lächerlichen Möglichkeiten und begann laut zur Hauptkampflinie hinüberzurufen: »Sanitäter! Sanitäter! Tragbahre!« Worauf sofort wieder eine Leuchtkugel hochstieg und das Schießen stärker wurde. Aus dem Wäldchen kam Gideon gelaufen, kurz danach Ernst Preidt. Wir berieten uns, wie wir Paul zu dritt tragen sollten. Er lag da, in sich selbst zurückgezogen, und hustete, und ich sah, dass die untere Hälfte seines Gesichtes und sein Hals voller Blut waren. Aus der weißen oberen Gesichtshälfte starrten mich seine angstgeweiteten Augen an. »Ich will nicht sterben«, flüsterte er. »Tust du auch nicht«, sagte ich, »du kommst ins Lazarett. Da nehmen sie das Ding raus, und dann geht es dir wieder besser.« Um ihm das Blut vom Mund abzuwischen, suchte ich nach einem Taschentuch, gab es aber gleich wieder auf, weil die Kameraden mit der Bahre ankamen. Gemeinsam fassten wir Pauls schlaffen Körper und luden ihn auf. Ernst lief wieder in die Stellung zurück, wo unsere beiden Maschinengewehre in heftige Feuergefechte verwickelt waren. Ich sammelte die herumliegenden Kochgeschirre und Feldflaschen auf. Gideon wusste nicht, ob er nun anstelle von Paul mit mir Essen holen sollte oder wieder nach vorne in sein Schützenloch musste. Die beiden Kameraden mit der Tragbahre hatten ihm wohl gesagt, ums Essenholen werde sich schon jemand kümmern, aber der Vorposten dürfe nicht noch mehr von Leuten entblößt werden, jetzt, da die Russen ihn unter Druck setzten. Ich hatte das nicht richtig mitbekommen, während ich im Dunkeln die Kochgeschirre und Feldflaschen zusammenklaubte, und als ich mich aufrichtete, war Gideon weg.

Ich ging hinter den Trägern mit der Bahre her und fragte mich besorgt, wie ich allein die ganze Tagesverpflegung des Vorpostens tragen sollte, zumal ich auf einmal bohrende Kopfschmerzen hatte. Beim Bücken hatten sie plötzlich eingesetzt als ein Stechen, ein schnell anschwellender Druck im ganzen Schädel, und nun waren sie so stark, dass ich den Trägern mit der Bahre, die in einen schwerfälligen, plumpen Laufschritt verfallen waren, kaum folgen konnte. Ich nahm alles nur noch undeutlich wahr. Dunkelheit, fliegende Lichter, Schatten und Lärm. Überall wurde geschossen. Wir liefen durch »eisenhaltige Luft«. Jeder Schritt hatte in meinem Kopf ein berstendes Echo, und das zersprengte die Gedanken an die Gefahr.

Als wir den Graben der Hauptkampflinie erreichten, musste ich mich setzen, weil mir übel war und ich nicht richtig sehen konnte. Plötzlich stand unser Zugführer vor mir und schnauzte mich an, weil ich Pauls Uniformjacke aufgeschnitten hatte. Mühsam brachte ich heraus: »Ich konnte nur so an die Wunde heran, Herr Oberfeldwebel.« Ich sagte es in dem Gefühl, eine erdrückende Last mit letzter Kraft von mir wegschieben zu müssen: ihn, der mich anschnauzte, und alles, was passiert war. Und da erkannte er wohl, in welcher Verfassung ich war, und beorderte zwei andere mit dem Essenholen. Mich schickte er in die Stellung zurück.

Steif, mit kurzen, lahmen Schritten und dem Gefühl, mein Kopf müsse platzen, wenn ich nur stolperte oder irgendeine heftige Bewegung machte, ging ich wie ein Selbstmörder in Trance durch das offene Gelände. Für mich gehörten die Geschosse, die durch die Dunkelheit flogen, nicht mehr zur Wirklichkeit der Situation, nicht im gleichen Maße wie der rasende Schmerz. Paul war dicht neben mir getroffen worden, fast an meiner Stelle. Aber der wurde ja nun zurückgetragen, und ich ging, wie befohlen, zur Stellung zurück, unfähig, nur einen einzigen schnelleren Schritt zu tun oder mich gar hinzuwerfen, wenn eine Leuchtkugel zündete oder Leuchtspurgeschosse in der Dunkelheit um mich herumflogen. Die Schmerzen ließen mir keine andere Wahl, als es so zu versuchen, nicht leichtsinnig, sondern vielmehr in vollkommener Achtlosigkeit, als sei bereits passiert, was jederzeit passieren konnte. Jederzeit, jederzeit, dachte ich, wie um zuzugeben, dass ich Bescheid wusste, was hier ablief, und dass man mich nicht darüber belehren musste. Das Geschoss steckte in der Lunge von Paul, hatte sich darin verborgen, wurde mit ihm weggebracht. Ja, dachte ich, jaja, mit der gleichen Automatik, mit der sich unter mir meine Füße bewegten. Da war das Wäldchen, der Erdbunker. Ich meldete mich bei Ernst, sagte, dass die Verpflegung gleich gebracht werde, hörte seine gereizte, misstrauische Stimme, aber ich war noch in der Schmerzhülle, die mich gegen alles abschloss. Schließlich sank ich in der MG-Stellung auf meinen Sitz. »Lass mich einen Moment in Ruhe«, sagte ich zu Karl Heinz, und obwohl er nicht wusste, was los war, verstand er mich sofort.

Allmählich löste sich der Krampf in meinem Kopf und wich einem wohltuenden Nebel der Erschöpfung. Karl Heinz stand am Maschinengewehr und schoss ab und zu einen kurzen Feuerstoß in die Nacht. Mich störte das nicht. Es beruhigte mich sogar.

Genauso, wie wir vom Obergefreiten Hoppe nichts mehr gehört hatten, hörten wir auch von Paul Olbrich nichts mehr. Als Ersatz für ihn kam schon mit den Essenholern Edi Müller nach vorne. Wir waren wieder komplett.

In den nächsten Tagen geschah nichts Besonderes, außer dass unser Scharfschütze Wehrlich seinen ersten bestätigten Treffer verbuchen konnte, auf den er ebenso dringlich gewartet hatte wie ein neu eingekaufter Fußballstürmer auf sein erstes Tor. Nun hatte auch auf der anderen Seite der Tod eingeschlagen und sekundenschnell ein Leben zerrissen. Jeder von uns wusste inzwischen, was das bedeutete, aber eine anschauliche Vorstellung des fremden Sterbens kam wohl in keinem von uns auf. Ich glaube sogar, dass die Gruppe, geschockt und verunsichert durch die schweren, vielleicht tödlichen

Verletzungen von Hoppe und Paul Olbrich, diesen fremden Tod wie einen Ausgleich brauchte, um eine Krise ihres Selbstgefühls zu vermeiden. Die drüben hatten jetzt auch etwas abbekommen, nicht nur wir. Vielleicht hatten ja die nächtlichen Maschinengewehrgefechte nicht nur auf unserer Seite einen Schwerverletzten zur Folge gehabt. Aber das wussten wir nicht. Ein Schrei, wie Paul ihn ausgestoßen hatte, war nie zu hören gewesen.

Tote und Verwundete gab es natürlich auch in der Hauptkampflinie, die nur zu einem kleinen Teil im Windschatten unserer Vorpostenstellung lag. Die Essenholer brachten die neuesten Verlustmeldungen mit. Und während wir unseren Eintopf löffelten oder die Kartoffeln pellten, unterhielten wir uns über die Gefallenen und Verwundeten in der distanzierten und anekdotischen Art, in der man über entfernte gemeinsame Bekannte spricht. »Das war doch der Blonde aus dem 3. Zug. Der aus Neubrandenburg. Oder war der aus Schwerin?« »Ja, ich glaube, ja. Einer von den Forststudenten. Ein netter Kerl.« Und so weiter in diesem beiläufigen und schalen Austausch von nachgereichten biografischen Details, die an die Stelle eines Menschen traten, dessen Tod man nicht näher an sich heranlassen wollte. Jeden Tag gab es neue Ausfälle, und statistisch gesehen wuchs die Wahrscheinlichkeit, dass man bald auch an der Reihe war.

Zehn Tage waren wir in dieser Stellung, als vom Bataillonsstab der Befehl kam, Gefangene zu machen. Man erhoffte sich von den Verhören Auskünfte über die Absichten des Gegners, der in der nächsten Zeit an irgendeiner Stelle der viel zu dünn besetzten Front den Stoß nach Ostpreußen hinein führen würde. Man entschied sich bei unserer Kompanie für ein Stoßtruppunternehmen von nur drei Mann, die zwischen zwei und drei Uhr nachts, wenn die Front erfahrungsgemäß ruhig geworden war, mit erdgeschwärzten Gesichtern und nur mit Maschinenpistolen und Handgranaten bewaffnet, hinübergehen sollten, um irgendeinen russischen Posten zu überwältigen. Einfach war das nicht, denn sie mussten den Bach durchqueren, der ziemlich nah an der russischen Stellung vorbeifloss, und dann, ohne zu wissen, ob sie bereits beobachtet und mit entsicherten Waffen erwartet wurden, die kleine Anhöhe erklettern, auf der der russische Graben mit seinen Maschinengewehr- und Schützenstellungen, seinen Unterständen und Beobachtungsposten entlanglief. Der Stoßtrupp, bestehend aus einem Unteroffizier und zwei Freiwilligen, einer davon Kurt Sieben, sollte von unserer Vorpostenstellung aus losgehen, und wir hatten den Auftrag, den Rückzug zu decken. Falls die Russen aufgestört hinter dem Kommando herschossen oder es schon vor dem Ziel zu einem eiligen Rückzug zwangen, sollten wir sie mit massivem Maschinengewehrfeuer belegen und eine Weile niederhalten. Mit dem Stoßtruppführer hatten wir eine Schneise festgelegt, durch die der Rückzug nach Möglichkeit erfolgen sollte. Auf dem größten Teil dieser Strecke kam der Stoßtrupp durch eine Senke, sodass wir über die Köpfe unserer Kameraden hinweg die russische Stellung beschießen konnten. Zuvor aber, in den späteren Stunden des Abends, wollten wir die üblichen Feuergefechte durch zunehmende Zurückhaltung allmählich einschlafen lassen, um auf diese Weise auch die russischen Posten einzuschläfern. Bei uns schlief natürlich niemand. Wir alle waren voller Bewunderung für die drei Freiwilligen, die sich zu einem solchen Todeskommando gemeldet hatten.

Als die Zeit für den Aufbruch kam, starrten wir gebannt in das Dunkel vor uns, ohne dass wir den Trupp, der etwas seitlich von uns losgegangen war, noch irgendwo entdecken konnten. Der Himmel war glücklicherweise bewölkt, und die Anhöhe der russischen Stellung hob sich kaum vom nachtdunklen Hintergrund ab. Einige Zeit geschah gar nichts, als sei der Stoßtrupp unterwegs verloren gegangen. Dann hörten wir einige matte, dumpfe Explosionen in der russischen Stellung, und erneut setzte Stille ein. Weiter im Norden ging eine Leuchtkugel hoch, aber der russische

Frontabschnitt vor uns blieb totenstill, als wolle er ein Geheimnis bewahren. Kurz darauf kam unser Kommando mit einem völlig verstörten Gefangenen zurück, der sein eigenes Maschinengewehr mitbrachte. Sie hatten ihn schlafend in seinem Maschinengewehrstand vorgefunden und mit vorgehaltener Maschinenpistole geweckt. Kurt Sieben hatte sich mit dem Gefangenen schon auf den Rückweg gemacht. Die beiden anderen waren noch ein Stück weiter durch den menschenleeren russischen Graben gelaufen und hatten einen Unterstand entdeckt, in dem anscheinend alle Russen schliefen. Aber ganz sicher war das nicht. Es kam ihnen so vor, als hätten sie drinnen eine verschlafene Stimme gehört. Und um den Rückzug zu decken, hatten sie ihre Handgranaten abgezogen und in den Unterstand hineingeworfen. Die Explosionen mussten in dem engen Raum die Leiber zerrissen haben. Tote und Sterbende hatten im Dunkel in ihrem Blut gelegen. Die ganze Mannschaft des russischen Frontabschnitts gegenüber unserem Vorposten schien tot zu sein.

In den nächsten Nächten konnte kaum einer von uns schlafen. Wir rechneten mit einem russischen Vergeltungskommando, das nachts herüberkam, um uns niederzumachen. Wir hätten uns nicht wirkungsvoll dagegen wehren können, weil das Wäldchen von allen Seiten angreifbar war. Glücklicherweise wurden wir vier Tage später von einer Infanterieeinheit des Heeres in dieser Stellung abgelöst.

Wir hatten gehofft, in eine Unterkunft zu kommen, in der es Betten, fließendes Wasser und Toiletten gab oder zumindest Strohsäcke auf dem Fußboden, eine Wasserpumpe und eine Latrine. Wir mussten aber abseits jeder Behausung irgendwo im Hinterland der Front in einem Waldstück unter unseren ausgespannten Zeltplanen auf einer Lage aufgeschichteter Farnkrautwedel kampieren. Es war nicht erlaubt, den Wald zu verlassen, weil immer wieder russische Flugzeuge über uns hinwegzogen, vermutlich um das Hinterland der deutschen Front zu fotografieren und nach Truppenkonzentrationen und Nachschublagern abzusuchen. Das waren offensichtlich Vorbereitungen einer neuen Großoffensive der Roten Armee, eine finstere Drohung, an die niemand denken mochte.

Sobald es dunkel wurde, verließen wir den Wald, und die verhasste Schanzarbeit begann. Wir sollten den Graben einer zweiten Verteidigungslinie ausschachten, denn es war klar, dass die Frontlinie, aus der wir kamen, schon dem ersten massiven Angriff nicht standhalten konnte. Wenigstens wurden vor der Arbeit richtige Pickhacken und Schaufeln ausgegeben, sodass wir nicht auf unsere leichten Klappspaten angewiesen waren. Man arbeitete immer zu zweit. Wenn ich mich recht erinnere, musste man ein drei Meter langes Grabenstück ausheben, bevor man sich schlafen legen durfte. Es musste etwas mehr als schulterbreit und so tief sein, dass man stehend etwa bis auf Schulterhöhe darin verborgen war. Der Aushub wurde in Zeltplanen weggetragen und im Wald ausgeschüttet. Den fertigen Graben verdeckten wir mit Zweigen, damit er für die russische Luftaufklärung nicht sofort erkennbar war. Hatte man Glück mit dem zugewiesenen Arbeitspensum, dann waren wenig Wurzeln und Steine in der Erde, und man kam schnell genug voran, um noch die Hälfte der Nacht schlafen zu können. Hatte man Pech, ging fast die ganze Nacht mit dieser anstrengenden Wühlarbeit drauf.

Tagsüber gab es außer Waffenreinigen und Putz- und Flickstunde keinen Dienst. Wir bekamen frische Wäsche, aber in den Nähten der Uniformen hatten Läuse ihre winzigen weißgrauen Eier abgelegt, die wir mit dem Daumennagel zerquetschten und wegkratzten. Aus den Scham-, Achsel- und Kopfhaaren konnte man sie nicht mehr gründlich entfernen. Wollte man sich waschen, musste man zu einem kleinen Bach in der Nähe gehen, einem Rinnsal, dessen Wasser sich sofort eintrübte, wenn man sein morastiges Ufer betrat.

Wie lange wir hierbleiben und wohin wir anschließend kommen würden, wussten wir nicht, und damit hing es wohl zusammen, dass wir uns nicht besser in dieser Situation einzurichten versuchten, sondern alles hinnahmen, wie es eben war. Stumpfsinn und Langeweile breiteten sich aus. Vielleicht war das die Nebelwand, hinter der wir die unverarbeiteten Erfahrungen der beiden ersten Wochen an der Front vor uns selbst versteckten, weil wir nicht wussten, wie wir damit umgehen sollten. Von den rund 170 Mann in der vorderen Kampflinie waren 20 durch Verwundung oder Tod ausgefallen. Nicht besonders viele. Aber es war ja nur ein kurzer Zeitraum gewesen. Und für uns, die wir unverwundet am Leben geblieben waren, ging es weiter, ohne dass es irgendeine Alternative gab. Was nutzen schon Erfahrungen, aus denen man keine Konsequenzen ziehen konnte? Am besten rührte man nicht daran.

Ein Indiz der uns selbst kaum bewussten Lähmung, die uns ergriffen hatte, scheint mir die Tatsache zu sein, dass es uns alle außerordentlich beschäftigte und erregte, als Edi Müller, der zuletzt, als Ersatz für Paul Olbrich, in die Vorpostenstellung gekommen war, fast einen Tag und eine halbe Nacht lang verschwand. Er war ordnungsgemäß mit dienstlicher Erlaubnis zum Tross gegangen, um sich seine Stiefel besohlen zu lassen, von dort aber nicht mehr zurückgekommen, obwohl es nur eine Entfernung von etwa vier Kilometern war. Wir rätselten, was passiert war. Bisher hatten wir nicht gehört, dass es in dieser Gegend Partisanen gab. Wissen konnte man es natürlich nicht. Doch unsere Fantasien gingen in eine andere Richtung: Edi, ein Bauernjunge aus dem Westerwald, der ein leichtsinniger, lustiger Bursche und ein Schwadroneur war und zwischen Wahrheit, Fantasie und Lüge nicht scharf unterscheiden konnte, Edi, das fröhliche Großmaul und der kindliche Wunschträumer, hatte sich davongemacht. Das war unerlaubte Entfernung von der Truppe. Und wenn er nicht in kurzer Zeit zurückkehrte, war es Fahnenflucht.

Aber was dachte er sich? Das war doch völlig aussichtslos? Wo wollte er sich verstecken, wo wollte er unentdeckt überleben?

Wir wussten, dass wir uns strafbar machten, wenn wir sein Verschwinden nicht meldeten, schon allein deshalb, weil er ja tatsächlich Partisanen in die Hände gefallen sein konnte. Aber wir glaubten das eben nicht. Wir glaubten an Edis Leichtsinn und an seine Fantastereien. Und eine heimliche Solidarität mit diesem Verrückten hielt uns davon ab, den Vorfall zu melden. Wir hatten uns eine Frist bis zum nächsten Morgen gesetzt und vertuschten seine Abwesenheit auch bei der nächtlichen Schanzarbeit. Als wir von dort zurückkehrten, war Edi wieder da. Er hatte es einfach nicht lassen können, in den leeren Gehöften herumzustöbern, deren Bewohner geflohen waren. Als Beutestück brachte er eine Seite Speck mit, die er unter uns verteilte. Vielleicht wäre Edi noch lange nicht zurückgekehrt, wenn er die Speckseite nicht gefunden hätte. Außerdem konnte man davon ausgehen, dass er noch bessere Sachen gefunden und gleich verzehrt hatte, so fröhlich, wie er war.

Die nächste Stellung, die wir besetzten, lag nördlich von Schirwindt in einem Waldgebiet am sogenannten Ostfluss, der dort genau die alte Grenze zwischen Ostpreußen und Litauen darstellte. Der deutsche und der russische Graben beiderseits des Flusses waren in diesem unübersichtlichen Waldgelände viel dichter aneinandergerückt als in dem Frontabschnitt, aus dem wir kamen. Stellenweise betrug die Distanz weniger als 100 Meter. Der Ostfluss, ein schmales, langsam fließendes, trübdunkles Gewässer, bot zwar einen gewissen Schutz vor Überraschungen, stellte aber kein ernsthaftes Hindernis für ein Stoßtruppunternehmen oder einen größeren Angriff dar, da man ihn fast überall durchwaten konnte. Er war nur wenige Meter breit und floss in einem Abstand von etwa zehn Metern unterhalb unserer Stellung vorbei, sodass russische Kommandos uns in der Nacht vom anderen Ufer aus bequem und zielgenau mit Handgranaten bewerfen konnten. Die russische Stellung befand sich am oberen Rand eines teils buschigen, teils kahlen Abhanges und lag einige Meter höher als unser Graben. Dahinter begann wieder der Hochwald.

Unser Graben lag im Wald und wand sich in vielen Krümmungen um die Wurzeln der größeren Bäume herum. Zur Feindseite hin war er so dicht mit Buschwerk zugewachsen, dass wir den kleinen Fluss und die feindliche Stellung nur von den beiden Maschinengewehrposten am linken und rechten Grabenende und einem vorgezogenen Schützenloch unten am Flussufer in engen Ausschnitten beobachten konnten. Oft war kaum etwas zu sehen, weil sich in den Abendstunden über dem Fluss Nebel bildeten und uns einhüllten. Den Blicken der russischen Scharfschützen und Maschinengewehrposten waren wir dann entzogen, aber wir konnten uns auch gegenseitig erst auf einige Meter erkennen, wenn wir uns irgendwo im Graben begegneten. Anfangs riefen wir uns dann die Tagesparole zu, immer ein zweiteiliges Wort, wie »Haus-tür« oder »Brot-messer«, das durch Anruf und Antwort zusammengesetzt wurde. Das kam uns bald albern vor, weil eingedrungene Russen in dieser Situation sofort geschossen hätten, also verzichteten wir darauf und riefen die Parole nur, wenn sich jemand von hinten unserer Stellung näherte. Denn das konnte beispielsweise Bulli, unser Zugführer, sein.

Das alles war wenig vertrauenerweckend. Doch am meisten schockte uns die Entdeckung, dass das Grabenstück von rund 80 Metern Länge, das wir mit sechs Mann besetzten, an beiden Seiten im Wald endete und wir keinen Anschluss an unsere Nachbargruppen hatten. Es gab keine durchgehende Frontlinie, sondern nur einzelne, auf sich selbst angewiesene Stützpunkte, die durch mindestens genauso breite Streifen unkontrollierten, dichten Waldes voneinander getrennt waren. Nachts konnten russische Stoßtrupps durch diese Lücken unbemerkt in den Rücken der deutschen Stützpunkte gelangen und die verschlafenen Posten, die dort, weit voneinander entfernt, an ihren Waffen standen und zur russischen Stellung hinüberblickten, von hinten überwältigen. Bei uns sah das so aus: Nahe beim rechten Grabenende waren Franz Hörnlein und Edi Müller mit ihrem Maschinengewehr postiert, links außen Karl Heinz Sünner und ich. In dem Vorpostenloch unten am Fluss saß Gideon. Und unser neuer Gruppenführer Gerd Reichardt, ein Sachse, der anstelle von Ernst Preidt zu uns gekommen war, patrouillierte mit seiner Maschinenpistole im Graben hin und her.

Das war allerdings schon die Alarmbesetzung der Stellung, denn tagsüber schliefen meist zwei Mann in dem kleinen muffigen Erdbunker, in dem eine dünne Schütte von fauligem Stroh lag, und nachts musste immer einer von uns im Wald rechts von unserer Stellung Schanzarbeiten machen. Unsere kurzen, leichten Klappspaten, dafür gemacht, dass sich ein liegender Soldat im freien Gelände schnell eine schützende Mulde graben konnte, waren für größere Erdbewegungen völlig ungeeignet. Und angesichts des dichten Wurzelwerks, das den Waldboden durchzog, wurde die Arbeit zu einer sinnlosen Plackerei, die einen am Verstand der Vorgesetzten zweifeln ließ. Glaubte man beim Bataillons- und beim Regimentsstab denn überhaupt, dass diese brüchige, dünn besetzte Stellung sich so lange halten ließ, bis wir oder vielmehr die uns nachfolgenden Truppen sie mit unserem unzulänglichen Gerät zu einem zusammenhängenden Grabensystem ausgebaut hätten? Solche Fragen durfte sich ein Soldat, der nicht verzweifeln wollte, erst gar nicht stellen.

Wir waren gerade zwei Tage in dieser Stellung, als wir alle zu Gefreiten befördert wurden, denn seit wir, noch in Zivil, in die Kaserne in Utrecht eingezogen waren, war inzwischen über ein Jahr vergangen. Jeweils zu dritt mussten wir uns beim Gefechtsstab des Zuges melden, wo uns Bulli mit kurzem Händedruck die schon vorher eingesammelten Soldbücher mit der Eintragung des neuen Dienstgrades und die Gefreitenwinkel überreichte, die wir uns an die Ärmel nähen sollten. Er wirkte sichtlich bedrückt, so wie ich ihn noch nie gesehen hatte, und als wir gehen wollten, sagte er: »Der Höppner ist tot. Er wird gleich abgeholt. Geht noch zu ihm und verabschiedet euch.«

Höppner, der zur 2. Gruppe unseres Zuges gehörte, hatte eine halbe Stunde vor uns seine Beförderung entgegennehmen wollen und war, als er aus dem Graben klettern wollte, von einem Scharfschützen von hinten in den Kopf geschossen worden. Er lag im Garten des kleinen Försterhauses, das als Zuggefechtsstand diente, auf einer ausgehängten Tür, die auf zwei Munitionskisten aufgebockt war, und sah aus wie eine Katafalkfigur aus Wachs. Der Einschuss am Hinterkopf war nicht zu sehen, und der viel größere Ausschuss an der Stirn, den keiner von uns gerne gesehen hätte, war mit Mull verdeckt. Bulli war nicht mitgekommen. Er hatte sich auf eine Weise abgewandt, die seine stumme Trauer ausdrückte und mich auf der Stelle mit all seinen Ruppigkeiten versöhnte. Gideon, Karl Heinz und ich standen mit den Mützen in der Hand an diesem Totenlager und wussten nichts zu sagen. Der alltägliche Tod machte einen dumm und stumpfte ab. Und auch deshalb war ich Bulli dankbar, dass er um einen unserer Kameraden trauerte. Er tat es, dachte ich, auch an unserer Stelle.

Die mühsame Schanzarbeit, allein im Wald und nahe der russischen Stellung, in der vielleicht doch ein Scharfschütze mit einem Nachtsichtgerät die Bewegungen erkennen konnte, war eine der Hauptplagen in dieser Stellung. Die zweite, weit schlimmere Plage waren die Läuse. Wir hatten sie schon aus der Vorpostenstellung oder dem Waldlager hinter der Front mitgebracht, und inzwischen besiedelten sie die Haare, die Uniformnähte und die Maschen unserer Unterwäsche als eine kribbelnde graue Masse, die sich von Tag zu Tag vermehrte und überall ihre Eier ablegte. Wenn man mit dem Zeigefinger zwischen Kragenbinde und Hals entlangfuhr, erwischte man immer gleich mehrere zu einem feuchten, grauen Mus zerquetschte Tiere, ohne dass das irgendeine Erleichterung brachte. Die dritte Plage kannten wir schon: Man konnte sich nicht waschen und nicht die Wäsche wechseln, und die von Läusestichen entzündete und ständig juckende Haut überzog sich mit pappigem altem Schweiß. Die vierte Plage war das gegen Ende der ersten Woche einsetzende herbstliche Regenwetter, das den Graben schon innerhalb weniger Stunden in einen glitschigen Morast verwandelte. Der Regen weichte die Tische der Maschinengewehrstände auf und durchnässte trotz der darüber ausgespannten Zeltplane die ausgeschachteten Sitzplätze, das Wasser lief in lehmigen Bächen an den Grabenwänden herab und rann als schlammiger Strom in den tiefer gelegenen, mit Baumstämmen und Erde überdachten Unterstand, in dem unsere Schlafplätze waren. Alles war nass, feucht, klamm – von der Unterwäsche bis zu den Fußlappen. Den Läusen schien das nichts auszumachen. Sie lebten in dampfiger Körperwärme und gediehen wie im Treibhaus.

Ein Wunder, dass keiner von uns krank wurde, wenn man einmal davon absieht, dass Gideon in den ersten Tagen durch einen vereiterten Weisheitszahn eine schwere Kieferentzündung bekam und kein Stück Brot mehr essen und kaum noch den Mund öffnen konnte. In diesem Zustand musste er allein fast vier Stunden lang marschieren, bis er zu einem Verbandsplatz gelangte, wo es einen Zahnarzt gab. Er erzählte uns nach seiner Rückkehr, der Zahnarzt, ein junger Unterarzt, habe in einer kleinen Bretterbude praktiziert. Dort stand ein schreckenerregender Stuhl mit ledernen Armfesseln. Das Bohr- und Schleifgerät sei stromunabhängig gewesen und wurde wie eine alte Nähmaschine durch einen Fußhebel angetrieben. Der Unterarzt habe sich seinen geschwollenen Kiefer angesehen und den Kopf geschüttelt. Das könne er nicht mehr wirksam betäuben, habe er gesagt, und dann habe er ihn mit den Lederriemen an den Stuhl gefesselt, sodass er seine Arme nicht mehr bewegen und weder aufstehen noch aus dem Sitz rutschen konnte. Darauf habe er ihm mit einer Kieferklemme den Mund weit aufgesperrt und seelenruhig die Behandlung begonnen. Da Gideon den ganzen Tag nichts und vorher kaum noch etwas gegessen hatte, wurde er zwischendurch ohnmächtig. Der Arzt habe ihn aber wieder zu sich gebracht, und es sei weitergegangen.

Wegen der Nachbehandlung der großen Wunde durfte er noch drei Tage auf dem Verbandsplatz bleiben und den Sanitätern bei der Arbeit helfen. Es war ein Verbandsplatz für Leichtverwundete und Kranke, die nach einigen Tagen wieder an die Front zurückgeschickt wurden. Die schwerer Verwundeten wurden hier notbehandelt und gleich weitertransportiert. Beim Rückweg in die Stellung, erzählte uns Gideon, habe ihn ein Sanitätsauto ein Stück mitgenommen, das frisch Verwundete hinter der Front abholen sollte. Dort hätten vier Verwundete mit aufgeknöpften Uniformjacken auf der Erde gelegen. Der am schwersten Verwundete sei ein Leutnant gewesen, der einen Munddurchschuss hatte. Er sei völlig mit Blut besudelt gewesen und habe totenbleich ausgesehen. Dem habe der Sanitäter einen dicken Mullpropfen in den blutigen Mund gedrückt, den er mit einem Ruck wieder herausgezogen habe, als der Verwundete sich aufbäumte, um Blut und Knochensplitter auszuhusten. »Siehst du, so wird es gemacht«, habe der Sanitäter zu ihm gesagt. Ihm sei wieder fast schlecht geworden, sagte Gideon, aber er habe die Kaltblütigkeit der Ärzte und Sanitäter bewundern müssen.

Gideon verabschiedete sich am nächsten Tag von uns, weil er und Kurt Sieben zu einem Fähnrichlehrgang nach Rippin in Westpreußen abkommandiert waren. Als er mir die Hand gab, sagte er: »Pass gut auf dich auf. Am End wär's schad um dich.« Ich habe den Wortlaut genau behalten, weil ich mich darüber wunderte. Denn ich dachte: Natürlich wär's schad um mich. Aber ich wusste, wie er es meinte, und wünschte ihm viel Glück. Unausgesprochen bedeuteten solche Wünsche, dass man auf ein Leben nach dem Krieg hoffte, egal, wie er ausgehen würde.

Anfang der Achtzigerjahre bekam ich Post von Gideon. Er war Buchhändler in Gießen und lud mich zu einer Lesung ein. Als wir uns begrüßten und umarmten, sagte ich zu ihm: »Das hast du wohl damals gemeint – es wäre schade gewesen, wenn wir diese Lesung nicht hätten machen können.«

Nun waren wir nur noch zu fünft in dem 80 Meter langen Graben, der sich an beiden Seiten im Wald verlief: zwei Maschinengewehrposten und ein Mann mit einer Maschinenpistole. Es war genau das, was Generalfeldmarschall Kluge schon Monate vorher nach einem Frontbesuch in einem Bericht an Hitler den »Eindruck der geradezu erschreckenden Leere der Front« genannt hatte. Jetzt kam als neues Problem der Munitionsmangel hinzu. Im Bericht des Heereswaffenamtes wurde die entstandene Notlage so geschildert: »Nur durch äußerste Einsparungen und Einschränkungen auf allen Gebieten konnte die Versorgung sichergestellt werden. Rücksichtsloser Abzug von Munition an nicht angegriffenen Fronten bzw. Sperrung des Verschusses bestimmter Mangelmunition an diesen Fronten ermöglichte überhaupt erst die Abwehr an den Brennpunkten.« Unser Befehl lautete: »Vollständiges Schießverbot bei Tag und Nacht. Geschossen darf nur werden, um feindliche Angriffe auf die Stellung abzuwehren.« Wir konnten uns diesen Befehl nicht recht erklären, denn bisher hatten wir von den katastrophalen Engpässen bei der Munitionsversorgung noch nichts gemerkt. Ein ganz anderes Gerücht kam in Umlauf: Durch das Schießverbot sollten Angriffsaktionen des Gegners herausgefordert werden, die wir dann abwehren mussten, damit unsere Offiziere das Ritterkreuz bekamen. Angesichts unserer dünn besetzten, lückenhaften Stellung wäre das allerdings ein absurdes taktisches Experiment gewesen.

Offensichtlich aber wurden die Russen unruhig oder neugierig, weil wir ihr Feuer nicht mehr erwiderten, und eines Tages hörten wir sie auf Deutsch rufen: »He! Hallo! Wie weit ist es bis Berlin?« Wir hätten vielleicht drauf nicht antworten dürfen, aber im Tagesbefehl war diese Situation nicht vorgesehen, und so antwortete Edi Müller, der von uns allen die lauteste Stimme hatte, auf die wiederholte Frage, wie weit es noch bis Berlin sei: »Halt dein Maul, du Arschloch!« Ich fand, dass die Frage eine richtige Antwort verdiente, und rief zurück, ohne noch davon überzeugt zu sein: »Da kommt ihr nie hin!« Anscheinend war das Ganze nur ein Trick der Russen, um uns genauer anpeilen zu können, denn sie belegten uns anschließend mit schwerem Granatwerferfeuer. Wären wir mehr Leute in unserem Graben gewesen, hätte es bestimmt den einen oder anderen erwischt. Doch diesmal stellte sich »die erschreckende Leere der Front« als ein Vorteil für uns heraus.

In der Morgendämmerung des nächsten Tages wurden wir durch lauten und heftigen Waffenlärm aufgeschreckt. Er kam aus der Richtung, in der unser 3. Zug seine Stellungen hatte. Es begann mit einer Serie von Granatwerfereinschlägen, auf die dichtes Feuer zahlreicher Maschinenwaffen folgte, ein Geknatter, das durch vielfache wechselseitige Überlagerung fast wie ein wellenartiges Rauschen klang. Wir hörten auch die Feuerstöße eines MG 42 heraus, das plötzlich verstummte. Detonationen von Handgranaten mischten sich in die anhaltende Schießerei. Kein Zweifel, ein Nahkampf fand statt. Die Russen waren in die Stellungen unseres 3. Zuges eingedrungen.

Von unserer Position aus war nichts zu sehen, sodass wir weder in den Kampf eingreifen konnten noch genau wussten, was sich jetzt dort abspielte. Das Ganze dauerte vielleicht zehn oder zwölf Minuten. Zuletzt feuerten noch zwei Maschinengewehre aus der russischen Stellung, dann war es wieder still.

Da wir unseren Graben wegen der Scharfschützen nur in der Dunkelheit verlassen konnten und aus demselben Grund auch niemand zu uns kam, blieben wir den ganzen Tag ohne Nachricht und beobachteten den Wald hinter uns genauso aufmerksam wie den gegenüberliegenden Hang. Erst am Abend beim Essenholen erfuhren wir, was geschehen war. Ein russischer Stoßtrupp von ungefähr 80 Mann, alle ausgerüstet mit Maschinenwaffen, hatte im Schutz der Morgendämmerung die 7. Gruppe angegriffen, die einen Brückenkopf jenseits des Ostflusses besetzt hielt und mit dem Wasser im Rücken dort in der Falle saß, als die Russen, im Laufen feuernd, in Scharen den Hang herunterkamen und in die Stellung eindrangen. Ein Gegenangriff der beiden anderen Gruppen des 3. Zuges trieb sie zwar zurück, aber im Graben des Brückenkopfes lagen drei Tote und drei mehr oder minder schwer Verwundete. Die übrigen fünf Leute, wohl auch zum Teil verwundet, hatten die Russen bei ihrem Rückzug als Gefangene mitgenommen. Wahrscheinlich war ihr Auftrag damit beendet gewesen, sonst hätten sie zweifellos durch das aufgerissene Loch noch tiefer in das rückwärtige Gebiet eindringen können. Man musste jetzt damit rechnen, dass das nur ein Vorspiel einer bald folgenden neuen und größeren Aktion war.

Karl Heinz und ich berieten, wie wir uns darauf vorbereiten sollten, und kamen auf die Idee, das fast zugewachsene Schussfeld unseres Maschinengewehrs freizuschneiden, um einen etwas breiteren Geländebereich bestreichen zu können. Das war eine gefährliche Arbeit, denn wenn die Russen in der Dunkelheit etwas hörten und eine Leuchtkugel abschossen, konnten sie uns auf dem Hang vor unserer Stellung bequem abschießen, bevor wir wieder in unseren Graben gelangten. Wir warteten also nicht nur die Dunkelheit ab, sondern stiegen erst tief in der Nacht, als alles ruhig und der Fluss nebelig verschleiert war, aus unserer Stellung und machten uns daran, alle Büsche vor unserem Maschinengewehrstand bis hinunter zum Flussufer mit unseren Taschenmessern Zweig für Zweig bis auf einen kurzen Stumpf herunterzuschneiden. Die Zweige legten wir einige Meter hinter uns im Wald ab, und die weißen Schnittstellen an den stehen gebliebenen Stümpfen schwärzten wir mit der morastigen schwarzen Erde des Flussufers. Als es bald darauf allmählich hell wurde, begriffen wir, dass wir einen großen Fehler gemacht hatten. Zwar hatten wir jetzt ein besseres Schussfeld, aber wir hatten uns auch enttarnt und mussten nun damit rechnen, unter massiven Beschuss zu geraten. Um den Schaden noch ein wenig zu korrigieren, holten wir einige der abgeschnittenen Zweige und bohrten sie vor unserem Maschinengewehr in die Erde. Und obwohl es immer noch stundenweise regnete, beschlossen wir auch, die auffällige Zeltplane über der Stellung wegzunehmen und sie nur in der Dunkelheit wieder über uns aufzuspannen. Trotzdem war klar, dass sich das Bild unserer Stellung für die russischen Maschinengewehrposten und Scharfschützen in dieser Nacht auffällig verändert hatte.

An den nächsten beiden Tagen und auch in den Nächten geschah nichts. Wir hatten weiter Schießverbot und hielten uns sorgfältig versteckt, um nicht einen ähnlichen Angriff wie gegen den Brückenkopf des 3. Zuges herauszufordern und die Russen weiterhin im Unklaren darüber zu lassen, wen und was sie hier vor sich hatten. Möglicherweise war das hochgeklappte Visier, als das ihnen unsere enttarnte Maschinengewehrstellung erscheinen musste, sogar eine unheimliche Beunruhigung für sie, weil sonst von uns nichts zu bemerken war.

Man kann nicht dauernd in der Wachsamkeit des Alarmzustandes verharren, auch nicht, wenn es dabei um das eigene Leben geht. Wenn man nach zwei Stunden dumpfen Schlafes in der Feuchtigkeit des Erdbunkers gewaltsam wach gerüttelt wird, weil man wieder zwei Stunden Wachdienst am Maschinengewehr hat, und mit steifen Gliedern und vor Müdigkeit fröstelnd in die Stellung torkelt, ist das diesige Dunkel, in das man dort starrt, eine ständige Versuchung, die Augen zu schließen, um die Unzumutbarkeit dieser dunklen, fremden Welt wenigstens für Augenblicke loszuwerden. Alle Gedanken sind ausgelöscht. Denn woran ließe sich denken? Dass es in einigen Stunden wieder Tag wird und es am Abend halb warmes Essen gibt? Oder dass dieser Krieg zu Ende gehen wird, irgendwann, und dass man sich nicht vorstellen kann, wie und wann und mit welchen Folgen es geschehen wird, und nicht weiß, ob man dann selbst noch am Leben ist, zum Krüppel geschossen oder halbwegs unversehrt? Man kann es sich nicht vorstellen. Die Zukunft ist so dunkel wie die Nacht, in der man steht, und auch die Vergangenheit hat sich verdunkelt. Man kann ja nicht dahin zurück. Also steht man hier, ein geschundener Körper in einer stumpfsinnigen, anhaltslosen Gegenwart, der man nicht entkommen, die man nicht ändern kann. Es sei denn, man setzt sich einen Augenblick auf einen der beiden feuchten Erdsitze und kneift sich ab und zu ins Bein, um nicht einzuschlafen. Aber man wird einschlafen. Und so ist es besser, man bleibt stehen.

Hinter den geschlossenen Lidern erschien etwas wie ein Kräuseln. Es war aber eigentlich außen, ein leises Geräusch, und ich hatte Mühe zu begreifen, dass unten am Fluss etwas im Gange war: ein russischer Stoßtrupp, halb rechts von mir, wo die Bäume ihn verdeckten, am gegenüberliegenden Ufer oder auch schon im Wasser. Plötzlich flog etwas durch die Zweige, und bevor ich begriffen hatte, dass es Handgranaten waren, hatte ich mich schon geduckt, und auf dem Maschinengewehrtisch, dicht über meinem Kopf, ein Stück weiter rechts und auch hinter mir im Graben hörte ich die betäubenden Detonationen. Es war ein gut gezielter Gruppenwurf, eigentlich absolut tödlich, und deshalb war es klar, dass sie jetzt kamen. Ich fuhr hoch ans Maschinengewehr, um sie mit einem langen Feuerstoß zu empfangen, aber es löste sich nur ein einzelner Schuss. Ich zog den Ladehebel durch, wieder schoss das Maschinengewehr nur einmal. Ich war hörbar in Schwierigkeiten. Gleichzeitig brüllte am anderen Ende der Stellung Edi Müller mit seiner Mordsstimme: »Alarm! Alarm!«, um die Russen zu erschrecken, aber auch um Franz Hörnlein herbeizurufen, der im Wald, außerhalb des Grabens, beim Schanzen war. Unten am Fluss regte sich nichts. Edis lautes Rufen hatte die Russen offenbar davon abgehalten, sofort nach dem Handgranatenwurf meine Maschinengewehrstellung zu stürmen. Sie lauerten da unten, sprungbereit. Ich hatte inzwischen den Lauf des Maschinengewehrs gewechselt, was die falsche Entscheidung war, denn nichts änderte sich. Die Störung musste wohl am Schloss liegen. Aber jetzt ließ ich das besser, um die da unten nicht noch mehr auf meine Schwierigkeiten aufmerksam zu machen. Besser, ich bewarf die Russen mit Handgranaten.

Wegen der flach über den Maschinengewehrstand gespannten Zeltplane musste ich in den kurzen Zugangsgraben zurück und die Handgranaten über die Stellung hinwegwerfen. Das hatten wir nicht bedacht, als wir die Zeltplane ausspannten. Immerhin, es krachte gewaltig unten am Fluss, und nun kam auch Reichardt mit seiner Maschinenpistole angelaufen, hinter ihm Karl Heinz, der im Bunker geschlafen hatte. Ich zeigte Reichardt, in welche Richtung er schießen solle, und während er mehrere Feuerstöße in das Dunkel schickte, wechselte ich schnell das Schloss des Maschinengewehrs und war wieder feuerbereit. Reichardt schob ein neues Magazin ein und lief durch den Graben zur anderen Seite der Stellung. Hier und da schoss er eine Garbe zum Fluss hinunter, um vorzutäuschen, dass es hier im Graben viele Verteidiger gab. Natürlich traf er niemanden. Die Russen lagen wahrscheinlich flach am Boden im Schutz der Baumstämme und von uns aus gesehen im toten Winkel außerhalb des Schwenkbereichs unseres Maschinengewehrs. Ich konnte sie dort hören, leise russische Stimmen, die sich über etwas verständigten. Karl Heinz und ich zogen unsere Pistolen, um die Ersten, die am Hang vor uns auftauchten, aus der Nähe mit gezielten Schüssen zu empfangen. Doch es hörte sich eher so an, als wateten sie durch den Fluss und zögen sich zurück. Dabei mussten sie bald den toten Winkel zwischen unseren beiden Maschinengewehren verlassen und in unser Kreuzfeuer geraten. Nun wurden wir aber von der russischen Stellung unter Feuer genommen und mussten einen Moment in Deckung gehen. Und nach einigen weiteren Schusswechseln war die Schießerei zu Ende.

Wir hatten den Angriff abgewehrt, und der russische Stoßtrupp war in seine Stellung zurückgekehrt. Keiner von uns hatte auch nur einen Moment Angst empfunden. Das ganze nächtliche Gefecht war ein Ablauf von automatischen Handgriffen und blitzartigen instinktiven Entscheidungen gewesen, und vielleicht hatte allein Edi Müllers lautes Alarmgeschrei das Geschehen zu unseren Gunsten gewendet. Als die Russen hörten, dass mein Maschinengewehr streikte, hätten sie die Stellung leicht stürmen können, und dann wären auch Reichardt und Karl Heinz, die herbeieilten, um mir zu helfen, im Feuer der russischen Maschinenwaffen zusammengebrochen. Für Franz Hörnlein und Edi Müller hätte es auch keine Rettung mehr gegeben, außer einer sofortigen Flucht in den Wald.

Zwei oder drei Sekunden vor dem psychologischen Drehpunkt des Gefechtes – dem Zögern der Russen nach Edis Alarmgebrüll – hatte schon der Zufall entscheidend den Ausgang des Gefechtes beeinflusst, als keine der fünf oder sechs Handgranaten, die fast gleichzeitig um mich herum explodierten, in den Graben fiel, in dem ich mich in einem blitzschnellen Reflex zusammenkauerte. Als es hell wurde, sah ich es genauer. Drei Handgranaten waren auf dem Maschinengewehrtisch oberhalb meines Kopfes explodiert, eine davon nicht einmal eine Handbreit von der Grabenkante entfernt. Sie hatten die Zeltplane über mir mit Splittern durchsiebt und als Signatur meines möglichen Todes drei flache Mulden hinterlassen. Ich betrachtete sie mit einem Stumpfsinn, der jeden Schrecken unterdrückte, und allmählich stieg ein Triumphgefühl in mir auf, dass ich noch am Leben war.

Drei oder vier Tage später wurden wir abgelöst. Diesmal bezogen wir ein ehemaliges Arbeitsdienstlager bei Ebenrode, in dem es eine Entlausungsstation gab. Die Wäsche wurde gekocht, und die Uniformen wurden in heißen Dämpfen entlaust. Wir seiften uns unter der heißen Dusche mit Schmierseife ab und bekamen anschließend die verwilderten Haare geschnitten. Die Kompanie hatte in den beiden Stellungen an Toten, Verwundeten und Gefangenen 58 Mann verloren. Dazu kamen als weitere Abgänge Gideon Schüler und Kurt Sieben, die beim Fähnrichslehrgang waren. Als Ersatz trafen am zweiten Tag unseres Aufenthaltes in dem Barackenlager die 60 Mann des Jahrgangs 1926 aus der Reinickendorfer Kaserne bei uns ein. Wir hatten wieder unsere volle Kriegsstärke. Die Statistiker des Todes und die Planer des Nachschubs konnten mit dieser logistischen Leistung zufrieden sein.

9

Das Desaster

Vier Tage blieben wir in dem Barackenlager. Die Zeit verging mit Entlausung, Waffenreinigen, der Ausbesserung der Uniformen und der Eingliederung der Ersatzleute in die durch Ausfälle dezimierte Kompanie. Dies war kaum abgeschlossen, als die Ruhetage zu Ende gingen. Am 11. Oktober wurden wir im motorisierten Marsch nach Norden verlegt, um jenseits der Memel einen Brückenkopf zu besetzen.

Ich berichte das in so dürren Worten, weil ich die Fahrt kaum in Erinnerung habe. Einer der Neuen saß mit uns im Wagen. Er stammte aus Bayern. Ich glaube, er hieß Obermüller, denn so habe ich den Namen im Ohr, mit dem Karl Heinz ihn herbeirief, als ich verwundet worden war und er mich am Maschinengewehr ersetzen sollte.

Während der Fahrt hatte er sich bemüht, lustig zu sein, um sich uns als Spaßmacher und netter Kumpel zu empfehlen. Es war wichtig, sich kennenzulernen und schnell aneinander zu gewöhnen. Aber seine Lustigkeit hatte etwas Forciertes und ging mir allmählich auf die Nerven. Wir saßen zu sechst auf dem Mannschaftswagen, da wir wieder unsere volle Kriegsstärke hatten. Ich vermisste Gideon, Paul und Hoppe. Die Neuen machten mir deutlich, dass die anderen weg waren.

Ich nehme an, dass ich so wenig Erinnerungen an diese Fahrt habe, weil die Ereignisse, die folgten, die vorausgegangenen Eindrücke ausgelöscht haben. Doch schon während der Fahrt trug ich eine dunkle Vorahnung des Kommenden mit mir herum, die meine Aufmerksamkeit von der Außenwelt abzog. Diesmal waren wir etwas besser über die Kriegslage informiert, einmal durch die Ersatzleute, die aus Berlin gekommen waren und die letzten Wehrmachtsberichte gehört hatten, zum anderen auch, weil es in den vier Ruhetagen einige Kontakte mit der beunruhigten Bevölkerung gegeben hatte. Aus den besorgten Fragen der Leute hatten wir einiges erschließen können.

So hatte sich uns folgendes, in den Grundzügen richtiges Bild ergeben. Da die Finnen Anfang September dem Beispiel Rumäniens gefolgt waren und einen Separatfrieden mit der Sowjetunion geschlossen hatten, konnte die sowjetische Führung die bisher auf der karelischen Landenge stehende Armee von dort abziehen und nach Westen transportieren. Ende September war sie in Litauen eingetroffen und hatte zusammen mit den bisher langsam vorankommenden russischen Truppen dieses Frontabschnittes den Durchbruch zur Ostsee erkämpft, die am 5. Oktober beiderseits der Memel auf breiter Front erreicht wurde. Damit war die im Baltikum stehende Heeresgruppe Nord von Ostpreußen abgeschnitten und musste nun über See versorgt werden.

Wir wussten nicht, dass die Heeresgruppe angesichts dieser Lage das Oberkommando der Wehrmacht um die Erlaubnis ersucht hatte, durch den russischen Angriffskeil hindurch nach Süden ausbrechen zu dürfen, und dass Hitler, wie gewöhnlich, diesen Ausbruch verboten hatte. In seiner Fantasie war die Heeresgruppe Nord vermutlich eine mächtige Streitmacht, mit der er den nach Ostpreußen eindringenden russischen Offensivarmeen in den Rücken fallen konnte, um sie, nach dem Muster der erfolgreichen Kesselschlachten von 1941, zu vernichten. Doch zu einem solchen strategischen Großunternehmen reichten die Kräfte der Heeresgruppe – ihre Truppenstärke, ihre Bewaffnung, ihre noch verbliebene Mobilität – bei Weitem nicht aus. So blieb sie, bis auf einige Einheiten, die über See abtransportiert wurden, bis zum Kriegsende in ihren Stellungen liegen und ging dann in sowjetische Gefangenschaft. In den Kampf um Ostpreußen griff sie nicht mehr ein.

Längst war der Krieg verloren, aber er war noch lange nicht zu Ende. Und vielleicht konnte er nur ein nachhaltiges Ende finden, indem man trotz der Absehbarkeit des Endes bis zur vollkommenen Niederlage weitermachte. Seit das Attentat und der Putschversuch vom 20. Juli gescheitert waren, gab es keinen Ausstieg aus der fortschreitenden Katastrophe mehr, sondern nur noch deren Aufschub oder, wie manche vielleicht auch dachten, die sich das Ende nicht vorstellen mochten, den alternativlosen Widerstand.

Der Durchbruch der Roten Armee zur Ostsee war für das deutsche Oberkommando und die Stäbe der in Ostpreußen stehenden Truppen ein Alarmsignal. Man befürchtete, die Russen würden nun versuchen, entlang der Küste auf Königsberg vorzustoßen, um dann vielleicht mit einem Schwenk nach Süden in den Rücken der an der Ostgrenze Ostpreußens stehenden deutschen Truppen zu gelangen. Doch war das nicht die einzige Bedrohung, denn zugleich gab es deutliche Anzeichen, dass auch an der Ostgrenze Ostpreußens eine gewaltige sowjetische Streitmacht aus zahlreichen Infanterie- und Panzerdivisionen zur Offensive bereitgestellt wurde. Deshalb wurde nun endlich die noch bei Radom, südlich von Warschau im Kampf stehende Division Hermann Göring aus der Front herausgezogen und als Heeresreserve in den Raum Insterburg verlegt, wo sie der nördlichen und der östlichen Front – man kann auch sagen der Memel und dem Ostfluss – gleich nahe war. Die Division war aber noch nicht in Ostpreußen eingetroffen, als wir, das wieder aufgefüllte Begleitregiment, an die Memel geschickt wurden, um zusammen mit der Panzergrenadierdivision Großdeutschland, einer noch intakten Elitetruppe des Heeres, einen Kampfverband zu bilden, der den Auftrag bekam, die zur Ostsee durchgestoßenen und sich neu formierenden russischen Armeen anzugreifen und wenn möglich die abgeschnittene Heeresgruppe Nord zu erreichen.

Mag sein, dass noch einige andere Heeresverbände zu diesem Kampfverband gehörten. Ich weiß es nicht. Auch das änderte nichts an der Tatsache, dass dies, allein schon wegen des Mangels an Luftunterstützung, Artillerie und Panzern, eine jener hochfiktiven Unternehmungen der letzten Kriegsmonate war, die entweder blindem Aktionismus entsprangen oder Reste größer gedachter, aber undurchführbar gewordener strategischer Konzeptionen waren, auf die man nicht auch noch verzichten wollte. Vielleicht gab es in den Planungsstäben auch Leute, die verzweifelt nach einem Weg suchten, das Ausbruchsverbot für die Heeresgruppe Nord zu unterlaufen, indem sie ihr einen Kampfverband entgegenschickten, dem sie, kam er nur nahe genug an ihre Stellungen heran, entgegenkommen durfte, ohne dass das gleich als Ausbruch verdächtig war. Das wäre dann eine Planung gewesen, die ihr eigentliches Ziel vorerst geheim hielt, um es allmählich, aus der Logik des Geschehens heraus, doch noch zu erreichen. Vielleicht war aber auch alles nur Stückwerk und Konfusion.

Ich weiß nicht mehr, wie wir die Memel überquerten. War da irgendwo noch eine heile Brücke, die die Kolonne passieren konnte? Oder blieben die Fahrzeuge am Südufer zurück, während wir mit einer Fähre zur anderen Seite übersetzten? Im letzten Ort südlich der Memel – war es Kuckerneese? – saßen wir noch auf unseren Wagen, die seitlich am Straßenrand unter Bäumen standen, notdürftig gegen Beobachtung oder Angriffe aus der Luft getarnt. Wir aßen unser Kommissbrot mit ungewohnten Beigaben, denn in der Molkerei des Ortes konnten wir so viel Milch, Buttermilch und Quark bekommen, wie wir wollten, wohl ein Zeichen dafür, dass sich in dieser Gegend die gewohnte Ordnung und Kontrolle aufzulösen begannen. Die nächste Steigerung dieses Eindrucks einer allgemeinen Auflösung war der Anblick einer Waldlichtung, auf der eine ganze Wagenladung von rot eingewachstem radförmigem Tilsiter Käse herumlag. Es sah nach Panik und überstürzter Flucht aus. Wir konnten uns die Szene nicht erklären, denn die russischen Panzerspitzen waren nicht bis hierher vorgedrungen. Also handelte es sich wohl um einen märchenhaften Fund, von einem unbekannten Spender hier im Wald für uns hingekippt. Leider konnten wir uns nur mehr oder minder große Stücke aus den gewaltigen Käselaibern herausschneiden, denn wir waren mit Waffen und Munition bepackt. Unsere Fahrzeuge kamen wohl nicht bis hierher, um den ungewohnten Überfluss aufzuladen.

Wohin wir gingen, wussten wir nicht. Doch wir hatten am Morgen, bevor wir die Fahrzeuge zurückließen, eiserne Rationen für drei Tage empfangen, was darauf hindeutete, dass uns Großkampftage bevorstanden, an denen der Verpflegungsnachschub nicht gesichert war. Die Rationen bestanden aus Büchsenfleisch und einigen luftdicht verpackten Scheiben Hartbrot, im Landserjargon »Hundekekse« genannt. Problematisch war die Versorgung mit Getränken, da unsere Feldflaschen nicht einmal einen Liter Flüssigkeit fassten. So musste man jede sich bietende Gelegenheit ausnutzen, um die Flasche nachzufüllen. Man durfte nur abgekochtes Wasser trinken, und das machte meistens unüberwindliche Schwierigkeiten.

Den ganzen Tag zogen wir in lockerer Ordnung, zug- und gruppenweise durch die Landschaft, oft so weit auseinandergezogen, dass wir zur vorderen Gruppe nur Blickverbindung hatten. Häufig wechselten wir die Richtung, um die Deckung der kleinen Gehölze und Waldstücke auszunutzen, die wir auf schmalen, grasüberwachsenen Wegen und auch auf sich durchs Gebüsch windenden Trampelpfaden durchquerten, bis wieder einmal von vorne das Kommando »Halt!« durchgegeben wurde, ohne dass wir erfuhren, was der Grund dieses Aufenthaltes war und wie lange er dauern würde. Manchmal ging es schon nach wenigen Minuten weiter, ein anderes Mal lagen wir stundenlang im Unterholz, so als seien wir nach einem Plan, den auch unsere Vorgesetzten nicht zu kennen schienen, hier als Reserve deponiert und vorübergehend vergessen worden. Immer schliefen einige sofort neben ihren abgelegten Lasten ein, während andere ihren Proviant auspackten, eine Scheibe Brot von der Tagesration abschnitten und sich dazu große Stücke des im Wald gefundenen Tilsiter Käses in den Mund schoben, nicht weil sie hungrig waren, sondern um die unerwartete Ruhepause mit etwas Angenehmem oder Nützlichem auszufüllen und sich vorübergehend als Herren ihrer Zeit zu fühlen, bis das Kommando »Fertig machen zum Weitermarsch« durchkam, das alle wieder einspannte in die undurchschaubare Logik eines Aufmarschplanes, der uns einer unbekannten Zukunft entgegenführte. Ohne Hast, aber auch ohne Zögern standen alle fast gleichzeitig auf, luden sich die Waffen auf die Schultern, packten die Griffe der Munitionskästen und setzten sich wortlos in Gang, alle mit der gleichen, ruhigen Schrittlänge, die der von Gewichten beladene Körper von selbst wählte, wenn es galt, auf unebenem und meistens weichem Boden eine unbestimmt weite Strecke zu gehen. Es war eine kraftsparende, gleichmäßige Bewegung, die beruhigend wirkte und die Gedanken auf den Körper einstimmte und allmählich einlullte. Da man nicht wusste, was einem bevorstand, stellte man sich darauf ein, gedankenlos und beharrlich hinter seinem Vordermann herzugehen, als habe man sich mit dem Blick an seinem Rücken festgehakt, so wie er mit seinem Blick am Rücken seines Vordermannes haftete, und tatsächlich, das wusste jeder, war es leichter, so zu gehen, als wenn man der Erste in der Reihe war, der den Weg mit seinen Schritten bahnte und vermaß, während alle, die ihm folgten, hintereinander geordnete Teilorgane einer größeren Kraft waren.

Einmal – wir gingen gerade an einem Waldrand entlang – mussten wir Platz machen, weil sich von hinten eine Kolonne von fünf Panzern näherte. Nach den langen Geschützrohren und den breiten Ketten des Laufwerks zu urteilen, schienen es Tigerpanzer zu sein. Hinter dem Geschützturm saßen dicht gedrängt Soldaten in gefleckten Kampfanzügen und winkten uns zu. Es waren Panzergrenadiere der Division Großdeutschland, die den Kern unseres Kampfverbandes bildete und anscheinend noch über einen gewissen Bestand an Panzern und schweren Waffen verfügte. Während die brummenden Kolosse dicht an uns vorbeirollten und mit ihren Ketten die dunkle, feuchte Erde aufrissen und in Brocken hochschleuderten, machten sie den Eindruck von unwiderstehlicher Gewalt. Doch als sie hinter der nächsten Bodenwelle verschwunden waren, blieb ein Gefühl von Enttäuschung zurück. Es waren nur fünf Panzer gewesen, was uns so gut wie nichts erschien. Es hätten 50 sein sollen. Das hätte uns besser gefallen. So war das Gefühl von Macht und Dominanz, das wir einen Augenblick empfunden hatten, als uns die Panzergrenadiere im Vorbeifahren zuwinkten, bald wieder verflogen, obwohl wir uns sagten, dass sicher anderswo noch mehr Panzer in ihre Bereitschaftsräume fuhren oder schon getarnt in ihren Ausgangspositionen standen.

Wir wussten es nicht, sahen nichts. Die Landschaft mit ihren brach liegenden Feldern, Wiesen und kargen, herbstlich belaubten Gehölzen unter dem weiten grauen Himmel schien leer zu sein. Nirgends war Artillerie in Stellung gegangen. Vielleicht geschah das erst bei Beginn der Dunkelheit.

Wir kamen an einer verlassenen Bauernkate vorbei, wo Nachrichtensoldaten dabei waren, einen Befehlsstand einzurichten und das Kabel für ein Feldtelefon von einer tragbaren Trommel abzurollen. An einem Baumstamm war ein Schild in der Form eines Richtungspfeils angebracht, der nach halb rechts zeigte, darauf die Abkürzung Bgl. Reg. HG. 1. Bat. Damit waren wir gemeint. Ein vorausfahrender Kradfahrer hatte es in Blickhöhe an den Baumstamm genagelt. Das sah immerhin nach planvoller Führung aus, während wir den Eindruck hatten, dass wir seit Stunden ziellos durch die Landschaft irrten, nicht wissend, wo sich der Feind befand, sodass man, wären nicht einmal zwei MIGs im Tiefflug über das Gelände hinweggefegt, hätte zweifeln können, ob es ihn überhaupt gab.

Kurz nach Einbruch der Dunkelheit erreichten wir unseren Bereitschaftsraum, ein Birken- und Erlengehölz, wenn ich mich recht erinnere. Der Himmel hatte etwas aufgeklart, sodass es nicht völlig dunkel war. Es war sogar noch einmal Verpflegung nach vorne gekommen, ob mit einem Geländefahrzeug oder mit Beiwagenkrädern, weiß ich nicht mehr. Die Nachtstunden sind zusammengeschrumpft zu dem Bild am Boden kauernder Menschen unter dünn belaubten Bäumen, durch deren schüttere Wipfel der Nachthimmel zu sehen war. Der Angriff sollte am 13. Oktober um 0.30 Uhr beginnen, eine beunruhigende Vorstellung, denn wie sollten wir mit unseren Maschinengewehren und Karabinern einen Nachtangriff machen? Dazu brauchte man leichte automatische Sturmgewehre und Maschinenpistolen. Es war eine Aufgabe für einen Stoßtrupp, der überraschend an irgendeiner Stelle in die feindlichen Linien eindrang. Vielleicht war zunächst nur an einen Panzervorstoß gedacht. Ein großer Nachtangriff musste mit einem vorbereitenden Feuerschlag der Artillerie beginnen. Wir erörterten das nicht – was hätte das für einen Sinn gehabt? –, sondern versuchten, rauchend, essend, schlafend die letzten Stunden vergehen zu lassen. Ich saß mit Franz Hörnlein und Karl Heinz zusammen. Franz rauchte, und Karl Heinz und ich machten uns noch einmal über den Tilsiter Käse her, als einer der Unteroffiziere sagte: »Schlagt euch nicht den Wanst voll, Leute. Sonst seid ihr sowieso verloren, wenn ihr einen Bauchschuss bekommt.« So genau hatte ich mir das noch nicht vorgestellt. Aber nun, mit einem flauen Schrecken in meinem Leib, wusste ich, man konnte überall getroffen werden. Noch unheimlicher war mir, dass der Unteroffizier »sowieso« gesagt hatte – man sei sowieso verloren, wenn man einen Schuss in den vollen Bauch bekam –, denn dies enthielt in meinen Ohren das beiläufige Eingeständnis, dass der Tod durch einen solchen Bauchschuss nur eine der vielen möglichen und wahrscheinlichen Todesarten sei, die uns erwarteten, und obwohl ich das selbstverständlich wusste, schockierte mich der gleichgültige Ton, mit dem der Unteroffizier darüber hinwegging, als sei es eine nicht weiter erwähnenswerte Belanglosigkeit.

Als die Zeit für den Angriff kam, waren wir alle wach, warteten auf den Einsatzbefehl und lauschten. Kein Geräusch, kein naher oder ferner Gefechtslärm waren zu hören. Irgendetwas schien falsch gelaufen zu sein, und vielleicht hatte man das geplante Angriffsunternehmen jetzt aufgeschoben oder abgeblasen. Die aufgebaute Spannung brach jedenfalls in sich zusammen und machte einem Gefühl von Ärger und Enttäuschung Platz, als ob man sich zum Narren gehalten und missbraucht fühlte. Bescheid wusste niemand. Die Unteroffiziere zuckten die Achseln, und der Kompaniechef war nicht zu sehen. Vielleicht war er mit Büssing, einem der beiden Kradmelder des Kompanietrupps, zum Regimentsstab gefahren, um neue Weisungen entgegenzunehmen. Vielleicht gab es auch andere Erklärungen. Wir wussten nur, dass es kein Vergnügen war, müde und gespannt, eingewickelt in eine Zeltplane, nachts im Wald herumzuliegen und immer wieder aufstehen zu müssen, um die einschlafenden Beine zu bewegen und die Arme rhythmisch um den Oberkörper zu schlagen, ohne dass sich das Frösteln und die Steifheit aus Rumpf und Gliedern vertreiben ließen.

Um drei Uhr nachts hörten wir in nordwestlicher Richtung schlagartig einsetzenden Gefechtslärm. Er war ziemlich weit weg und klang matt und dumpf, manchmal auch wie eine Folge von Paukenschlägen. Das konnten die 8,8 Kanonen der schweren Panzer sein. Die Schlacht hatte also doch begonnen, wenn auch am anderen Flügel des Kampfverbandes, etliche Kilometer von uns entfernt. Hier, in unserem Waldlager, konnten wir nicht einmal das zuckende Licht der Leuchtkugeln sehen, die jedem Nachtgefecht den prunkenden Schein einer Festlichkeit gaben. Aufgestört warteten wir auf unseren Einsatzbefehl. In der Dunkelheit war es nicht möglich, den Ausdruck der Gesichter zu lesen, und gesprochen wurde fast nichts, als hätte der ferne, bedrohliche, undeutbare Waffenlärm das innere Leben all dieser in dem dunklen Waldstück herumsitzenden oder -stehenden Menschen auf eine Nullstellung zurückgedreht, in der, einer instinktiven Regel folgend, keinerlei Energien mehr verausgabt wurden, auch nicht mehr in Gefühlen und Worten. Natürlich konnte es sich bei dem fernen Getöse auch um einen Überraschungsangriff der Russen handeln, die unseren verzögerten und stockenden Aufmarsch beobachtet hatten und mit einem Panzerkeil und nachfolgenden Sturmtruppen in das noch unfertige und zerbrechliche Gefüge von Truppenteilen hineinstießen, die noch in Bewegung waren und keinen engen Kontakt miteinander hatten. Auch wir saßen hier wie ein vergessener, sich selbst überlassener Haufen, ohne einen Nutzen für die anderen und ohne erkennbaren Sinn.

In der Morgendämmerung dauerte die Schießerei im Nordwesten noch an, flaute manchmal ab oder setzte für kurze Zeit ganz aus, um auf einmal wieder aufzuflammen, als habe jemand mit einem Blasebalg in ein erlöschendes Feuer geblasen und trockenes Reisig nachgelegt. Den fernen Geräuschen war nicht zu entnehmen, wie der Kampf stand und in welche Richtung er sich bewegte. Er schien festzustecken, sich aber über einen immer größeren Raum auszudehnen, als entwickele sich das Nachtgefecht allmählich zu einer Schlacht.

Auf dem Waldweg näherte sich Büssing mit seinem Krad, in dessen Beiwagen unser Kompaniechef, Oberleutnant Elsner, saß. Er stieg aus und rief die Zugführer zu sich, die sich im Halbkreis vor ihm aufstellten und seine Weisungen entgegennahmen. Keiner von uns bezweifelte, dass dies der Befehl zum Einsatz war. Um irgendetwas zu tun, überprüften wir noch einmal Riemen, Schnallen und Haken unserer Ausrüstung. Drüben grüßten die Zugführer und traten ab. Ihre Bewegungen waren schnell und energisch wie die von Leuten, die einen dringenden Auftrag hatten, bei dem man keine Zeit mehr verlieren durfte.

Sowie wir aus dem Wald heraustraten und vor uns im fahlen Morgenlicht die von Wiesen, abgeernteten Äckern und Brachland gemusterte Ebene sahen, die unser Angriffsfeld war, und dahinter als flachen dunklen Saum den Wald, in dem sich angeblich die russische Stellung befand, entfalteten sich die ersten drei Züge der Kompanie zu einer weit auseinandergezogenen Schützenkette. Der 4. Zug mit den beiden Granatwerfern und den auf Lafetten montierten schweren Maschinengewehren und auch der Kompanietrupp, mit den Meldern das Führungsinstrument des Chefs, blieben einstweilen noch in Reserve hinter uns liegen. Insgesamt war das eine Angriffstruppe von rund 180 Mann. Die 40 Leute vom Tross sollten der angreifenden Kompanie später folgen und rückwärtige Versorgungsstellen einrichten, vor allem Munition nachführen, denn bei der schnellen Schussfolge des MG 42 war es nicht möglich, in der ersten Angriffsreihe genug Munition für stundenlange Gefechte mitzuschleppen.

Während die Schützenkette, langsam vorwärtsschreitend, sich immer noch weiter auseinanderzog, versuchte ich, mir ein Bild von den anlaufenden Angriffsaktionen in unserem Abschnitt zu machen, konnte aber in der diesigen Undeutlichkeit nur erkennen, dass sich links von uns ebenfalls Infanterie entfaltete, wahrscheinlich eine der drei anderen Kompanien unseres Bataillons. An unserem rechten Flügel war nichts zu sehen. Ich machte Karl Heinz darauf aufmerksam, der inzwischen mit dem vorgeschriebenen Abstand von fünf oder sechs Metern neben mir herging. Er konnte sich das auch nicht erklären, schien aber nicht gewillt, weiter darüber nachzudenken. Vielleicht dachte er an Düsseldorf, die Königsallee und das Café Heemesath, wo er sich, wenn wieder Frieden war, ein Stück Nougattorte zum Kaffee bestellen wollte, vorausgesetzt, dass es einen solchen Frieden jemals wieder gäbe und er ihn erleben würde. Ich fragte ihn nicht nach seinen Gedanken, wie er auch mich nicht fragte. Wir waren Freunde, bedienten gemeinsam ein Maschinengewehr, und dies war der erste große Angriff, an dem wir teilnahmen und den wir beide heil zu überstehen hofften, wie alle in dieser weit auseinandergezogenen Schützenkette, die immer noch wie in einer Geländeübung auf die russische Stellung zuging, in der jetzt hinter entsicherten Waffen alle Augen auf uns gerichtet waren. Und für sie, die Verteidiger in ihren Schützenlöchern und Maschinengewehrständen am Waldrand und in der Deckung der Bäume, waren wir immer noch winzige graugrüne Figuren, die sich in watender Langsamkeit über die umgepflügten Acker, das Brachland und die von Gräben durchzogenen nassen Wiesen näherten, nicht anders, als handele es sich um ein Aufgebot von Komparsen in einem Kriegsfilm, die furchtlos den Anordnungen des Regisseurs folgten, weil sie wussten, dass sie nicht sterben mussten. Es schien allerdings trotz der Uniformen von heute ein Film über einen vergangenen Krieg zu sein, in dem es noch möglich war, in langer Schützenkette durch ein offenes Gelände gegen die feindliche Stellung vorzurücken. Inzwischen war es hell geworden, und die Bodennebel hatten sich aufgelöst. Es schien ein schöner Tag zu werden. Aber nicht für uns, die wir ohne Artillerieunterstützung wie lebende Zielscheiben auf den Gegner zuschritten, weil offenbar niemand, weder unser Kompaniechef noch der Stab des Bataillons, ein besseres Konzept für diesen Angriff hatte oder wagte, eine andere Entscheidung zu treffen.

Zwanghaft weiter vorwärtsschreitend, da nur ein Gegenbefehl uns von diesem Wahnsinn hätte befreien können, waren wir bis auf etwa 400 Meter an den Waldrand herangekommen, der immer noch sein finsteres Geheimnis wahrte, als Karl Heinz, nach einem Ausweg suchend, mir zurief: »Ich glaube, da sind gar keine Russen!«, was ungefähr so fantastisch war, als hätte er gerufen: »Ich glaube, es ist gar kein Krieg!« Da erhielten wir die Antwort.

Zwei rote und eine weiße Leuchtkugel stiegen aus der russischen Stellung hoch, und kurz danach hörten wir hinter dem Wald in langen Salven die Abschüsse der russischen Artillerie. Wir waren im Sperrfeuergürtel angelangt. »Volle Deckung!«, wurde gerufen. Und nach einigen Laufschritten vorwärts warfen wir uns hin. Vor uns und hinter uns schleuderten einschlagende Granaten die Erde hoch.

Wir drückten unsere Gesichter gegen die Erde, im Rücken und am ganzen Körper ein kaltes, krampfiges Gefühl von Verletzbarkeit – so überstanden wir diesen ersten Feuerschlag. Ein Kommando wurde durchgerufen, das letzte, das wir hörten: »Kompanie, einzeln sprungweise vorarbeiten!« Das hieß so viel wie: Jetzt macht weiter auf eigene Faust! Doch es gab nur eine Richtung für uns. Wir mussten sprungweise vorwärts auf die russische Stellung zu. – Wieder hörten wir die Abschüsse, und während die Granaten und Minen in flachen und steilen Flugbahnen über den Wald herüberkamen, sprang ich auf, rannte einige Schritte vorwärts und warf mich flach hin, gerade noch rechtzeitig, bevor es wieder krachte, Erdfontänen hochflogen und die Splitter der explodierenden Geschosse auseinanderspritzten. Jemand rief: »Sanitäter! Sanitäter!« Und aus dem Augenwinkel sah ich weiter rechts von uns jemanden aufspringen. Das musste Fitting, der Sanitäter unseres Zuges, sein. Zu wem lief er? Und was konnte er schon tun? Wenn man hier schwer getroffen wurde, war man sowieso verloren. Sowieso sowieso. Wieder musste ich den Kopf fest an die Erde drücken, weil es in der Nähe einschlug. Erdklumpen flogen herum, und es roch nach Pulver. Aufspringen jetzt? Wieder um sein Leben laufen? Die Einschläge kamen jetzt nicht mehr in Serien, sondern pausenlos wie das Lärmen einer Drehleier. Man musste sich blind und taub machen und weiterlaufen, weil das die einzige Chance war, irgendwann aus dem Sperrfeuer herauszukommen. Wieder wurde nach einem Sanitäter gerufen. Aber manche konnten vielleicht schon nicht mehr rufen. Ich sprang wieder. Zuerst musste ich ein Bein anziehen und mich mit den Händen, in denen ich die beiden Munitionskästen für das Maschinengewehr trug, ein wenig vom Boden abstemmen und dann hochkommen auf die Beine und aus dem Vorwärtsstürzen herauslaufen und dabei die Stelle suchen, wo ich mich hinwerfen wollte, obwohl es auf diesem flachen Feld gegen explodierende Granaten keine Deckung gab. Im Laufen sah ich weiter links die gedrungene Gestalt eines Gewehrschützen aufspringen. Das musste Obermüller, unser Neuer, sein. Der lebte also noch. Auch Karl Heinz lebte noch. Er warf sich in einigem Abstand neben mir zu Boden und fluchte, hatte sich anscheinend im Vorwärtswerfen verletzt. Er war etwas schwerfällig. Laufen war nicht seine Stärke. Deshalb hatte ich die Rolle des MG-Schützen 2 übernommen, der mit der Munition und den Ersatzläufen vorauslief und die nächste Stellung für das Maschinengewehr aussuchte und dann das Feuer des Schützen beobachtete. Noch schossen wir nicht, wollten erst bis auf 250 Meter an die russische Stellung heran, um nicht unseren knappen Vorrat zu verschießen, bevor wir den Waldrand erreichten. Vorläufig hielten wir Abstand voneinander, wie es die militärische Ordnung vorschrieb. Es sollte verhindern, dass bei einem Volltreffer gleich zwei Soldaten starben. Noch hatte es keinen von uns erwischt.

Visier 250. Wir lagen nebeneinander und eröffneten das Feuer. »Schieß erst mal in die Baumkronen«, sagte ich, »vielleicht sitzen da Scharfschützen drin.« Drei Feuerstöße, dann zog Karl Heinz das Maschinengewehr zurück, und ich robbte seitlich aus der Stellung heraus, um nicht an der Stelle aufzuspringen, von der aus wir geschossen hatten. Und ich warf mich auch nicht in unsere nächste Schussposition, sondern ein Stück daneben und robbte dann hinein. Karl Heinz, der mir folgte, machte es genauso. Wir hatten das in der Ausbildung so gelernt. Es mochte einen gewissen Schutz gegen feindliche Gewehrschützen bieten, wenn man jeweils an einer anderen Stelle in Deckung ging, schoss und wieder aufsprang. Gegen das Sperrfeuer, das den ganzen Angriffsraum umpflügte und, von russischen Artilleriebeobachtern gelenkt, wie eine mitrollende Walze unser Vordringen begleitete, nützten solche kleinen künstlichen Unberechenbarkeiten genauso wenig wie Schnelligkeit, Geistesgegenwart und Mut. Das Sperrfeuer kannte keine Psychologie, keine Tricks, es ließ sich nicht irritieren, denn es war das Stampfen der geistlosen Wahrscheinlichkeit. »Pass gut auf dich auf. Am End wär's schad um dich«, hatte Gideon beim Abschied zu mir gesagt. Der Rat war nicht für diese Situation geschaffen, in der es nur noch den Zufall und die Statistik gab.

Visier 180. In den letzten Minuten hatten wir rechts und links niemanden mehr aufspringen und vorwärtslaufen gesehen. Wo waren Obermüller, Edi Müller und Trautmann? Wo Fitting, wo Görlach, wo Hörschelmann? Waren sie alle verwundet oder tot? Oder waren wir zu weit vorgeprescht? Jetzt schoss rechts von uns ein Maschinengewehr. Das musste Franz Hörnlein sein. Und da, im Feuerschutz liefen zwei. Vielleicht Trautmann und Edi Müller. Man konnte höchstens drei Schritte laufen, dann musste man wieder am Boden sein und in eine Deckung robben. Die russischen Maschinengewehre hielten uns nieder, und sobald jemand aufsprang, gaben die Gewehrschützen, die ruhig in ihrer Stellung lagen, gezielte Schüsse ab. Doch wir konnten nicht hier liegen bleiben, wo pausenlos das Sperrfeuer der russischen Artillerie und der Granatwerfer auf uns einhämmerte. Dem konnten wir nur entkommen, wenn wir weiter vorwärtsliefen. Etwa 100 Meter vor der russischen Stellung würden wir aus dem Artilleriebeschuss heraus sein. Da, im dichten Abwehrfeuer der russischen Schützen, konnten wir erst recht nicht liegen bleiben. Diejenigen, die dann noch von uns übrig waren, mussten in den Wald eindringen und sich auf einen Nahkampf einlassen. Wie sollte das gehen mit dem unhandlichen Maschinengewehr, den Munitionskästen und

Ersatzläufen, die ich auf dem Rücken trug, und der achtschüssigen Walther-Pistole, die meine einzige Waffe war? Nein, wir hatten noch die Eierhandgranaten, jeder vier Stück. Sie hingen an meinem Koppel. Um sie schneller werfen zu können, schraubte ich die Verschlusskappe der Reißleine zwei Drehungen weit auf.

Visier 150. Wir liegen in einer Mulde mitten im Heidekraut, immer noch unter dem Doppelbeschuss der Artillerie und der Infanteriewaffen. Im Augenblick kommen wir nicht weiter, und wir haben auch keine Verbindung zu unseren Nachbarleuten. Wer weiß, wer überhaupt noch lebt. Karl Heinz setzt eine neue Gurttrommel an und schießt mehrere Garben in das Unterholz des Waldrandes, zieht das Maschinengewehr zurück und nimmt den Kopf herunter. Jetzt bin ich dran. Wir müssen wieder die Stellung wechseln, und ich muss vorauslaufen. Mehr als drei Sprünge vorwärts kann man nicht mehr wagen. Es ist ein Anfang für mich. Hochkommen aus der Deckung und sich als Ziel darbieten. Ich zögere noch, werfe einen Blick auf meine Handgranaten und sehe, dass die Verschlusskappen sich aus den Gewinden gedreht haben und alle vier Reißleinen herausgefallen sind. Beim nächsten Sprung wäre bestimmt eine im Heidekraut hängen geblieben, und ich hätte mich in die Luft gesprengt. »Was ist los?«, fragt Karl Heinz, während ich die Schnüre schnell in die Öffnungen zurückstopfe und die Verschlusskappen fest zuschraube. »Ach nichts«, sage ich. Will jetzt nichts erklären, bin noch zu verwirrt. Stattdessen springe ich auf, laufe drei, vier Schritte und werfe mich irgendwo auf den Bauch, um schnell noch ein Stück seitwärts zu robben. Spätestens dabei wäre ich in die Luft geflogen. Ich bin beschämt über meine Dummheit, aber das kalte Entsetzen der ersten Sekunde, als ich die vier Abzugsleinen vor meinem Bauch baumeln sah, ist schon wieder vergangen. Ich lebe und kann nicht darüber nachdenken, habe keine Zeit dazu. Karl Heinz kommt nach, blickt über den Lauf des Maschinengewehrs auf den Waldrand und feuert in die Büsche, ungefähr dorthin, wo er eben aufgehört hat, schwenkt nach rechts. Rasend schnelles Steppen einer Schussnaht. Ich höre auch andere Maschinengewehre, weiter weg, und einzelne Schüsse von Gewehrschützen, scharfes Knallen, kein Streufeuer, ein Geschoss auf einen Punkt gezielt. Jeder einzelne Schuss hört sich entschlossen an, auch in dem Getöse explodierender Granaten. Vielleicht kommen wir doch noch an die russische Stellung heran.

Jetzt musste ich wieder springen. Da schlug etwas zu, traf meinen Oberschenkel dicht über der Kniekehle. Es war wie ein Schlag mit einer Pickhacke, deren spitzes Ende tief in mein Fleisch fuhr, und ich hörte mich schreien. Es war seltsamerweise ein Schrei der Wut. Ich hatte geschrien wie jemand, der empört ist, dass ein Unbekannter ihn von hinten angegriffen und verletzt hat. Es war ein Schrei, der zu einer ganz anderen Situation gehörte und sich im Augenblick, da ich getroffen wurde, aus mir löste. Dicht hinter mir war eine Granate eingeschlagen, und ein Splitter war in mein Bein gedrungen. Und nun wusste ich es, musste es mir gesagt sein lassen: Ich war getroffen.

Der Schmerz war nicht so stark, wie ich es erwartet hätte, als habe der Splitter, der tief in das Fleisch eingedrungen war, das Bein nicht nur verletzt, sondern vorübergehend auch betäubt. Das Flammen und Schneiden nahm aber sofort zu, als ich das Bein probeweise bewegte. Nach den zerrissenen Wundrändern zu urteilen, musste es ein massives, scharfkantiges Eisenstück sein, das sich ins Innere meines Schenkels gebohrt hatte. Ich selbst konnte die Wunde nicht sehen, weil ich auf dem Bauch lag und mich nicht so weit drehen konnte. Doch Karl Heinz, der sofort heranrobbte und die zerfetzte Hose weiter aufriss, sagte, die Wunde blute nicht sehr stark. Die Schlagader war also nicht getroffen. Auch die Sehnen waren unverletzt. »Es ist ein Heimatschuss«, sagte er.

War da Neid in seiner Stimme? Fühlte er sich alleingelassen? Obwohl er sich nichts anmerken ließ, war es schwierig für ihn, mit dieser plötzlichen Veränderung fertigzuwerden. Sie hatte uns auch innerlich auseinandergerissen. Während ich wie besessen von dem Wunsch war, so schnell wie möglich hier wegzukommen, musste er denselben Wunsch, den er durch mich spürte, in mir vor Augen hatte, gewaltsam in sich ersticken. »Grüß die Heimat«, sagte er. Vielleicht wollte er damit etwas Verbindendes sagen oder mich ermutigen, mir Glück wünschen – ich weiß nicht was. Für ihn enthielt dieses Wort »Heimat« alles, was er sich wünschte, aber sich jetzt nicht zu denken erlaubte. Ich antwortete: »Mach's gut«, oder irgendetwas Ähnliches. Es geriet so formelhaft, nicht nur, weil wir keine Zeit für große Abschiedsworte hatten, sondern auch, weil ich unterdrücken musste, was ich ständig dachte, aber auf keinen Fall sagen wollte: »Hoffentlich komme ich hier raus! Ich will bloß hier raus!«

Wochen danach erfuhr ich, dass Karl Heinz noch am selben Tag an einem Kopfschuss starb. Ich glaube, dass in dem Moment, in dem wir uns verabschiedeten, es für ihn ein hochgradig wahrscheinlicher Gedanke war, dass er diesen Tag nicht überleben werde. Ich sah das wie einen Schatten über sein Gesicht gleiten. Vielleicht halfen nur näher kommende Granateinschläge ihm über diesen Augenblick der Lähmung und der Panik hinweg. Mit lauter Stimme rief er Obermüller herbei, während ich die Ersatzläufe, meine Pistole und die vier Handgranaten ablegte, damit Obermüller sie übernehmen konnte. Wie gut, wie erleichternd, sich von diesem Zeug zu trennen.

Wie sollte ich von hier wegkommen, knapp 150 Meter vor der russischen Stellung flach auf dem Bauch liegend, mit dem verwundeten Bein, das ich nur ein wenig anwinkeln, aber sonst kaum bewegen konnte? Wegtragen konnte man mich hier nicht. Ich war auf mich selbst angewiesen. Es ging ja auch nur noch um mich selbst.

Wieso ich auf die Idee kam, rückwärts zu kriechen, weiß ich nicht. Vielleicht glaubte ich, mehr Schubkraft in den beiden Armen zu haben als in dem einen unverletzten Bein. Doch ich glaube, es war noch etwas anderes: ein Instinkt, der es mir, unabhängig von jeder praktischen Überlegung, verbot, mit dem Rücken zum Gegner davonzukriechen, denn das hätte mir große Angst gemacht. Die ganze Zeit hätte ich das Gefühl gehabt, in den Rücken geschossen zu werden. Während der dem Gegner zugewandte Blick wie ein magischer Schutz wirkte, so als seien der verwundbare Körper und das verletzte Bein dahinter schon etwas mehr in Sicherheit.

Also legte ich das verwundete Bein auf das gesunde Bein und hob es damit jedes Mal leicht an und verlagerte beide Beine weiter nach hinten, nachdem ich mich vorher mit den Armen ein Stück rückwärts geschoben hatte. Es war eine schwierige, raupenartige und kraftzehrende Bewegung, die mir in dem struppigen Heidekraut die Uniformjacke trotz des Koppels am Oberkörper hochschob. Doch ich kam erstaunlich gut weiter damit. Mein Ziel war eine große Strohmiete aus dicken gepressten Ballen, etwa 70 oder 80 Meter weit zurück, an der wir vorwärtsstürmend vorbeigekommen waren. Dahinter war ich erst einmal in Sicherheit. Es war die erste Station meiner Rückkehr ins Leben. Dort konnte ich schauen, wie es weiterging.

Ich setzte mich auf, sobald ich in Deckung war. Ich hatte eine etwa vier Strohballen dicke Wand hinter mir, und sie war wohl auch mindestens so hoch. Maschinengewehre und Scharfschützen erreichten mich hier nicht, und bis auf einige verstreute Einschläge war auch die Sperrfeuerwalze hier schon vorbeigewandert. Herauskommen aus der Deckung konnte ich allerdings nicht, denn ich befand mich immer noch in der Reichweite der Infanteriewaffen. Ich konnte ja ohnehin nicht aufstehen. Und weiter zurückzukriechen, erschien mir angesichts der weiten Ebene, über die wir gekommen waren, ganz aussichtslos.

Ich saß da und betrachtete das ausgestreckte verwundete Bein, das inzwischen mehr schmerzte. Es war so unbrauchbar, als gehöre es nicht mehr ganz zu mir und sei nur der Ausdruck meiner Schwierigkeiten. Die Wunde konnte ich auch jetzt nicht sehen, nur die vom Splitter zerfetzte Hose, die während des Kriechens von einer Nachblutung durchseicht worden war. Hinter mir hörte ich den Waffenlärm, und vor mir sah ich die weite, stille Ebene. Ich wusste nicht, wie spät es war, weil ich keine Uhr besaß. Mein Taschenmesser, mit dem ich Pauls Uniform aufgeschnitten und die Sträucher vor unserer Maschinengewehrstellung am Ostfluss gekürzt hatte, war mein einziger privater Besitz. Es hatte auch einen Büchsenöffner. Damit konnte ich die eiserne Ration öffnen, um etwas zu essen. Das war jetzt das Beste, was ich tun konnte. Seit ich saß, hatte sich mein Blickfeld erweitert. Am bisher offenen rechten Flügel unserer Kompanie war inzwischen anscheinend eine andere Kompanie im Einsatz. Ich konnte aber nicht viel erkennen, weil die Leute in Deckung lagen. Sie machten den Flankenschutz für unseren Angriff. Einmal kam eine Gruppe vom 4. Zug in der Nähe vorbei, sechs Mann mit einem schweren Maschinengewehr, das sie wohl weiter links in Stellung bringen wollten. Als ich sie sah, lagen sie alle hintereinander und spähten in dieselbe Richtung, und der Letzte der Reihe blickte zufällig zu mir herüber und fragte, was los sei. »Granatsplitter im Oberschenkel«, rief ich zurück. Er nickte, musste gleich weiter mit seiner Gruppe. Kurz danach hörte ich die langen Feuerstöße des Maschinengewehrs.

Seit Kurzem war da noch ein anderes Schussgeräusch, ein harter Doppelschlag: Abschuss und Einschlag kaum zu unterscheiden. Das musste die »Ratschbumm« genannte Panzerabwehrkanone der Russen sein, die gegen die neuen schweren Panzer nicht immer erfolgreich war und inzwischen Granaten mit hochempfindlichem Zünder auf sogenannte »Weiche Ziele« verschoss. Wer von einem solchen Geschoss getroffen wurde, löste sich in eine Blutwolke auf. Ein verwundeter Unteroffizier vom 1. Zug kam um die Ecke der Strohmiete und setzte sich einen Augenblick zu mir, um sich auszuruhen. Er hatte einen Schulterschuss, der sein rechtes Schlüsselbein zerschmettert hatte. Die ganze rechte Seite seiner Uniform war blutdurchtränkt. Er sagte, dass der Angriff festliege, etwa 120 Meter vor der russischen Stellung. Mindestens ein Drittel der Leute sei verwundet oder tot. Den Schwererverwundeten könne keiner helfen. Den Franz Hörnlein habe die Ratschbumm erwischt. Von dem sei nicht mehr viel übrig. »Der Iwan wartet noch, bis wir uns verschossen haben«, sagte er, »dann kommt der Gegenangriff.« Ich dachte an Franz Hörnlein, den es nicht mehr gab, dachte lieber nicht daran. Es war wie ein dunkler Fleck, von dem ich mich abwandte. »Kommst du mit?«, fragte der Unteroffizier, der wieder aufgestanden war. »Ich kann ja nicht gehen«, sagte ich. »Und wenn du dich an mir festhältst?« Auch das ging nicht. Ich hätte ihm schon einen Arm um beide Schultern legen müssen, um mich schwer aufzustützen, und das war bei seiner Verletzung nicht möglich. Ich schaute ihm nach. Er lief mit herunterhängendem Arm. Plötzlich zuckte er, wie von einem elektrischen Schlag getroffen, und fiel hin, ohne sich noch einmal zu rühren. Das war der Schuss eines Scharfschützen, der jetzt einen weiteren Strich in seiner Liste erhielt. Was sollte ich tun? Ich musste weg, bevor der Gegenangriff der Russen kam, aber ich hoffte, dass eine schnell herangeführte Verstärkung, vielleicht die andere Kompanie am rechten Flügel oder unser 4. Zug, das Gefecht noch wenden könne. Der Unteroffizier regte sich nicht mehr. Es war jetzt sehr fraglich, ob ich den Gruß von Karl Heinz an die gemeinsame niederrheinische Heimat überbringen konnte.

Hinter mir war ein Knistern. Doch ich begriff erst mit einiger Verzögerung, dass die Strohmiete in Brand geschossen worden war. Ich musste hier weg. Das Bein war geschwollen und steif, und es fiel mir schwer wegzurobben. Dichte Rauchwolken breiteten sich aus. Ich dachte: Hätte der Unteroffizier bis jetzt gewartet, wäre er am Leben geblieben. Aber ich konnte mit diesem Sichtschutz nichts anfangen. Plötzlich kam doch jemand durch den Rauch gelaufen, und ich rief, damit er mich bemerkte. Es war ein Melder vom Kompanietrupp, der offenbar in mir eine Gelegenheit sah, für eine Weile aus dem Feuer herauszukommen. Er half mir auf die Beine, genau gesagt auf das eine, auf dem ich stehen konnte, während das andere ein wenig angewinkelt herunterhing, sodass die Fußspitze den Boden berührte. Der Druck im Oberschenkel nahm gewaltig zu, aber es ging ja ums Überleben. Und so, schwer auf die Schulter des Melders gestützt, dessen Namen ich leider auch vergessen habe, humpelte ich im Schutz der Rauchwolke zurück.

Manchmal ließ mich der Melder auf einem Bein stehen oder ließ mich auf die Erde herunter, weil am Weg oder in der Nähe ein Toter lag, dem er die untere Hälfte der Erkennungsmarke abnahm. Einer der Toten lag in einem Wassergraben, hatte wahrscheinlich dort Schutz gesucht. Es war einer der Neuen, und dies war sein erster Tag an der Front gewesen. Schon einer der ersten Einschläge des Sperrfeuers hatte ihn erwischt. Der Melder zog den Toten aus dem Wassergraben heraus und legte ihn am Rand nieder, um ihm die Uniform aufzuknöpfen und die Erkennungsmarke abzubrechen. Ich war beeindruckt, wie weiß das nasse Gesicht des Toten war. Wir gingen weiter. »Kannst du noch?«, fragte der Melder. »Klar«, sagte ich, obwohl ich das Gefühl hatte, dass mein Schenkel bis zum Platzen gespannt und geschwollen war.

Wir machten kurz halt in einem Bauernhaus, in dem zwei Mann vom Tross ein Nachschubdepot, vor allem für Munition, eingerichtet hatten. Sie fragten den Melder, was vorne los sei, und er antwortete, ziemlich aufgebracht, das sei ja eine komische Frage. Wenn sie nicht bald die Munition nach vorne schafften, dann sei der Russe hier. Obwohl das sicher nicht in seinem Auftrag lag, brachte mich der Melder noch etwa 500 Meter weiter bis zum ersten Sanitätsposten, wo ein Unterarzt meine Wunde säuberte und desinfizierte, mir einen Verband anlegte und mir etwas zu trinken gab. Gerade war ein Transport von Verwundeten hier abgegangen, und ich musste warten, bis wieder ein Fahrzeug kam. Ich lag auf einer Gartenbank und blickte in den Himmel, der diesig weiß und ausdruckslos bewölkt war. Der Zustand meines Beins hatte sich durch das lange Humpeln verschlechtert. Es war heiß und schmerzte, aber ich war bereit, das ruhig hinzunehmen, sozusagen als Preis des Glücks, dem Desaster unserer Kompanie entronnen zu sein. Am meisten beschäftigte mich, was der Unteroffizier gesagt hatte: dass vorne, unter dem heftigen Beschuss, die Verwundeten nicht versorgt und nicht fortgetragen werden konnten. Sie lagen dort hilflos im Feuer, wurden vielleicht ein zweites und drittes Mal getroffen, gaben allmählich die Hoffnung auf und starben Stück für Stück. Dann war es vielleicht noch besser, wie Franz Hörnlein gestorben war, den die Pakgranate zerrissen hatte. Spürte man noch den Schlag, oder war das schon das Vergessen? Eigentlich wusste man nichts darüber.

Ich kann nicht sagen, dass mich der Gedanke beruhigte. Ich wandte mich nur ab. Nachdem der Melder mich hier abgeliefert hatte und gleich wieder gegangen war, um mit den beiden Leuten vom Tross Munition nach vorne zu bringen, hatte ich, oder war es meine Erschöpfung, meine begrenzte Belastbarkeit, angefangen, mich von meiner Kompanie zu lösen und meine Kameraden sich selbst zu überlassen. Ich konnte ihnen nicht mehr helfen. Ich war nur noch verantwortlich für mich selbst.

Entweder weil keine Verwundeten mehr zurückkamen (nicht weil es keine neuen mehr gab) oder weil die russische Artillerie anfing, das deutsche Hinterland zu beschießen, kam der versprochene Wagen nicht, und hier, anderthalb Kilometer hinter der Front, war ich bei einem russischen Angriff keineswegs in Sicherheit. Der Unterarzt, der nach mir schaute, konnte mir auch nichts versprechen. Stattdessen sahen und hörten wir, wie russische Raketengeschosse über uns hinwegflogen, von denen man nie wusste, wo sie einschlugen. Waren vielleicht deutsche Reserven im Anmarsch? Nahm die Schlacht einen immer größeren Umfang an? Schließlich kam ein Wagen. Kein Sanitätsauto, sondern ein einfacher Lkw. Fahrer und Beifahrer legten mich in den Laderaum auf die blanken Holzplanken. Und bevor der Fahrer die Rückklappe schloss und die Plane zuknöpfte, sagte er zu mir: »Kumpel, es tut mir leid. Wir müssen mit Vollgas fahren, sonst bleiben wir im Sand stecken. Außerdem wird hier geschossen. Da müssen wir jetzt durch.« »Fahr nur zu«, sagte ich, nicht ahnend, dass mir in den folgenden zehn Minuten die schlimmsten Schmerzen meines Lebens bevorstanden.

Sie fuhren wirklich wie die Verrückten. Der Wagen schleuderte und stieß, als werde er von unten durch die sich buckelnde Erde gerammt und hochgeworfen, und ich flog wehrlos im Laderaum umher, weil ich mich nirgendwo festhalten konnte, und schlug immer wieder wuchtig mit dem verletzten Bein auf die Holzplanken auf. Es war, als wühle jemand mit einem Spieß im Inneren der Wunde herum und stoße immer wieder heftig nach, um tiefer zu kommen. Doch die Spitze dieses Spießes, der sich durch mein Fleisch grub, war keine Spitze, sondern ein vielzackiges Stück Eisen. Ich schrie ununterbrochen. Aber eigentlich schrie mein Körper an meiner Stelle, jeder neue Schmerzstoß setzte sich in einem Schrei fort. Und vielleicht schrie auch nicht mein Körper, der wie betäubt hin und her flog, als ob er ein mit Plunder gefüllter Sack sei, sondern es schrie der Schmerz.

Als der Wagen hielt und die Plane aufgeknöpft wurde, schauten besorgte Gesichter zu mir herein: der Fahrer, der Beifahrer und zwei Sanitätssoldaten mit der Rote-Kreuz-Binde am Ärmel. Einer sagte: »Wir haben dich schon von Weitem gehört.« Behutsam, mit geübten Griffen legten mich die Sanitäter auf eine Tragbahre und trugen mich über eine Dorfstraße in ein unscheinbares Gebäude, das sich als eine zweiklassige Schule erwies. In den beiden leer geräumten Klassenräumen lagen auf einer dicken Strohschütte lauter Verwundete, von denen einige – wohl die weniger schwer Verletzten – zu mir herübersahen. Von meiner Kompanie war anscheinend niemand hier.

Ich war nach der Fahrt in dem Lastwagen und allem, was vorher geschehen war, seit wir unsere Mannschaftswagen verlassen hatten, so erschöpft, dass ich, ungestört durch die Stimmen um mich herum, fast sofort einschlief. Der Schlaf war tief. Er glättete mich, und ich weiß, dass ich nicht vom Krieg träumte. Denn das begann erst Jahre später, als längst wieder Frieden war. Ich wurde wach, weil in meiner Nähe Gebrüll war. Ein Verwundeter schrie einen anderen an: »Du blöde Sau! Willst du, dass wir alle verbrennen?!« Der Angeschriene hatte trotz strengen Verbotes geraucht, und ein brennendes Streichholz oder Glut von seiner Zigarette war ins Stroh gefallen. Man hatte das Feuer gerade noch ersticken können. Die Gefahr zu verbrennen war groß. Denn die beiden Sanitäter, die hier Dienst taten, hätten nicht mal einen Bruchteil der gehunfähigen Verwundeten aus den Flammen retten können. Ich lag allerdings nahe an einem der drei Fenster. Da wäre ich wohl noch hinausgekommen. Ja, wahrscheinlich hätte ich das geschafft.

Ich war seltsam ruhig geworden, sah alles um mich herum mit einer ungerührten Sachlichkeit, als hätten sich die Schreckensmöglichkeiten verbraucht und ich sei nur noch als Beobachter hier. Vielleicht hing das auch damit zusammen, dass ich hier niemanden kannte und auf mich selbst zurückgefallen war. Nach den vielen Monaten engen Zusammenlebens mit anderen Menschen, vor allem in den letzten Wochen an der Front, fand ich mich wieder selbst vor, schärfer von meiner Umgebung abgehoben, ein Einzelner, der nur als einer der vielen dazugehörte, klassifiziert nach meiner Verwundung und den daraus folgenden Dringlichkeiten und Möglichkeiten des weiteren Abtransportes, sonst aber nur für mich da, was ich als ein seltenes Glück empfand.

Es war erst früher Nachmittag, und die Zeit verging langsam. Wir bekamen etwas zu trinken. Zu essen gab es nichts. Mit meinem Bein stand es nicht gut seit der knüppelharten Fahrt auf den Planken des Lastwagens. Der Splitter hatte die Schlagader angeritzt, und sie begann sich zu einer Blutblase auszuweiten. Aber das wusste ich natürlich nicht. Ich spürte nur den Wundschmerz und den pochenden Druck. Nach Beginn der Dunkelheit wurden wir nacheinander abtransportiert, diesmal mit Sanitätsautos, die im Pendelverkehr zum Verbandsplatz fuhren. Der Wagen, in dem ich auf einer der beiden unteren Tragen lag, blieb dicht neben der Stellung einer Batterie von Raketenwerfern im Sand stecken, und während der Fahrer und der Sanitäter die festgefahrenen Räder freischaufelten, hörten wir das Aufheulen und sahen den Feuerschein der abfliegenden Raketen. Die Schlacht war also noch immer in Gang. Gleich nach dem Serienabschuss wechselte die Batterie die Stellung, doch da waren auch schon die russischen Flugzeuge über uns zu hören, und unser Wagen steckte noch immer fest. Bomben schlugen ein. Schreie waren zu hören, und auch in unserem vom Luftdruck der Explosionen gerüttelten Wagen brach Panik aus. Ich dagegen blieb reglos und stumm auf meiner Bahre liegen, als hätte mich irgendein Mechanismus in den tiefsten Keller ruhiger, fatalistischer Ergebenheit versenkt. Und dieselbe Ruhe war auch in mir, als ich tief in der Nacht in das Sanitätszelt des Verbandsplatzes getragen wurde, wo eine Gruppe von Ärzten seit vielen Stunden operierte. Was sie an meiner Wunde machten, weiß ich nicht. Es schmerzte. Aber den Splitter holten sie nicht heraus.

Danach ging es weiter, noch zweieinhalb Tage lang. Erneutes Zwischenlager in einer leer geräumten Schule, diesmal mit Etagenbetten. Genervte und erschöpfte Sanitäter, ungeduldige und apathische Verwundete, einer mit einem total bandagierten Kopf, der verwirrt aus seinem Bett kletterte, um irgendetwas zu suchen, torkelte und hinfiel, wieder auf seinen verwundeten Kopf. Schließlich die Frage: Wer kann in einem Bus fahren und sitzen? Ich behauptete, dass ich es konnte, und der Sanitäter tat so, als glaube er mir. So erreichte ich den Lazarettzug, ich könnte auch sagen, den Erntewagen der Schlacht, der schon völlig überfüllt war.

10

Eine Lazarettstadt im letzten Kriegswinter

Das Lazarett in Königshütte in Oberschlesien, in dem ich operiert worden war, hatte für mich, wegen der katastrophenbedingten Improvisation, die dort herrschte, noch zum Hinterland der Front gehört. Erst als ich in Bad Reichenhall ausgeladen wurde, die verschneiten Alpen sah und schließlich in einem sauberen hellen Raum des Lazaretts »Knabenschule« ein frisch bezogenes Bett bekam, fühlte ich mich in einer anderen Welt angekommen. Um sie erforschen zu können, musste ich zunächst wieder gehen lernen.

Die ersten Gehversuche waren sehr schmerzhaft, da sich die Achillessehne während des Liegens im Gipsverband stark verkürzt hatte und die Fußspitze steil nach unten zeigte. Ich hatte einen sogenannten »Spitzfuß« bekommen und konnte, selbst wenn ich die heftigen Schmerzen ignorierte, nicht so auftreten, dass die ganze Fußsohle den Boden berührte. Alle, die längere Zeit im Gips gelegen hatten, kämpften mit dieser lächerlichen Schwierigkeit, zwei verschieden lange Beine zu haben: ein normales und das um den herunterhängenden Fuß verlängerte, das man wegspreizen und mit einem Hüftschwung im Bogen mitschleifen musste, um seine Überlänge auszugleichen. Langsam und schwerfällig wie eine anatomische Fehlkonstruktion bewegte man sich mit dem monströsen Ausdruck einer Winkerkrabbe, die eine kleine und eine große Schere hat. Das war natürlich die verbotene Schonhaltung, mit der man die Schmerzen zu vermeiden versuchte. Um wieder normal gehen zu lernen, musste man zunächst einen Krückstock zu Hilfe nehmen, mit dem man den Druck des Auftretens dosieren und allmählich steigern konnte, bis sich die Sehne wieder zu ihrer richtigen Länge gedehnt hatte.

Ich übte im Korridor des ersten Stockwerks vor der Tür unseres Krankenzimmers, weiß aber nicht mehr, ob ich noch am selben Tag oder erst an einem der folgenden auch die Treppe schaffte. Jedenfalls war das ein erster großer Schritt der Rückkehr in die Welt. Das Lazarett verwandelte sich damit für mich aus einem Krankenhaus in ein Erholungsheim. Ich musste nun nicht mehr im Bett oder am Tisch des Krankenzimmers essen, wo es immer nach Desinfektionsmitteln und eiternden Wunden roch und einige durch Streckverbände gefesselte Verwundete von Krankenschwestern gefüttert wurden, sondern konnte in die ehemalige Turnhalle im Anbau hinuntergehen, in der mit langen Tischen und lehnenlosen Holzbänken ein einfacher Speisesaal für die gehfähigen und nicht bettlägerigen Lazarettinsassen eingerichtet worden war. Alles war karg und notdürftig, doch für mich wurde dieser Raum zu einem Ort wohliger Geborgenheit. Draußen war es kalt und früh dunkel, und hier war es behaglich warm und hell, was wohl vielen, auch mir, wie ein wiederbelebtes winterliches Kindheitsglück erschien. Und draußen an den näher rückenden Fronten, von denen wir herkamen, herrschten, verschärft durch den Winter und den immer weiter um sich greifenden militärischen Zusammenbruch, Elend und massenhafter Tod, während wir uns, wohlversorgt und verpflegt, einstweilen in Sicherheit befanden.

Obwohl das Essen auch von einer Großküche in Kübeln angeliefert wurde, schmeckte es viel besser als das Massenessen in der Reinickendorfer Kaserne. Und im Unterschied zur Front, wo die Verpflegung meist von weit her und unter Lebensgefahr herbeigeschafft werden musste, trat man hier entspannt und fast immer, ohne sich lange anstellen zu müssen, an den Ausgabetisch, wo hinter Stapeln von derbem weißem Geschirr und den dampfenden Essenskübeln drei Frauen mittleren Alters standen, die inzwischen fast jeden von uns kannten und mit kleinen Scherzen und freundlichem Zuspruch unsere Teller füllten. Es waren einfache ortsansässige Frauen, die ein kräftiges Bayerisch sprachen. Dass sie Tag für Tag dort standen und mit gleichbleibender Freundlichkeit Essen austeilten, das auf wunderbare Weise immer pünktlich und in ausreichender Menge von irgendwoher gebracht wurde, gab ihnen in meiner Fantasie manchmal die Aura märchenhafter, Nahrung spendender Frauengestalten, ohne dass sie dabei ihre deftige Wirklichkeit verloren. Ihre lebensspendenden Gaben, wie warmer Leberkäse, Kraut und Kartoffelbrei oder Dampfnudeln mit Pflaumenkompott, waren ja auch zugleich wunderbar und unbestreitbar real.

Hatte man seine Portion empfangen, trug man sie auf seinem Teller wie ein Geschenk davon und suchte sich irgendwo einen Platz. Wenn man nicht schon zu zweit oder zu mehreren gekommen war, um gemeinsam zu essen, traf man an jedem Tisch Bekannte und wurde in jeder Runde bereitwillig aufgenommen. Die Knabenschule war ein Mannschaftslazarett. Alle Dienstgrade, vom Schützen bis zum Hauptfeldwebel, waren hier vertreten. Doch es herrschte eine selbstverständliche, kameradschaftliche Gleichrangigkeit. Wir waren eben alle gleichgestellte Verwundete mit inaktivierten militärischen Rängen. Das drückte sich auch in der einheitlichen Lazarettkleidung aus, einer Art Drillichanzug mit schmalen blauen Streifen, der auch eine Gefängniskluft hätte sein können. Für uns jedoch war das, zusammen mit den Pantinen, in denen man herumlatschte, ein bequemer Hausanzug.

Der egalitäre Grundzug des Lazarettlebens tastete allerdings nicht die grundsätzliche Unterscheidung von Offiziers- und Mannschaftslazaretten an. Den verwundeten Offizieren standen die Kur- und Badeeinrichtungen der Stadt und die eleganten Hotels und Pensionen zur Verfügung, während die Mannschaftslazarette in Schulen und anderen notdürftig für diesen Zweck hergerichteten Gebäuden untergebracht waren. Doch war im gesamten Stadtgebiet die militärische Grußpflicht abgeschafft. Das hatte vor allem praktische Gründe. Da alle Straßen, Parks und Lokale der Stadt mit Verwundeten überfüllt waren, wäre das Ritual, jeden

Höherrangigen zu grüßen und von ihm zurückgegrüßt zu werden, sofort zur Farce geworden. Vor allem die Offiziere hätten bei einem Gang durch die Stadt ihren rechten Arm nicht mehr heruntergekriegt. Die Abschaffung der Grußpflicht im Bereich der Lazarettstadt war aber auch eine willkommene Gelegenheit, beiläufig den seit dem 20. Juli in der Armee eingeführten, aber durchweg verhassten Hitlergruß abzuschaffen. Außerdem war es den Verwundeten erlaubt, die Hände in die Taschen zu stecken, wenn sie keine Handschuhe hatten. Es wäre albern gewesen, die Hände dauernd zum Grüßen aus den Taschen zu reißen.

Von meiner Uniform war mir nur die feldgraue Jacke geblieben. Nun musste ich sehen, dass ich von der Kleiderkammer des Lazaretts die fehlenden Uniformteile bekam, vor allem Hose und Schuhe. Ich wurde mehrfach vertröstet, weil es angeblich einen Engpass bei der Versorgung mit Uniformen gab. Es fand sich keine feldgraue Uniformhose, die zu meiner Jacke passte, obwohl Feldgrau die Hauptfarbe der deutschen Uniformen war. Schließlich akzeptierte ich eine blaugraue Luftwaffenhose. Weil es keinen Mantel für mich gab – weder einen feldgrauen noch einen blaugrauen –, bekam ich stattdessen einen zivilen dunkelgrauen Rollkragenpullover aus irgendeiner Kleiderspende, um in der oberbayerischen Winterkälte herumlaufen zu können. Auch eine passende feldgraue Schirmmütze fand sich. Leider erhielt ich keine Handschuhe und musste meine blau gefrorenen Hände, meinem eigenen militärischen Stilgefühl zum Trotz, in die Taschen der blaugrauen Hose stecken. Da inzwischen meine Haare wesentlich länger geworden waren und ich nicht daran dachte, sie wieder kürzen zu lassen, stellte meine Erscheinung eine militärische Entsprechung des Begriffs »Räuberzivil« dar.

Damit fiel ich hier allerdings nicht auf. Das Improvisierte, Unvollständige, Zusammengesuchte und militärisch Unkorrekte bestimmte das allgemeine Erscheinungsbild. Denn hier, in den Lazarettstädten, begann die Übergangsgesellschaft, in der sich das

Militärische mit dem Zivilen mischte. Sie setzte sich in den Gefangenenlagern fort und reichte bis in die zweite Hälfte der Vierzigerjahre hinein. Als ich im Winter 1946/47, zusammen mit anderen Kriegsheimkehrern, Aufräumungsarbeiten im sogenannten Bautrupp der Bonner Universität machte, wohnten wir nicht nur wieder zu zwölft in einer mit Doppelbetten vollgestellten Kasernenstube, sondern trugen auch immer noch einzelne Uniformstücke, für die sich kein ziviler Ersatz gefunden hatte. Das war mit schwindender Häufigkeit noch in den drei ersten Semestern so. In einer filmischen Langzeitstudie über den Zeitraum vom Herbst 1944 bis zum Herbst 1948 hätte man den Übergang von der Militär- zur Zivilgesellschaft als einen langsamen Umkleidevorgang beschreiben können.

Beim ersten Ausgang schlossen sich die Gehbehinderten zu einer Gruppe zusammen, die sich in ironischer Umdeutung ihrer Krückstöcke »Die Hockeymannschaft« nannte. Sie marschierte anfangs auch geschlossen in die nahe gelegenen Gaststätten und Cafés wie das Enzianstübchen, das Café Reber und das Café Dreher. Das löste sich aber bald von selbst auf, weil nicht alle einen Platz fanden.

In den Cafés konnte man zum Ersatzkaffee auch noch ein Stück trockenen Kuchen bekommen, und in manchen Lokalen wurde jedem Gast ein Pokal Rotwein ausgeschenkt, der meistens aus Slowenien oder Dalmatien stammte. Hier und da erhielt man wahlweise auch einen Obstschnaps. Es waren Zitate einer vergangenen Gastlichkeit, ein mühsam aufrechterhaltener Abglanz von Frieden und früherem Wohlleben, der durch die strenge Rationierung umso schärfer an den Krieg und den Mangel erinnerte. Manchmal, wenn ich meinen Blick durch das Lokal schweifen ließ, kamen mir alle Gäste, die ab und zu einen vorsichtigen Schluck aus dem einen Glas Rotwein nahmen, das ihnen serviert worden war, wie Schauspieler vor, die nur spielten, in einem

Weinlokal zu sitzen und Rotwein zu trinken. Ich fühlte mich vorübergehend als Zuschauer einer gespenstischen und rituell überdehnten Darbietung einer längst unecht gewordenen Erinnerung an das entschwundene Leben und musste mich schließlich mit einem Schluck aus meinem Glas davon überzeugen, dass diese dunkelrote Flüssigkeit tatsächlich Rotwein war.

Dieses Fluidum von Zweideutigkeit war überall in der Stadt wahrnehmbar. Es entstand aus der Spannung von einst und jetzt, die immer neue Umspringbilder und Überblendungen erzeugte. Der in eine Lazarettstadt verwandelte, ehemals international bekannte Kurort war ein Szenarium des Krieges geworden. Da die Stadt von Luftangriffen verschont geblieben war, konnte sie einem jedoch mit ihren unversehrten Kurgebäuden, den großen Hotels und herrschaftlichen Villen, den öffentlichen Parks und den von hohen Kunstschmiedegittern umzäunten Privatgärten mit ihrem alten Baumbestand als ein fremdartiger Friedenstraum erscheinen, in dessen abweisender Pracht sich der Krieg mit seinem von überallher zusammengetriebenen Personal und seinen Einrichtungen und Dienststellen nur vorübergehend eingenistet hatte, um bald wieder wie Spreu daraus vertrieben zu werden. Wenn man sich das vorzustellen versuchte, geriet man ins Leere, und dieselben Bauten, die eben noch die Unverwüstlichkeit des von ihnen repräsentierten alten Lebenssinns bedeutet hatten, erschienen auf einmal als tote Kulissen. Die Stadt war dann nur noch der Platz für das Heer- und Flüchtlingslager, das sich in ihr breitgemacht hatte.

Die Übergangsgesellschaft, die sich im letzten Kriegswinter in Bad Reichenhall versammelt hatte, bildete ein heterogenes Gemenge von sozialen Gruppen, Funktionen und Motiven, das durch die räumliche Enge und das sich am Horizont der näheren Zukunft abzeichnende, aber nicht recht vorstellbare Kriegsende zu einer oberflächlich konformen Masse zusammengepresst worden war. Die Stadt quoll über von verwundeten Soldaten, dem medizinischen und technischen Personal und den verschiedenen Verwaltungsabteilungen der Standortkommandantur, beherbergte aber auch höchste militärische Dienststellen, die sich hier, unzulässigerweise, nehme ich an, unter dem Schutzdach des Roten Kreuzes versteckten. Im Grandhotel Axelmannstein, dem besten Haus am Platze, residierte das Oberkommando des Heeres, wozu natürlich auch ein entsprechender Fahrzeugpark und die Wachkompanie gehörten, die an der Einfahrt in den Hotelhof noch ganz traditionell in gestreiften Schilderhäuschen Doppelposten mit Stahlhelm und geschultertem Gewehr stellte, die bei der Durchfahrt ranghöher Offiziere mit der Waffe einen Präsentiergriff machten. Auch Dienststellen des Oberkommandos der Wehrmacht waren im Axelmannstein und in anderen Hotels der Stadt untergebracht. Was ich nicht wusste, was aber den Rückzug der Macht nach Süddeutschland und in die Alpen am deutlichsten zeigt: Auf einem Gleis der Bahnstrecke von Reichenhall nach Berchtesgaden standen, gut bewacht und im Schutz bewaldeter Berghänge, die Sonderzüge von Göring und Himmler.

Görings Zug muss eine Besonderheit gewesen sein, denn neben der Kommandozentrale, dem Konferenzraum, den Luxusräumen des Potentaten und den Wohnräumen des Begleitpersonals gab es auch eine Reihe von Wagen, die wie ein Kaufhaus auf Rädern eingerichtet waren, in dem es von Lebensmitteln bis zu Möbeln noch alles gab, was der Bevölkerung, vor allem der ausgebombten Städte, seit Langem fehlte. Göring, der die große Geste liebte, pflegte damit die Familien seiner Günstlinge und Fliegerasse zu beschenken, wenn sie auch von Bombenangriffen betroffen waren, die, entgegen seiner einstigen Beteuerung, die dezimierte und mehr und mehr versagende Luftabwehr nicht hatte verhindern können. Vielleicht gab es in der Lebensmittelabteilung dieses rollenden Kaufhauses auch noch jene eingedickte süße Büchsenmilch aus Italien, um deretwillen Gideon und ich vor einem halben Jahr bei unserem Einbruch in die Lagerhalle der Reinickendorfer Kaserne Kopf und Kragen riskiert hatten.

Eine andere, neu dazugekommene Bevölkerungsgruppe bildeten evakuierte Schulklassen aus den bombardierten Städten, vor allem des Ruhrgebietes. Sie wohnten mit ihren Lehrerinnen und Lehrern unter einem Dach in den großen Villen, die ehemals Pensionen für Kurgäste waren, und setzten dort den Schulunterricht fort, was immerhin ein Bekenntnis zur Zukunft war. Verborgener und durch die neuen Bewohner aus ihren angestammten Pensionen und Hotels verdrängt, lebten im Kriegsszenarium der Stadt auch immer noch ältere Kurgäste, für die, in stark verringertem Maße und gewissermaßen im Untergrund, der gewohnte Kur- und Badebetrieb aufrechterhalten wurde, denn das war die Erinnerung des Ortes an sich selber. Die Kurmusik war allerdings im Sommer 1944 eingestellt worden.

Ununterscheidbar von den Kurgästen, und zum Teil wohl identisch mit ihnen, hielt sich auch viel Münchener Prominenz in Bad Reichenhall auf. Es waren vor allem wohlhabende ältere Leute, die hier Schutz vor den Bomben suchten und wohl auch die Restaromen der entschwundenen Friedenszeiten. Manche von ihnen besaßen vielleicht in der Stadt oder der Umgebung, vor allem im Privilegiertenwohnort Bayerisch Gmain, Ferienhäuser oder Zweitwohnungen, wo sie das Ende des Krieges komfortabel erwarten konnten. Andere hatten Unterschlupf bei Freunden und Verwandten gefunden. Wenn sie im Kurpark, in der Wandelhalle, beim Gradierwerk, in einem der bekannteren Cafés oder an der Kinokasse auftauchten, konnte man ihrer leicht angejahrten Eleganz in Loden oder Pelz ansehen, dass sie Überbleibsel besserer Zeiten waren. Im Gegensatz zu ihnen sahen die angereisten Frauen, Bräute und Eltern, die, erschöpft von einer strapaziösen und gefährlichen Bahnfahrt, einen verwundeten Soldaten besuchten, immer schon wie Flüchtlinge oder Vertriebene aus.

Zu all diesen Erscheinungen der Reichenhaller Übergangsgesellschaft gehörte auch noch ein fester traditioneller Bestandteil. Die Stadt war die Garnison eines Gebirgsjägerregiments, der sogenannten »Hunderter«, die hier ihre Kaserne und ihr Übungsgelände hatten. Jetzt freilich stand die Kaserne bis auf ein kleines Nachkommando leer, denn die »Hunderter« saßen in Norwegen fest. Sie hatten sich als ein Teil der in Karelien stationierten Gebirgsjägerarmee nach dem Sonderfrieden zwischen Finnland und der Sowjetunion zum Nordkap durchgekämpft, konnten aber wegen der Verminung der norwegischen Häfen und der Blockierung der dänischen Eisenbahnen durch Widerstandsgruppen nicht mehr vor Ende des Krieges nach Deutschland gelangen. Nur wenige Gebirgsjägerverbände konnten von Finnland aus über die Ostsee abtransportiert werden, und dazu gehörte wohl die Kompanie, die im Dezember am Bahnhof Bad Reichenhall ausgeladen wurde und, abgeholt von einer kleinen Militärkapelle, mit brennenden Pechfackeln durch das dichte Schneegestöber des frühen Abends zur Kaserne marschierte. Das Spektakel war nicht angekündigt und überraschte auch die Passanten, unter denen anscheinend kaum jemand wusste, um welche Truppe es sich handelte. Sie blieben am Straßenrand stehen und schauten stumm zu, wie die Kolonne vorbeimarschierte: ein befremdlicher militärischer Spuk, der nicht mehr in die Gegenwart zu gehören schien. Brennende Pechfackeln waren wohl für die meisten mit den großen Aufmärschen und Heldenfeiern des 3. Reiches verbunden. Hitlers sogenannte Machtergreifung am 30. Januar 1933, in deren tiefen Schatten wir noch lebten, war auch mit einem großen Fackelzug gefeiert worden. Für mich jedenfalls waren lodernde und qualmende Pechfackeln ein Katastrophenlicht geworden, das Deutschlands langen Marsch in Untergang und Tod begleitete.

Neben das düstere Pathos dieser Szene muss als das nachfolgende Satyrspiel die militär-parodistische Farce gestellt werden, die an einem dieser Abende von den Gehbehinderten des Lazaretts Knabenschule improvisiert wurde. Sie hatten ihre Krückstöcke als Gewehre geschultert und waren humpelnd in ein Lokal einmarschiert, wo der Gefreite Kurt Stopfkuchen, auch gelegentlich Topfkuchen oder Napfkuchen genannt, ein Bergmann aus Borna bei Leipzig und ständiger Witzereißer und Anstifter blödelnder Scharaden, laut kommandierte: »Kompanie halt! Setzt die Gewehre zusammen!« Alle nahmen daraufhin ihre Krückstöcke von den Schultern und stützten sich wieder darauf. Und einer meldete: »Herr Hauptmann, die Kompanie hat gar keine Gewehre.« Die Meldung war eine Aufforderung hinzusehen. Dort standen lauter verwundete junge Männer auf Krückstöcken. Stopfkuchen reagierte darauf wie auf eine lästige Störung, die er keineswegs zur Kenntnis nehmen wollte. »Scheißegal«, sagte er barsch, »setzt die Gewehre zusammen!« Natürlich klappte das nicht, und die Krückstöcke fielen polternd zu Boden.

Das war Stegreiftheater, das in heiterer Anarchie die Willkür und Sturheit mancher militärischer Befehle karikierte. Mehr hatte man sich wohl nicht dabei gedacht. Doch unversehens war ein anderes Bild entstanden: Man sah das letzte Aufgebot in seiner ganzen kläglichen Ohnmacht und dazu einen Vorgesetzten, der das Offensichtliche nicht wahrhaben wollte, dass Krückstöcke keine Gewehre und Gehbehinderte keine Sturmtruppen sind. Konnte es einen besseren Kommentar zu Hitlers Erlass vom 24. September 1944 geben, in dem er befohlen hatte, aus allen gerade noch waffenfähigen Männern zwischen 16 und 60 Jahren, auch den bisher Freigestellten und Untauglich-Geschriebenen, als letzte Kampfreserve einen »Volkssturm« zu bilden?

Ich glaube allerdings nicht, dass der improvisierte Auftritt der Gehbehinderten von den Gästen des Lokals so verstanden worden ist. Sie sahen darin wie die Darsteller selbst eine übermütige Parodie militärischer Gepflogenheiten. Das Bewusstsein muss nämlich schon zu den verbotenen Gedanken vorgedrungen sein, um sie hinter den alltäglichen Vorgängen und Dingen als das noch Verborgene wiederzuentdecken. Insofern wäre bei der Weihnachtsfeier des Lazaretts, die ich inzwischen vorbereitete, ein Auftritt wie dieser auch nur als harmloser Militärschwank belacht worden. Doch es galt als unerwünscht und geschmacklos, dass Verwundete im Unterhaltungsprogramm der Weihnachtsfeier ihre Verletzungen und Beschädigungen präsentierten.

Kurt Stopfkuchens ätzende Beispiele von schwarzem Humor waren auch nicht weihnachtsgerecht. Er verstand es in instinktiver List, das Schockierende treuherzig vorzutragen. Einmal sagte er am Bett eines anderen Verwundeten zu einer jungen Krankenschwester mit dem Ernst eines medizinischen Wichtigtuers: »Schwester, der Mann hier aus Husum ist der einzige Patient in Großdeutschland mit einer vollständigen Kopfprothese.« Wenn man da nicht sofort lachte, konnte einem die Luft wegbleiben. Was hatte er gemeint, was hatte er uns sagen wollen? Gab es im Nazireich nicht viele Menschen ohne Kopf: solche, die verlernt hatten, ihren Kopf zu gebrauchen, um eigene, selbstständige Gedanken zu formulieren, und andere, denen man den Kopf abgeschlagen hatte, weil sie es gewagt hatten?

Ich nehme nicht an, dass der Spontankomiker Stopfkuchen das alles gleich mitdachte, wenn er seine Witze riss. Sie kamen vielmehr aus einer ungezähmten Tiefe, die in einem unmittelbaren, echohaften Kontakt mit den Monstrositäten der ihn umgebenden Welt stand. Er ließ die Witze nur los, und sie zündeten selbsttätig und treffsicher mit unvorhersehbarer Wirkung.

Genauso viel Anklang fand Stopfkuchens proletarischer Realismus, eine zu lauter flotten Sprüchen geronnene Denkweise, die stets das Materielle über die sogenannten geistigen und moralischen Werte setzte. Da er ein anstelliger, praktisch veranlagter Mensch war, wurde er von den Krankenschwestern manchmal zu kleinen Arbeiten herangezogen. Als wieder einmal eine Schwester fragte, ob er ihr bei einer Arbeit helfen könne, sagte er, mit dem Riecher für einen kleinen Vorteil, der sich vielleicht aus der Situation schlagen ließ: »Schwester, for eene Zigaredde verroad'sch mei Voderlond.« Bei ihm war dieser Materialismus eine angestammte Grundhaltung, hinter der generationenlange Erfahrungen mit Mangel und Not standen. Durch den Krieg machten nun viele Millionen Menschen ähnliche Erfahrungen, ganz besonders in der Gefangenschaft, wo man sich auf das Allernötigste reduziert fand. Die Kahlschlaglyrik Günter Eichs ist ein Ausdruck dieser Erfahrung, zum Beispiel das Gedicht »Inventur«, das eine Auflistung der wenigen unverzichtbaren Dinge ist, die ein Mensch zum Leben braucht. Auf dem Schlachtfeld der kollektiven Wahnideen erschienen sie als das einzig Reale. Bei Wolfgang Borchert und Heinrich Böll finden sich ähnliche Einstellungen und Stimmungen bis hin zur Verklärung der einfachen Lebensnotwendigkeiten. Bei Böll stehen dafür das Stück Brot und die Zigarette, die man sich als alltägliche Sakramente gibt oder miteinander teilt und tauscht. Beim Gefreiten Stopfkuchen war das alles ganz unsentimental, nämlich unbeirrte, materialistische Vorteilssuche.

Ich habe mit der Zigarettenwährung mein Mantelproblem gelöst. Für die Tagesration von drei Zigaretten mietete ich den Kradmantel eines Kameraden, der noch keinen Ausgang hatte. Nun konnte ich draußen herumlaufen, während er, wenn er aufstehen durfte, am Tisch des Krankenzimmers Skat spielte und rauchte. Das alles waren Einübungen in die Mentalitäten und die Lebenspraxis der ersten Nachkriegsjahre.

Die Art, wie ich beauftragt wurde, die Weihnachtsfeier des Lazaretts zu organisieren, war übrigens auch kabarettreif. Der Obergefreite der Schreibstube des Lazaretts kam morgens nach der Arztvisite in unser Zimmer und fragte: »Wer von euch hat Abitur?« Niemand meldete sich. Sein Blick wanderte durch das Zimmer und blieb an mir haften. »Aber du doch, nicht wahr?« »Ich habe nur das Notabitur«, antwortete ich, »genannt ›Reifevermerk‹.« »Klingt doch gut«, sagte der Obergefreite, »meld dich beim Hauptfeldwebel.«

Ich hatte keine Ahnung, was er von mir wollte, fürchtete aber, man wolle mir irgendwelchen Bürokram aufladen. Dazu hatte ich nicht die geringste Lust. Aber der Hauptfeldwebel, ein freundlicher älterer Mann, der mir wie ein Herbergsvater vorkam, fragte mich gleich, ob ich mir zutraue, die Weihnachtsfeier des Lazaretts zu gestalten. Ich überlegte einen Augenblick und sagte: »Ja.« Der Auftrag verbesserte hier im Lazarett meine Position, und vielleicht ergab sich daraus sogar eine spätere Chance, hier länger zu überleben. Und dass es angesichts der Kriegslage darauf ankam, im Lazarett »die Stellung zu halten«, wie wir das nannten, darüber waren sich wohl die meisten einig.

Der Hauptfeldwebel zeigte sich erleichtert. Er hatte die Weihnachtsfeier wegen anderer Probleme aus dem Blick verloren und war in große Zeitnot geraten, denn noch am selben Nachmittag fand im Hotel Luisenhof ein Treffen der Kulturbeauftragten der verschiedenen Lazarette statt, bei dem über die Gestaltung der Weihnachtsfeiern gesprochen werden sollte. Nun war ich also »Kulturbeauftragter des Lazaretts Knabenschule« und hätte mit den Worten des Obergefreiten sagen können: »Klingt doch gut.«

Zwei oder drei Tage später bekam ich bei der morgendlichen Postausgabe einen braunen Umschlag ausgehändigt, in dem ungeöffnet mein Brief an Karl Heinz Sünner lag. Ich hatte ihn vor ungefähr drei Wochen geschrieben und keine Antwort erhalten, wofür es in den Wirren des Krieges viele mögliche Gründe gab. Es war der Grund, den ich befürchtet hatte: Karl Heinz war tot. Er war am selben Tag, an dem ich neben ihm verwundet worden war, an einem Kopfschuss gestorben. Ein Kraftfahrer vom Kompanietross teilte es mir auf einer beigelegten Karte mit, ohne etwas von den näheren Umständen und dem weiteren Verlauf des Gefechtes zu berichten, und die Kürze dieser Mitteilung hatte die eigenartige Wirkung, dass sich nichts in mir regte und auch die Situation, in der wir uns verabschiedet hatten, mir nicht mehr vor Augen trat.

Alles schrumpfte zusammen auf den Schlusspunkt dieser lakonischen Bestätigung: Karl Heinz war tot. Das Faktum bewegte sich nicht mehr, auch wenn ich es mir mehrfach vor Augen rief. So war es. So hatte ich es längst gedacht. Es hatte die Stumpfheit einer in Erfüllung gegangenen Wahrscheinlichkeit. Man konnte keine weiteren Fragen daran knüpfen und keine neuen praktischen Konsequenzen daraus ziehen. Erst Jahrzehnte nach dem Krieg erreichten mich zwei Berichte von überlebenden Kameraden, und mit ihnen kam als ein verspätetes Echo das Erschrecken über das, was am 13. Oktober geschehen war. Von den rund 180 Mann, die am frühen Morgen zum Angriff auf die russische Waldstellung antraten, waren am Abend noch rund 30 einsatzfähige Leute übrig. Alle anderen waren verwundet oder tot.

Bei der Vorbereitung der Weihnachtsfeier befreundete ich mich mit Gerhard Bauer, der in einem Krankenzimmer auf der anderen Seite des Flurs lag. Gerhard und ich schrieben gemeinsam eine Lazarettzeitung und bereiteten einen komischen Sketch vor, bei dem ich einen Militärarzt und er einen Patienten spielte. Gerhard hatte ihn nach einem Kabaretttext, an den er sich erinnerte, für unsere Zwecke umgeschrieben, und wir hatten damit so viel Erfolg, dass wir aufgefordert wurden, die Szene bei der zentralen Weihnachtsfeier im großen Kursaal zu wiederholen.

Gerhard Bauer, der in Lettland an schweren Abwehrkämpfen teilgenommen hatte, war von einem Tiefflieger verwundet worden. Es handelte sich um eines jener russischen Flugzeuge, deren Unterseite, vor allem Pilotensitz, Tank und Motor, gegen Infanteriegeschosse gepanzert war, sodass sie niedrig fliegend mit ihren Maschinengewehren die deutschen Stellungen beharken konnten. Gerhard hatte sich in einer Holzhütte gerade ein wenig hingelegt und, mit der rechten Hand auf dem Knie, auf die linke Seite gedreht, als er das Flugzeug über sich hörte und im selben Moment ein Geschoss das Schindeldach und zwei Finger seiner rechten Hand durchschlug und im Kniegelenk stecken blieb. Es war nicht die schlimmste aller Möglichkeiten, aber doch eine fatale Kuriosität mit lebenslangen Folgen. Er bemerkte dazu mit dem trockenen Humor, der eine Antwort auf die alltäglichen Absurditäten des Krieges war: »Hätte ich mir doch bloß in der Nase gebohrt, dann wäre die Pfote heil geblieben.«

Im Bein entwickelte sich ein Gasbrand, und eine Amputation schien unausweichlich zu sein, doch ein tüchtiger Militärarzt im Lazarett Dünaburg rettete das Bein mit täglichen Punktionen. Gerhard war gerade noch transportfähig geworden, als der letzte Lazarettzug von Riga aus nach Ostpreußen und von da nach Königshütte in Oberschlesien fuhr, von wo aus es später nach Bad Reichenhall weiterging. Bald nach der Abfahrt dieses letzten Verwundetentransportes waren die Russen bis zur Ostsee vorgestoßen und hatten die Heeresgruppe Nord von Ostpreußen abgeschnitten. Hier trafen sich unsere Geschichten. Denn bei dem Versuch, die Verbindung nach Norden wieder freizukämpfen, war ich verwundet worden und war Karl Heinz gefallen. Ich erzählte ihm das, als mein ungeöffneter Brief zurückkam, den ich in kleine Schnipsel zerriss, weil ich ihn nicht noch einmal lesen wollte.

Gerhard war inzwischen dabei, das Schreiben mit der linken Hand zu üben. So hat er auch den Sketch geschrieben, den wir dann gemeinsam inszenierten und mit dem wir großen Lacherfolg hatten. Warum, weiß ich nicht mehr. Ich möchte annehmen, weil alles zugleich wahr und ganz falsch war.

Den weihnachtlich besinnlichen Teil des Programms übernahmen Schülerinnen einer Mittelstufenklasse eines evakuierten Mädchengymnasiums aus dem Ruhrgebiet. Sie spielten Blockflöte und sangen Weihnachtslieder und führten in selbst geschneiderten Kostümen ein Märchenstück auf. Einstudiert hatten das nicht die Lehrer, sondern eine achtzehnjährige Abiturientin, die als BDM-Führerin für die Freizeitgestaltung der Mädchen und eben auch für Weihnachtsfeiern und andere Auftritte zuständig war. Für meinen Geschmack waren diese Darbietungen etwas zu betulich und wirkten so unbeirrbar kultiviert wie die Villa in der Tivolistraße, in der die Mädchen wohnten. Als ich dort meinen ersten Besuch machte, empfing mich die Abiturientin in ihrem Zimmer an einem fein gedeckten Teetisch. Die Kerzen des Adventskranzes brannten. Es gab tatsächlich schwarzen Tee. Die Kanne stand, gewärmt von einem Teelicht, auf einem Rechaud. Und in einer flachen Silberschale lag Weihnachtsgebäck. In die beiden hohen Fenster des Eckzimmers ragten die Baumkronen des zur Villa gehörenden Parks, in deren Astgabeln Schnee lag, und meine Gastgeberin beeindruckte mich gleichermaßen durch ihre blonde mädchenhafte Hübschheit und ihre guten Manieren. Ich war in eine bürgerliche Novelle geraten und hätte eigentlich eine jener farbigen Prachtuniformen, mindestens im Rang eines Fähnrichs, aus der Zeit vor den zwei feldgrauen Weltkriegen tragen müssen. Aber vielleicht gefiel ihr mein gemieteter Kradmantel oder der blaue Ärmelstreifen mit dem silbernen Schriftzug »Division Hermann Göring« auf meiner schäbig gewordenen Uniformjacke. Jedenfalls ließ sie sich von mir für den Abend ins Kino einladen. Und im Dunkeln, und vielleicht bei sanftem stillem Schneefall, würde ich sie anschließend nach Hause begleiten, wie wir es in der Tanzstunde gelernt hatten.

Inzwischen war ich beauftragt worden, auf der großen Karte, die in der Schreibstube hing, mit bunten Markierungsnadeln den Verlauf der Fronten darzustellen. Die neuen Wehrmachtsberichte holte ich mir als Matrizenabzüge im Büro des sogenannten NS-Führungsoffiziers im Hotel Luisenhof, und manchmal wunderte ich mich, dass ich sie bekam, denn was sich dort abzeichnete, war das Menetekel der unvermeidbaren deutschen Niederlage, auch wenn vorübergehend eine gewisse Stabilisierung der Hauptfronten eingetreten war.

An der Ostfront waren im November die Kämpfe abgeflaut, nachdem Ende Oktober die russische Herbstoffensive in Ostpreußen bei einer Einbruchstiefe von etwa 40 Kilometern in schweren, für beide Seiten verlustreichen Kämpfen gestoppt worden war. Die Front verlief jetzt auf einer Linie östlich von Tilsit–Warschau–Baranow bis zu den Karpaten und zog sich in Ungarn an der Theiß entlang, wo eine aus deutschen Verbänden und Resten des ungarischen Heeres gebildete Armee langsam auf Budapest zurückwich. Außer in Ostpreußen war die Rote Armee noch überall etwa 200 Kilometer von der deutschen Reichsgrenze entfernt. Dagegen hatten im Westen die amerikanischen und britischen Streitkräfte schon im September die deutsche Grenze erreicht. Am 11. Oktober war Aachen besetzt worden, am 23. November Straßburg. Die deutschen Verbände des südlichen Frontabschnittes zogen sich aus den Vogesen, bis auf einen Brückenkopf bei Kolmar, hinter den Rhein zurück. Man erwartete eine amerikanische Großoffensive aus dem Raum Metz. Angriffe überlegener alliierter Kräfte im Raum Aachen–Düren ließen einen Durchbruch in Richtung Köln befürchten.

Das war das Bild der militärischen Lage, auf das sich in banger Erwartung alle Augen richteten, um zu erraten, wann und wie das ersehnte, aber auch angstvoll erwartete Kriegsende kommen werde. Aus der tiefen, und wie sich in Ostpreußen gezeigt hatte, berechtigten Angst, die Rote Armee werde für die in der Sowjetunion begangenen deutschen Verbrechen fürchterliche Rache nehmen, war in vielen Köpfen eine Rettungsfantasie entstanden, die durch ihre Einfachheit überzeugte. Man musste nur die Hauptmasse des Westheeres an die Ostfront verlegen, um dort die Verteidigung so lange zu stabilisieren, bis die Amerikaner und Briten ganz Deutschland besetzt hatten. Auch dann würden die Russen als Besatzungsarmee in Deutschland einmarschieren, doch es würde unter den Augen der westlichen Alliierten geschehen. Die überwältigende Mehrheit der Deutschen wünschte sich, wie bald die Massenflucht der ostdeutschen Bevölkerung zeigte, die Amerikaner und Briten als Schutzmächte. Und viele hofften eine kurze Zeit lang, es sei möglich, ihnen diese Rolle durch einen geschenkten, kampflosen Sieg aufzudrängen.

Es gab allerdings die Gegenfantasie eines Mannes, der noch nicht bereit war, sich eine Kugel durch den Kopf zu schießen. Und so begann am 16. Dezember zwischen Echternach und Monschau die von Hitler befohlene und in den Grundzügen von ihm selbst entworfene Ardennenoffensive mit dem Operationsziel: Antwerpen, den wichtigsten Nachschubhafen der alliierten Streitkräfte, zurückzuerobern und dann, zuerst im Westen und anschließend auch im Osten, den Kriegsverlauf noch einmal umzudrehen. Im Gegensatz zum Traum der meisten Deutschen, auch der meisten Generale, nur noch im Osten vorübergehend Widerstand zu leisten, war der unbestimmt weite Wunschhorizont, den Hitler mit der Ardennenoffensive verband, ein wahnsinniger Traum.

Eine Offensivstreitmacht von über 250000 Mann war von allen Fronten zusammengezogen worden, darunter acht der besten Panzerdivisionen, über die die Wehrmacht noch verfügte. Göring hatte 1500 Jagdflugzeuge zur Bekämpfung der gegnerischen Flugzeuge und Panzer zusammengeholt: das letzte große Aufgebot der dezimierten Luftwaffe. Die längst versprochenen neuen Düsenjäger, die allen alliierten Flugzeugen weit überlegen sein sollten, waren wieder nicht einsatzbereit.

In den Nächten vor dem Beginn der Offensive waren ständig deutsche Flugzeuge am Himmel. Sie verbrauchten ihren Treibstoff, um den Motorenlärm der Panzer und der Artillerieschlepper zu übertönen, die in ihre Stellungen fuhren. Der Angriff begann morgens um 5 Uhr 30 mit einer gewaltigen Artillerievorbereitung. Der Himmel war bedeckt, wie es die Meteorologen vorausgesagt hatten. Das war wegen der Überlegenheit der alliierten Luftstreitkräfte ein wichtiges Kriterium bei der Wahl des Angriffstermins gewesen. Die Scheinwerfer der Flakartillerie strahlten die dichte Wolkendecke an und schufen so ein künstliches Mondlicht für den Angriff der Infanterie, die die Breschen für die nachfolgenden Panzer schlagen sollte. Die Überraschung war so vollkommen, dass bei den Amerikanern Chaos ausbrach. Nach sechs Tagen klarte das Wetter auf, und pausenlose alliierte Bombenangriffe zerschlugen die deutschen Panzerspitzen und zerstreuten die nachrückenden Truppen im Hinterland. Am 24. Dezember begann der alliierte Gegenangriff, der die deutschen Angriffstruppen allmählich wieder zurückdrängte. Die deutsche Wehrmacht verlor in den sechs Angriffstagen 67675 Mann an Toten, Verwundeten und Vermissten. Zugleich ging unersetzbares Material verloren. Die Alliierten hatten etwas höhere Menschenverluste, insgesamt 76880 Mann. Das Material, das sie verloren hatten, konnten sie leicht ersetzen.

Ich habe die Schlacht in den Ardennen, mit dem Blick auf der Karte und dem Ohr am Radio, in einer doppelten Erregung erlebt, einmal, weil ich sie für eine katastrophale Fehlentscheidung hielt, mit der ein schnelleres und für Deutschland glimpflicheres Kriegsende verspielt wurde, und zum anderen, weil sie mir in einem Durchbruch bisher unter Verschluss gehaltener Gefühle den 13. Oktober wieder vor Augen führte, an dem bei einem ähnlich sinnlosen Angriffsunternehmen meine Kompanie ins Verderben gerannt war. Die instinktive Distanz, die ich bisher zu meinen Erinnerungen gewahrt hatte, auch noch, als die Nachricht vom Tod meines Freundes Karl Heinz Sünner mich erreichte, löste sich plötzlich auf, und ich sah alles wieder, doch verschmolzen mit dem, was jetzt in den Ardennen geschah. Für mein Gefühl war es dieselbe Schlacht noch einmal, und in einer schwer durchschaubaren Identifikation mit denen, die jetzt dort ins Feuer liefen und starben, holte ich die lange verleugnete Wut, Trauer und Ratlosigkeit in immer wieder aufflammender Erregung nach.

Dazwischen gingen die letzten Vorbereitungen für die Weihnachtsfeier weiter, die am 22. Dezember mit Kurt Stopfkuchen als Witze reißendem Weihnachtsmann, den singenden und Theater spielenden Schülerinnen und Gerhards und meinem Auftritt in unserer Arzt-Patienten-Posse über die Bühne ging. Ich sehe das heute noch wie durch einen Schleier, der drei Tage später plötzlich zerriss und ein grelles, dem Verstand unzugängliches, aber überwältigendes Bild freigab.

Es war am ersten Weihnachtstag. In den Ardennen war der alliierte Gegenangriff im Gang, und im Großen Kurhaussaal fand die gemeinsame Weihnachtsfeier für die gehfähigen Verwundeten und das medizinische Personal aller Reichenhaller Lazarette statt. Gerhard und ich mussten dort noch einmal mit unserer Posse auftreten und auch die Mädchenklasse aus der Tivolistraße mit ihrem Märchenspiel. Erinnern kann ich mich nur an den bis auf den letzten Platz gefüllten Saal und an das große Orchester der »Leibstandarte Adolf Hitler«, eine in Berchtesgaden in der Nähe des Obersalzberges stationierte Big Band, in der viele Berufsmusiker, auch einige, die nach dem Krieg mit neuen Bands bekannt wurden, Unterschlupf gefunden hatten. Dieses Orchester hatte eine Tournee durch sämtliche bayerischen Lazarettstädte hinter sich, und der Nachmittag im Kurhaussaal von Bad Reichenhall war die Abschlussveranstaltung der Reise.

Sie eröffneten den Abend mit der Melodie des Matrosenchors aus dem »Fliegenden Holländer«, spielten zwischen den verschiedenen Darstellungen auf der Bühne lauter bekannte Schlager, Militärmärsche und Filmmusiken, und zum Schluss der Veranstaltung stiegen sie auf ihre Stühle und schmetterten den damals allbekannten Schlager »Barcelona« in den Saal und lösten damit ein frenetisches Echo der ebenfalls aufgestandenen Menge aus, die beim Refrain den Trompetenstößen des Orchesters wie ein einziger Riesenchor mit dem Schrei »Barcelona! Barcelona!« antwortete, worauf das Orchester in einer Endlos-Schleife dieses Echospiel ständig wiederholte und steigerte und der dröhnende Ruf »Barcelona! Barcelona!«, der nichts und alles bedeutete, nicht enden wollend den Saal erschütterte. Es hörte sich an, als habe die begeisterte Menge das Stichwort des Glücks gefunden.

Mit Beginn des Jahres 1945 verdüsterte sich die Stimmung. Aus Ungarn, wo inzwischen Budapest umkämpft wurde, kamen Schwerstverwundete ins Lazarett, und selbst Kurt Stopfkuchen, der ständige Spaßmacher, verstummte, als einer von ihnen, ein Lungenverletzter, sagte: »Seid mir nicht bös, Kameraden, ich kann nicht lachen.« Auch Besatzungsmitglieder aus abgeschossenen kanadischen Bombenflugzeugen wurden im Lazarett Knabenschule operiert. Bei manchen von ihnen waren mehrfache Amputationen nötig, und drei von ihnen starben mit der Zeit und wurden auf dem Friedhof der alten Abteikirche St. Zeno bestattet. Dreimal stellten Verwundete des Lazaretts ein Ehrengeleit. Diese Beerdigungen fanden alle nach Einbruch der Dunkelheit statt. Vielleicht fürchtete man Proteste.

Am 12. Januar begann bei Baranow, aus einem Brückenkopf westlich der Weichsel, die lange erwartete Großoffensive der Roten Armee, die sich schnell über das ganze noch von deutschen Truppen besetzte polnische Gebiet und über Ostpreußen ausdehnte, das vom übrigen Reichsgebiet abgeschnitten wurde. Ende Januar ging das für die Kriegswirtschaft unersetzliche oberschlesische Industriegebiet verloren, standen die Russen vor Breslau und an der Grenze Pommerns. Überall brach bei eisiger Kälte die von Panik ergriffene ostdeutsche Bevölkerung in langen Trecks nach Westen auf. Im Gegensatz zu der entschlossenen Massenoffensive der Roten Armee rückten die westlichen Alliierten, denen noch der Schock der Ardennenoffensive und einer anschließenden kleineren deutschen Offensive im Elsass in den Knochen steckte, nur zögernd vor, obwohl inzwischen etliche Verbände des Westheeres an die Ostfront verlegt worden waren. Von Nimwegen aus drangen britische Truppen gegen den Reichswald vor und erreichten am 27. Februar nördlich von Kalkar den Rhein. Im Unterschied zur Massenflucht im Osten blieb die westdeutsche Bevölkerung bei der Ankunft der Briten und Amerikaner in ihren Häusern und hängte weiße Bettlaken aus den Fenstern. Hier konnte man, wenn auch umgeben von Trümmern und unter armseligen Bedingungen, mit dem Leben weitermachen.

Alle diese Vorgänge verfolgte ich und markierte sie mit Stecknadeln auf der Landkarte. Und dieses tägliche Kontrollritual war die einzige Beziehung, die ich zu dem Geschehen gewann. Sonst war alles nur ein gespenstisches Entgleiten, das meinen Kopf leer räumte und mit Nebel füllte. Ich konnte nicht nachdenken über die Zukunft, weil ich mir nichts vorstellen konnte.

Mitte Januar verließ Gerhard das Lazarett, um einen zweiwöchigen Genesungsurlaub bei seinen Eltern in Schweinfurt zu verleben, mit dem Hintergedanken, dort einfach die Uniform auszuziehen, sobald die Amerikaner in die Stadt einzogen und auf einmal wieder Frieden war. Die »Hockeymannschaft« begleitete ihn zum Bahnhof und simulierte, als er zum Abschied aus dem Abteilfenster schaute, mit den Krückstöcken unter dem Kommando von Stopfkuchen einen dreifachen Ehrensalut. Ich rechnete nicht damit, ihn jemals wiederzusehen.

Da ich jetzt täglich in der Schreibstube war, um die Frontverläufe auf der Karte zu korrigieren, freundete ich mich mit einem anderen Verwundeten meines Alters an, der aus dem Münsterland stammte. Er war ein freundlicher rotblonder Bursche mit einer Fußverletzung, den ich noch deutlich vor Augen habe. Aber seinen Namen habe ich vergessen. Wir sprachen zwei Krankengymnastinnen an, die im Lazarett Dienst taten. Sie waren älter als wir und wohnten zusammen in einem kleinen Einzimmerapartment. Dort verbrachten wir nach gemeinsamen Kinobesuchen manchmal noch eine Stunde oder länger, da mein Kumpan den Haustürschlüssel des Lazaretts hatte. Wir saßen uns paarweise auf den beiden Bettcouchen gegenüber, zwischen denen nur ein schmaler

Tisch Platz hatte. Das grelle Licht wurde bemängelt. Man hängte Tücher über die Lampen, und schließlich saßen wir zu viert im Dunkeln und überließen uns spielerischen Knutschereien, bei denen aber die Unterhaltung nie völlig abbrach, als müsse man sich zwischendurch mit einigen Floskeln und Witzen gegenseitig versichern, dass das, was wir hier trieben, völlig unernst war. Als ein lustiger, flotter Abend mochte das angehen, aber als es zur Gewohnheit wurde, erschien es uns lächerlich. Also schlug ich meinem Kumpan vor, er solle mit seiner Freundin ins Kino gehen, damit ich mich mit der anderen Frau, die ich als meine Freundin bezeichnete, allein in der kleinen Wohnung treffen konnte. Beim nächsten Mal wollten wir es dann umgekehrt halten.

Das Arrangement hörte sich selbstbewusst an, das war aber nur vorgetäuscht. Ich hatte keine Erfahrungen mit Frauen, die über Tanzstundenflirts hinausgingen, und so war es auch mit der hübschen Abiturientin und BDM-Führerin geblieben, die, bewacht von zwei Studienrätinnen und den Schülerinnen, in der Villa in der Tivolistraße lebte. Deshalb hatte ich mich, zusammen mit meinem Kameraden, nach etwas älteren und unabhängigen Frauen umgeschaut. Ich wollte endlich wissen, wie es mit Frauen ist. Welches große Lebensgeheimnis da auf mich wartete. Und ich wollte wissen, wer ich selber war. In diesem einen Punkt wollte ich die Vorläufigkeit meines Lebens überwinden. Warum sonst hatte ich alles überstanden, wenn das wirkliche Leben nicht endlich begann? Aber das Gewicht meiner unbeantworteten Frage belastete mich und machte mich befangen, als mir meine Freundin die Tür öffnete.

Sie war verändert, wirkte ernst und unnahbar und zugleich nervös. Wir setzten uns einander gegenüber wie bei einem förmlichen Besuch. Sie hatte Post von zu Hause bekommen. Ihr Vetter war gefallen. Aber das war nur ein Vorwand, hinter dem sie sich versteckte. Auch ich begann über den Krieg zu sprechen und über die Undurchschaubarkeit der Zukunft, und irgendwelche Ängste in uns hielten das Gespräch in Gang, und es wurde immer schwieriger, davon loszukommen. In einer Dreiviertelstunde ging die Kinovorstellung zu Ende. Sollten wir jetzt noch versuchen, den Bann zu durchbrechen? Dazu war es doch längst zu spät.

Die beiden anderen kamen allerdings erst eine Stunde nach dem Ende des Films zurück. Sie fanden uns traurig und verstört vor. Auf dem Heimweg sagte ich zu meinem Freund: »Sie ist nicht die Richtige für mich.« Es war nicht die ganze Wahrheit, aber ich versuchte, mich damit zu beruhigen.

Am nächsten Tag wurde ich auf eine Dienstreise nach Landsberg am Lech geschickt, um dort sanitäre Geräte für das Lazarett abzuholen. Die Hinfahrt dauerte einen halben Tag, und das Magazin war geschlossen, als ich ankam. Ich übernachtete bei einem Wirt in einer kleinen Stube unterm Dach, in der auch noch ein alter Mann wohnte, der erst tief in der Nacht nach Hause kam, geräuschvoll im Dunkeln herumkramte und im Bett zu trinken und zu essen begann, allerdings ohne Licht zu machen. Ich hörte nur seine Schluck- und Schmatzgeräusche. Ich hatte den Eindruck, mit einem Schwachsinnigen in der Dachstube eingesperrt zu sein. Ich schlief erst gegen Morgen ein, und als ich wach wurde, war der Mann schon wieder verschwunden – ein Wesen, das nur in der Nacht zu existieren schien.

Es war bitterkalt. Und ich hatte mir den Mantel meines Zimmerkameraden diesmal nicht gegen die übliche Gebühr ausleihen können, weil er ihn selber brauchte. Auf der Lechbrücke wurde ich zweimal von demselben Offizier angehalten, weil ich mit den Händen in den Taschen und krumm vor Kälte an ihm vorbeigegangen war, ohne ihn zu grüßen. Hier bestand nämlich Grußpflicht im Unterschied zu Bad Reichenhall. Ich zeigte ihm meine nackten Hände und sagte, dass ich weder Handschuhe noch Mantel habe. Er schüttelte den Kopf, fragte mich, wo ich herkäme. Ich nannte ihm die Lazarettadresse. Ich merkte ihm an, dass ihm das

Ganze peinlich war. Wenn er bisher noch an den deutschen Endsieg geglaubt hatte – jetzt tat er es wahrscheinlich nicht mehr.

Im Lazarett fiel ich bei der Visite auf, weil die Operationswunde, gegen alle normalen Erwartungen, wieder stark eiterte. Man nahm an, das käme davon, dass ich zu viel in der Kälte herumliefe, und verordnete mir eine Woche Bettruhe. Die Freundin konnte ich nun nicht erreichen, und später hörte ich von meinem Kumpan, dass sie sich inzwischen mit dem Obergefreiten aus der Schreibstube traf. Die Bettruhe besserte den Zustand meiner Wunde nicht, und alle sagten, ich solle doch froh sein: so brauche ich nicht mehr an die Front. Eines Tages saß ich auf dem Bett und betrachtete die eiternde Wunde. Etwas Bräunliches, Festes war zum Vorschein gekommen. Ich zupfte daran und zog zu meiner Überraschung einen verklebten dünnen Schlauch hervor. Es war eine vergessene Drainage. Blut strömte nach, die Spannung im Bein löste sich. Ich spürte, dass die Wunde jetzt heilen würde.

Nächste Woche, so hörte ich es von meinem Freund, sollte der »Heldenklau« kommen, eine Kommission von Militärärzten, die die Lazarette nach frontverwendungsfähigen Soldaten durchkämmte. Bei meiner guten Beziehung zur Schreibstube hätte ich an diesem Tag eine Dienstreise bekommen können, um zu verschwinden. Ich kümmerte mich aber nicht darum, sondern machte, nun wieder im geliehenen Mantel, einen Ausflug an den Königssee.

Es war Ende Februar. Ich stand dort allein am Ufer des völlig stillen Sees, dessen Ränder stellenweise noch von Eisresten gesäumt waren, und schaute zu der Kapelle St. Bartholomä und der steilen weißgrauen Wand des Watzmanns hinüber. Es war das tausendfach gemalte Bild, dem die Wirklichkeit wie ein unüberbietbares Trugbild entsprach. Eine eisige Kälte ging von dem Felsmassiv aus, das die kleine Kapelle und ihr zerlaufendes Spiegelbild riesig überragte. Hinter dem ersten Gipfel blickte halb verdeckt und schneeweiß der zweite Gipfel hervor, der in eine Region der Stille und Abwesenheit hinüberwies. Ich stand da in dem Gefühl, an ein Ende gekommen zu sein. Hinter mir war die Welt, in der es Krieg gab und in die ich zurückkehren musste. Sie lud mich nicht ein, sie versprach mir nichts Gutes, aber in diesen Augenblicken der Lähmung erschien sie mir fast wie eine vertraute Welt. Hinter mir kam ein älteres Ehepaar zum See. Sie grüßten mich freundlich und befreiten mich aus meiner Erstarrung. Ich machte mich auf den Rückweg. Als ich den Zug nach Reichenhall bestieg, wurde es schon dunkel.

Ungelöste Widersprüche hinderten mich daran, einen Entschluss zu fassen. Wenn ich jetzt das Lazarett verließ, bekam ich noch zehn Tage Genesungsurlaub. Die konnte ich bei meinem Vater verbringen, der im südlichen Münsterland stationiert war. Vielleicht konnte ich dort das Ende des Krieges abwarten, denn Amerikaner und Engländer waren nicht mehr fern. Doch das war eine Rechnung mit vielen Unbekannten. Im Lazarett war ich besser aufgehoben und noch immer weit weg von allen Fronten. Andererseits kam mir mein Leben hier zerschlissen und ausgehöhlt vor, als habe es sich unmerklich, aber unaufhaltsam von der Wahrheit entfernt. Ich brauchte einen neuen Impuls, einen Funken, der in mir zündete und mich aus meiner Lethargie erweckte. Nicht, dass ich das so dachte, ich fühlte nur, dass ich in einen inneren Stillstand geraten war.

Der »Heldenklau« kam, und ich war geblieben, nicht weil ich wusste, was ich wollte, sondern aus anhaltender Entschlusslosigkeit. Der gefürchtete Kontrolleur entpuppte sich als ein freundlicher älterer Mann, der die Untersuchung höchst oberflächlich führte. Er blickte in die Krankenakten und forderte erst einmal jeden auf, um den großen Tisch in der Mitte des Zimmers herumzugehen, damit er sehen konnte, wie man sich bewegte. Zwei waren vor mir dran. Sie humpelten, und man konnte sehen, dass sie simulierten. Der Heldenklau sagte nichts dazu, sondern trug etwas in seine Akte ein. Dann war ich an der Reihe. Und beim ersten Schritt durchzuckte mich eine verrückte Idee, der ich nicht widersprechen konnte, und ich lief, so schnell ich konnte, um den Tisch herum. Ich war wieder frontverwendungsfähig. In zwei Tagen musste ich das Lazarett verlassen. Seltsamerweise fand mein Verhalten Nachfolge. Noch mehrere junge Verwundete liefen um den Tisch herum, und der Arzt, der dies nicht erwartet und vielleicht auch gar nicht gewollt hatte, schrieb sie alle frontverwendungsfähig. Ich war darüber etwas erschrocken. Aber ich selbst fühlte mich besser.

Hätte ich meine Gründe sorgfältig gegeneinander abwägen müssen, wäre ich nie zu einer solchen Entscheidung gekommen. Doch sie hatte sich wohl im Hintergrund meines Bewusstseins vorbereitet und war plötzlich zutage getreten, als ich unter dem Gebot der Vernunft etwas hätte tun müssen, was mir zuwider war: Ich hätte simulieren müssen. Überraschend für mich selbst, doch völlig überzeugt und befreit wegen der plötzlichen Klarheit, die das schuf, lief ich um den Tisch herum, um zu zeigen, dass ich gesund war. Jetzt hatte ich mich auf neu gesetzte Bedingungen einzustellen, und diese Herausforderung belebte mich. Das war stärker als die Zweifel, die mir auch kamen, ob meine Entscheidung denn vernünftig gewesen sei.

11

Kriegsende

Es war Anfang März 1945. Die Fahrt nach Norden in überfüllten Zügen, auf mehrfach unterbrochener Bahnstrecke, dauerte über zwei Tage. Über uns tauchten mehrmals amerikanische Jagdflugzeuge auf, trieben uns mit ihren Bordwaffen aus den Waggons in notdürftige Deckungen rechts und links der Bahngleise. Es gab Tote und Verwundete, eine neue Lok musste abgewartet werden, vor allem aber die Dunkelheit. In den Zügen, die oft stundenlang auf einem Gleis herumstanden, ehe sie weiterfuhren, herrschte eine dumpfe Endzeitstimmung. Es kam mir so vor, als seien alle diese Frauen und Soldaten unterwegs zu ihrer persönlichen Endstation im letzten Akt des nationalen Dramas, das sich vollzog. Gleichgültigkeit und Erschöpfung, aber auch unbedingter Überlebenswille waren in den Gesichtern zu lesen, und nicht selten auch die sexuelle Erregung, mit der sich im Gedränge der Züge zwei fremde Körper stumm gegeneinanderpressten.

Seit der Beerdigung meiner Mutter im Frühjahr 1943 hatte ich meinen Vater nicht mehr gesehen. Auch vorher hatte es wenig Kontakt gegeben, denn seit dem Einmarsch in die Tschechoslowakei im Sommer 1938 war er Soldat und war nur zu kurzen Urlauben nach Hause gekommen. Wir trafen uns in Werne in Westfalen in der Wohnung seiner späteren zweiten Frau. Von dort nahm er mich ins südliche Münsterland zu seinem Befehlsstand mit. Er befehligte keine Flakabteilung mehr, wie ich gedacht hatte, sondern hatte sich zum Spezialisten für Scheinanlagen entwickelt. Das waren Attrappen von Industriewerken, in denen spärlich beleuchtete Kipploren herumfuhren und Güterzüge vortäuschten. Zum Entsetzen der umwohnenden Bauern warfen die alliierten Geschwader manchmal ihre Bomben darauf ab.

Fast jede Nacht mussten wir in den Bunker. Tagsüber wanderte ich auf den öden Feldern herum und wartete darauf, dass die amerikanischen oder englischen Panzer in einem raschen Vorstoß über den Rhein kamen und mich gefangen nahmen. Aber nichts geschah. Meine Spekulation hatte sich als Unsinn erwiesen. In Ost und West ordneten die feindlichen Armeen ihren Aufmarsch für die letzte Offensive auf das geschrumpfte Deutsche Reich, das längst in Agonie lag. Ich überlegte, ob ich mich irgendwo verstecken könne, aber das Ende war noch nicht absehbar, und die Bauern der Umgebung hätten mich bestimmt nicht heimlich in ihren Scheunen mit Lebensmitteln versorgt, sondern mich schon aus Angst an die Feldgendarmerie verraten. Mein Vater verschaffte mir durch einen befreundeten Stabsarzt sechs Tage Urlaubsverlängerung, notdürftig begründet mit der noch nicht ganz verheilten Wunde, die eigentlich nur noch eine Sache für einen Streifen Leukoplast war. Die herbeigesehnten westlichen Alliierten kamen nicht. Ich musste zu meiner Einheit nach Berlin, und das hieß an die Ostfront.

Ich besitze noch einen kleinen Taschenkalender für das Jahr 1945, den mir mein Vater auf die Reise mitgab. Darin hatte er für den 11. Mai die Adresse in der westfälischen Kleinstadt eingetragen. Dorthin sollte ich mich nach dem Krieg durchschlagen, um ihn zu treffen oder eine Nachricht von ihm zu finden. Der 11. Mai war also seine Schätzung, wann ungefähr der Krieg zu Ende sein würde. Dieser Taschenkalender war mit lauter nationalen Triumphdaten gespickt. Am 10. Mai steht: »1940 Deutscher Angriff über die Westgrenze.« Aber auch: »Himmelfahrt Christi. Wird während des Krieges auf den folgenden Sonntag verlegt.« So war das also: Ein Werktag mehr für die Rüstungsindustrie hatte Vorrang, Christi Himmelfahrt musste warten.

Berlin, das ich seit Mitte Juli 1944 nicht mehr gesehen hatte, war eine Stadt, die sich auf Belagerung und Straßenkampf vorbereitete. Straßensperren wurden errichtet, Durchhalteparolen und Strafandrohungen der Stadtkommandantur hingen an den Häuserwänden. Die Zerstörung durch Bombenangriffe war noch weiter fortgeschritten. Aber am Kasernentor in Reinickendorf wurde ich vom wachhabenden Feldwebel wegen meiner unmilitärisch langen Haare gerügt.

In der Kaserne wurden neue Einheiten für den Endkampf zusammengestellt: zusammengewürfelte Haufen, vielfach Leute ohne infanteristische Ausbildung, ehemalige Kraftfahrer, Bodenpersonal von Flughäfen, Panzerfahrer ohne Panzer, Artilleristen ohne Kanonen, Kasernenpersonal ohne Fronterfahrung, Verwundete, bedingt Verwendungsfähige, alle demotiviert und heimlich entschlossen, sich davonzumachen, und zwar möglichst nach Westen. Ich wusste, hier vertraute keiner dem anderen. Ganz im Gegensatz zu meiner alten Kompanie war es eine Truppe ohne inneren Zusammenhalt. Es herrschte eine zynische Stimmung, durchmischt mit Angst und plötzlicher offener Brutalität, wenn es um die Erringung von Vorteilen ging.

Wir wurden notdürftig ausgerüstet und nach Osten in Marsch geschickt, um ein frisch ausgehobenes Grabensystem zehn bis zwanzig Kilometer vor der Stadt zu besetzen. Dort machten wir eine Gefechtsübung. Ich war einer der wenigen, die mit einem Maschinengewehr umgehen konnten. Von meiner Stellung aus blickte ich auf eine Landstraße, an deren Bäumen sich das erste Frühlingsgrün zeigte. Bald würden dort die russischen Panzerspitzen erscheinen. Aufgesessene Infanterie würde abspringen und gegen unsere lächerliche Stellung vorgehen, und dann würde die Hölle los sein. Man durfte nicht zu spät aus dem Graben heraus zu fliehen versuchen, weil man dann abgeschossen wurde wie ein Hase. So blieb vielleicht nur die Chance, sich überrollen zu lassen und sich zu ergeben, falls man den Ansturm überlebt hatte.

Ich erging mich in diesen Überlegungen. Dann plötzlich sah ich unten auf der Landstraße einen einsamen Radfahrer, einen alten Mann in Arbeitskleidung, vielleicht ein Bauer, der von seinen Feldern kam und zum Mittagessen geruhsam ins Dorf zurückradelte, und ich hatte ein paar Sekunden lang eine Vision davon, was Frieden bedeutete. Würde ich das je noch einmal erleben?

Wieder wurden wir umorganisiert und in Marsch gesetzt. Ich hatte jetzt ein Fahrrad und gehörte zur Einsatzreserve des Regiments, das in den Oderwäldern östlich Kloster Chorin Verteidigungsstellungen bezog. Wir fällten Bäume und bauten Unterstände. Es war Mitte April. Im Wald brach mit Macht der Frühling aus, und in der Nacht zum 16. April begann an der Oder das Donnern der russischen Geschütze. Die letzte Schlacht des Krieges hatte begonnen.

Anscheinend hielten die Truppen, die vor uns lagen, ihre Stellungen, denn es änderte sich nichts. Im Wald tauchten Fremdarbeiterinnen auf, Frauen aus der Ukraine. Sie hockten um ein Reisigfeuer und warteten auf das Erscheinen der Roten Armee. Sie konnten einigermaßen gut Deutsch, und wir rissen blöde Witze mit ihnen. Sie sollten uns heiraten und mit nach Russland nehmen. Oder wollten sie nicht doch lieber in Deutschland bleiben und mit uns nach Westen verschwinden?

Inzwischen sickerte die Nachricht durch, dass die Rote Armee nördlich und südlich von uns die Oder überschritten hatte und sich in einer Zangenbewegung auf Berlin zubewegte. Wir waren also umgangen worden, und wahrscheinlich war uns der Rückzug längst abgeschnitten. Ich wurde als Melder zum Unterstand des Regimentskommandeurs abkommandiert. Es war ein sympathischer, ruhiger, besorgt aussehender Mann, im Zivilberuf Studienrat, der mich nach mir ausfragte und sich längere Zeit sehr väterlich mit mir unterhielt. Es war der 19. April. Der Gefechtslärm an der Oder flaute für Stunden ab und begann dann wieder. Im Radio hielt Goebbels aus dem fast eingeschlossenen Berlin eine wahnsinnige Rede zu Hitlers bevorstehendem Geburtstag. Der Führer sei in Berlin und leite persönlich die Verteidigung der Reichshauptstadt, an deren Mauern die russische Dampfwalze zerschellen werde. »Berlin bleibt deutsch, Wien wird wieder deutsch«, schrie der oberste Märchenerzähler, der bei niemandem mehr Glauben fand.

Die Ukrainerinnen waren plötzlich verschwunden. Stattdessen kam ein verirrter Treck von deutschen Dorfbewohnern aus der Oderniederung durch den Wald, die vor Erschöpfung kaum noch weiterkonnten. Noch immer geschah nichts. Wahrscheinlich war die Verbindung zu den höheren Armeestäben abgerissen, und wir lebten hier im Wald in einem toten Winkel der Schlacht. Am frühen Morgen des 24. April gab mir der Regimentskommandeur den Auftrag, mit meinem Fahrrad nach Nordwesten in den Ort Sandkrug bei Kloster Chorin zu fahren und festzustellen, ob dort noch deutsche Truppen waren oder schon die Rote Armee.

Von hier ab habe ich in dem kleinen Taschenkalender, den mir mein Vater mitgegeben hatte, skizzenhafte Aufzeichnungen gemacht, sodass ich heute noch die Fluchtbewegung Tag für Tag auf der Landkarte verfolgen kann. Der Ort Sandkrug war ein kleines Straßendorf aus ärmlichen Siedlungshäusern mit Viehställen und Hausgärten, umgeben von Wald. Wir hatten dort ein paar Tage im Quartier gelegen, bevor wir in die Waldstellung zogen. Als ich jetzt aus dem Wald herauskam und die Straße entlangspähte, war kein Mensch zu sehen. Ich versteckte mein Fahrrad im Gebüsch und ging dicht am Straßenrand mit klopfendem Herzen in den Ort hinein. Etwa in der Mitte lag das Haus, in dem ich, zusammen mit anderen, einige Tage gelebt hatte. Die Bewohner waren anscheinend geflohen. Nichts rührte sich. Unheimlichkeit dieser Menschenleere. So lautlos wie möglich schlich ich durch ein Seitentor in den engen Hof, der vom Nachbargrundstück durch einen mehr als mannshohen Bretterzaun getrennt war. Plötzlich hörte ich nebenan leise Stimmen, Deutsche, wie ich im nächsten Augenblick erkannte. Ich blickte durch eine Ritze im Bretterzaun und sah greifbar nahe eine halb nackte junge Frau. Sie trug Seidenstrümpfe, einen kleinen Schlüpfer und einen Büstenhalter, hatte hochhackige Schuhe an und hielt mit ihren nackten Armen einen Karabiner im Anschlag, als ziele sie auf etwas. Ihre Erscheinung war besonders fantastisch, weil sie sich an einen Unteroffizier in einem langen feldgrauen Mantel anlehnte, der sie von hinten umfasste und ihre Gewehrhaltung korrigierte. Aber eigentlich war das eine Umarmung, und das Gesicht des Mannes war überschwemmt von sexueller Gier. Ich stand wie angenagelt da. Sie hätten mich leicht entdecken können, aber sie sahen mich nicht. Außerhalb meines engen Blickfeldes mussten noch zwei andere Männer sein, deren Stimmen ich hörte, ohne sie verstehen zu können. Ich war Zeuge einer Szene, die für mich eine unvergessliche Verkörperung von Sexualität, Anarchie und Todesnähe geblieben ist. Diese kleine Gruppe von Versprengten schien vergessen zu haben, wo sie sich befand, und dass es höchste Zeit war, zu fliehen und seine Haut zu retten.

Ich schlich mich davon. Während ich im Eiltempo zum Regiment zurückradelte, schwebte mir das Bild der halb nackten Frau vor Augen. Sie schien mir das Beste zu sein, was man sich vom Leben wünschen konnte. Ich fantasierte davon, dass ich mich der Gruppe hätte anschließen sollen und dass ich sie dann auch bekommen hätte, vielleicht sogar mit ihr verschwunden wäre in ein unauffindbares Versteck.

Als ich in der Waldstellung ankam, war alles im eiligen Aufbruch. Mein Rad wurde angeblich von einem Offizier gebraucht, der seine Einheit suchte. Ich wurde dazu abkommandiert, mit drei anderen Soldaten einen Handwagen, beladen mit Waffen und Munition, über die sandigen Waldwege zu ziehen. Wir marschierten nach Norden und kamen zu einem kleinen menschenleeren

Ort mit dem Namen Herzsprung. Auf der Dorfstraße lagen viele aufgeplatzte Kisten voller Kunsthonig, mit dem wir unsere Kochgeschirre füllten. Im nächsten Ort kratzten wir die Kochgeschirre wieder leer, um sie mit Schweineschmalz zu füllen, das wir in einem Bauernhaus gefunden hatten. Auch Flaschen mit selbst gemachtem Johannisbeerwein entdeckten wir in den verlassenen Häusern, und bald waren mehrere von uns betrunken. Undeutlicher Gefechtslärm hatte uns wieder einen Schwenk nach Südwesten machen lassen. Das Regiment zog sich auseinander. Wir gerieten auf den Waldwegen mit dem schweren Karren immer mehr ins Hintertreffen. Der mühsame Marsch ging weiter bis in die Nacht hinein. Am nächsten Morgen erreichten wir die Autobahn von Berlin nach Stettin. Auf der leeren Bahn ging es wieder in Richtung Norden. Der Karren rollte jetzt besser, und wir gewannen wieder Anschluss. War das überhaupt noch Krieg, diese ziellose Wanderung durch ein menschenleeres Land?

In dem kleinen Dorf Glambeck westlich der Autobahn sammelte sich das Regiment. Ich stehe mit wund gelaufenen Füßen im Dorfteich, als ein Tumult beginnt. Russische Panzer sind über die Autobahn vorgedrungen und schießen in das Dorf hinein. Das Regiment flieht, begünstigt durch die beginnende Dämmerung und einen bald einsetzenden wolkenbruchartigen Regen, der stundenlang andauert. Noch immer zerren wir zu viert den Handkarren mit der Munition, den Panzerfäusten und zwei Maschinengewehren hinter uns her. Aber auf dem schlammigen Weg kommen wir nicht weiter. Wir sind wieder die Letzten, wollen nur eine kurze Pause machen und schlafen ein. Ein vorbeipreschendes Pferdegespann weckt uns auf. Das sind deutsche Soldaten auf der Flucht. Wir lassen unseren Karren stehen und laufen hinterher. Im Wald kommen wir durch eine dünne Postenkette, die den Rückzug des Regiments deckt. Wir sind jetzt in den Wäldern der Schorfheide, Görings beliebtestem Jagdgebiet, wo irgendwo sein Jagdschloss

Karinhall steht, in dem wir vor zehn Monaten Theater spielten. Wahrscheinlich ist es schon gesprengt.

Am Morgen sammelt sich das Regiment in Gollin. Schweine werden geschlachtet, die in den Ställen zurückgeblieben sind. In einem Haus sitzt ein junges Mädchen bei seiner kranken Mutter. Es will sie nicht verlassen. Wir ziehen ab. Nur nicht abkommandiert werden zu den Leuten, die den Rückzug decken. Das sind Todeskommandos. Wahrscheinlich verlassen sie aber bald nach uns ihre jämmerlichen Schützenlöcher und laufen hinter uns her.

Das Regiment gerät wieder auseinander, vermischt sich mit Versprengten anderer Truppenteile. Neben mir läuft eine Zeit lang ein Soldat mit einem blutroten Verband. Ihm sind zwei Finger abgeschossen worden. Er versucht, Anschluss zu halten, bleibt aber immer weiter zurück. Mehrere Soldaten in nassen unvollständigen Uniformen kommen aus einem Waldstück. Sie sind auf der Flucht vor den Russen durch einen See geschwommen. Ich schleppe immer noch einen Karabiner mit mir herum. Viele haben ihre Waffen schon weggeworfen. Im Sand der Waldwege stecken Flüchtlinge mit ihren hochbeladenen Pferdewagen fest, Frauen und Kinder, einige alte Männer. »Soldaten, helft uns!«, flehen sie uns an. Aber das ist sinnlos, und wir gehen weiter. Die Dämme sind gebrochen, und jeder kämpft hier um sein eigenes Leben. Nur noch gruppenweise gibt es Zusammenhalt.

Auf einmal galoppieren zwei reiterlose, gesattelte Pferde quer über den Weg. Sind das Kosakenpferde? Jede Lichtung überqueren wir mit Vorsicht, jeder kleinen Häuseransammlung nähern wir uns mit Angst, durchsuchen dann hastig die Höfe und Schuppen nach Fahrrädern. Eins wird mir vor der Nase weggeschnappt. Ein kleiner Ort mit Namen Hammelspring wirkt wie ein höhnischer Witz, denn wir müssen über ein offenes Gelände rennen, das von russischen Panzern beschossen wird. Die sind allerdings vorsichtig, als ob sie sich verfahren hätten.

Wieder im Wald, treffen wir auf eine Kette von Offizieren, die das Regiment zu ordnen versuchen. Planen die ein Rückzugsgefecht, einen Durchbruch? Die Soldaten sind misstrauisch, versuchen sich vorbeizudrängen. Der Regimentskommandeur sieht mich und befiehlt unter einem schnell erfundenen militärischen Vorwand einem anderen Soldaten, mir sein Fahrrad zu geben. Es ist eine schreiende Ungerechtigkeit, aber vielleicht meine Rettung. Ich trampele los und gewinne Anschluss an eine Gruppe von Radfahrern aus der ehemaligen Einsatzreserve des Regiments. Wir sind zehn Mann, zusammen mit zwei Unteroffizieren, die eine Landkarte und Marschbefehle in Richtung Westen bei sich haben. Wir sind entschlossen, zusammenzubleiben und uns zu den Amerikanern oder Engländern durchzuschlagen. Die allgemeine Richtung soll das noch weit entfernte Lübeck sein, vielleicht können wir bis Schleswig-Holstein gelangen.

Das Unternehmen ist ein Herumtasten im Dunkeln. Wir treiben in einem Vakuum zwischen den sowjetischen Angriffsarmeen herum, die noch nicht überall Kontakt untereinander haben. Die freien Räume werden dauernd enger. Nachts tragen wir unsere Räder durch dichten Wald, setzen im Sprung über Straßen und Schneisen hinweg. Erst in der Morgendämmerung schlafen wir ein paar Stunden, im taunassen Farnkraut versteckt. Mein Fahrrad ist ein krüppeliges Ding ohne Handbremse und einem selten funktionierenden Rücktritt. Dauernd springt die Kette ab, ich drohe zurückzubleiben. Irgendwo rase ich eine abschüssige, kurvige Straße hinunter, als mir ein Kradfahrer entgegenkommt, der »Panzer von vorne!« brüllt. Ich kann das Fahrrad nur zum Stehen bringen, indem ich in die Böschung fahre. Das Rad ist heil geblieben. Eine Zeit lang fahre ich neben einer Reiterin her. Sie ist ohne Gepäck, hat sich wahrscheinlich in letzter Minute aufs Pferd geschwungen und galoppiert davon. Ich trampele, um wieder Anschluss an die Gruppe zu finden.

Dies ist der vierte Fluchttag. Wir nähern uns der mecklenburgischen Seenplatte, vielleicht ein Hindernis für die russischen Panzer. Aber auch unsere Ausweichmöglichkeiten werden dadurch begrenzt. Wir machen einen Schwenk nach Südwesten, um ein Gebiet voller kleiner Seen zu umfahren. Weiter südlich müssen die sowjetischen Angriffsarmeen operieren, die Berlin von Norden umfasst haben. Wir dürfen nicht in ihre rückwärtigen Verbindungen geraten. Aber andere sowjetische Armeen stoßen aus Pommern und Nordmecklenburg nach Südwesten vor. Wenn sie uns gegen das Ostufer eines größeren Sees treiben, gibt es kein Entkommen mehr. Im Grunde weiß niemand etwas Genaueres über die große Lage.

Vielleicht fliehen deshalb aus diesen Ortschaften schon nicht mehr so viele Leute. Sie sehen auch das Elend der Trecks, die aus Ostpreußen, Pommern und Westpreußen kommen, und verstecken sich lieber in ihren Häusern. Draußen blüht der Frühling jeden Tag schöner auf, überzieht das Land mit einem lichtgrünen Schleier. Wir wollen gerade in das Dorf Mens hineinfahren, als russische Jagdflugzeuge im Tiefflug über den Wald kommen und den Ort angreifen. Wir liegen im Straßengraben und hören die Bordwaffen und die Schreie. Die Maschinen kreisen, kommen zurück, wiederholen den Angriff. Explosionen, Geschrei, Maschinengewehrgeratter. Es brennt dort hinten: Scheunen? Fahrzeuge? Im Dorf sind Flüchtlingstrecks und Militärfahrzeuge ineinander verkeilt. Als wir zehn Minuten später hindurchfahren, ist die Dorfstraße ein Blutbad. Tote und sterbende Menschen, Verwundete, verendende Pferde und Kühe, ausgebrannte Fahrzeuge, Geschrei und Weinen, Chaos und Hilflosigkeit.

Wir glauben, dass die Russen die Absicht haben, diese Rückzugsstraße aus der Luft zu blockieren, und entschließen uns, auf einer schmalen Waldstraße wieder nach Nordosten zu fahren. Auch hier aufgelöste, flüchtende Truppen. Nach einiger Zeit kommen Beiwagenkrads hinter uns her. Fahrer und Beifahrer haben Stahlhelme auf, der Beifahrer hält die Maschinenpistole quer vor der Brust. »Straße räumen für das OKW!«, schreien sie uns zu. Wir klettern auf die Böschung. Ein Kübelwagen, aufgesessene Soldaten mit Stahlhelmen und in sauberen Uniformen, die Maschinenpistolen schussbereit. Dann ein großer Personenwagen mit Stander, auf den vorderen Kotflügeln Soldaten mit Maschinenpistolen im Anschlag. Auf dem Rücksitz erkenne ich Feldmarschall Keitel, der andere muss Generaloberst Jodl sein. Das Oberkommando der Wehrmacht, Hitlers militärische Paladine auf der Flucht wie wir! Beide starren geradeaus. Sie wollen wohl nicht sehen, was sich auf den Fluchtstraßen abspielt. Noch ein Wagen mit Generalstabsoffizieren kommt vorbei. Es folgen ein Lafettenfahrzeug mit gegen den Himmel gerichteter Vierlingsflak und noch zwei Kräder, der Spuk ist vorbei. Ich bin auf der Böschung sitzen geblieben, soweit ich sehen konnte, alle anderen auch. Es ist der Nachmittag des 27. April.

Aus Geschichtsbüchern über den Zweiten Weltkrieg weiß ich, wovon wir einen Augenblicksausschnitt gesehen hatten. Hitler hatte Keitel aus Berlin hinausgeschickt, um aus dem Westen und Norden Entsatzangriffe gegen den sowjetischen Umschließungsring voranzutreiben. Beide Unternehmungen waren inzwischen stecken geblieben. Keitel war von seinem Hauptquartier in Krampnitz bei Potsdam abgeschnitten und hatte sich nach Norden zu General Heinrici begeben, der seine Panzerarmee aus dem sinnlosen Kampf über den Voßkanal zurückgezogen hatte. Keitel forderte, dass die Defätisten und Deserteure unter den Soldaten erschossen oder erhängt wurden und der Angriff auf Berlin erneut beginnen solle. Heinrici verweigerte den Befehl und wies Keitel auf einen Trupp versprengter Soldaten inmitten eines Flüchtlingstrecks hin. »Tun Sie sich keinen Zwang an, Herr Feldmarschall«, sagte er. »Wenn Sie die hier erschießen wollen, dann fangen Sie bitte an.« Keitel tobte, setzte Heinrici als Armeeführer ab. Aber die Armee war sowieso schon in Auflösung. Er bedrohte Heinrici mit dem Kriegsgericht. Auch das war nur noch Theaterdonner.

Kurz nach dieser Szene fuhr dann die Kolonne an uns vorbei nach Fürstenberg, wo Keitel und Jodl am nächsten Tag um eine knappe halbe Stunde der Gefangennahme entgingen. Sie waren jetzt machtlose Flüchtlinge wie wir alle. Am 29. April meldeten sie in einem Funkspruch an Hitlers Bunker in Berlin, dass alles verloren sei. Am Tag danach erschoss sich Hitler. Seine Leiche wurde, seiner Anordnung entsprechend, mit Benzin übergossen und am Bunkerausgang verbrannt. Die sowjetischen Soldaten waren keine hundert Meter mehr entfernt.

Das ging uns alles schon nichts mehr an, als wir es noch gar nicht wussten. Das kollektive Drama war in viele Millionen individuelle Dramen zerfallen, und jeder Einzelne kämpfte um sein Leben. Am späten Abend erreichen wir Mirow, eine kleine Stadt südlich des Müritzsees, und machen Rast. Die Stadt ist vollgestopft mit Flüchtlingstrecks und Militärkolonnen. In jeder Toreinfahrt, jedem Hof, in den Anlagen, auf den Bürgersteigen, überall lagern Menschen. Die Straßen sind durch Pferdegespanne und Militärfahrzeuge blockiert. Es ist stockdunkel, aber die ganze Stadt ist unruhig wie ein Ameisenhaufen. Offiziere versuchen, ihre Einheiten zu ordnen, Verpflegung wird ausgegeben, Kranke müssen versorgt werden, Rote-Kreuz-Schwestern teilen Tee aus, Kraftfahrer versuchen, Benzin zu organisieren, Versprengte suchen ihre Familien oder Truppenteile, Gerüchte schwirren herum und lösen Verwirrung aus, und plötzlich heulen die Sirenen, und alle Glocken beginnen zu läuten: – das bedeutet Panzeralarm. Die Nachricht fliegt durch die Menge, dass russische Panzer aus Richtung Neustrelitz auf die Stadt zurollen. Sofort bricht Panik aus. Die Menschen schreien, rennen im Dunkel herum, suchen ihre Familien, ihre Truppenteile, Pferde werden angespannt, schweres Gepäck wird von den Wagen geworfen, Militärfahrzeuge bahnen sich brutal ihren Weg, Fensterscheiben zerklirren, weil im

Gedränge Menschen gegen die Hauswände gepresst werden, es ist ein sich immer mehr steigerndes Chaos. Aber wir schaffen es mit unseren Rädern, an den Stadtrand zu kommen, werden von Feldgendarmen angehalten. »Panzerjagdtrupp?!«, ruft man uns zu. »Jawohl!«, brüllen wir zurück und werden durchgelassen.

Pausenlose schnelle Fahrt nach Nordwesten in einem angenehmen dünnen Regen. Die verschwitzte Uniform klebt am ganzen Körper. Dann spüren wir kühle Luft, die vom Müritzsee herüberkommt, dem größten mecklenburgischen See, der uns nach Osten abschirmt. Wir fahren weiter bis zum frühen Morgen. Wir sind vorerst in Sicherheit.

Zwei Tage verbringen wir im Herrenhaus und Park des Guts Groß Kelle. Wir müssen erst warten, bis die Russen wieder heran sind. Denn wenn man den Kontakt zum Feind verliert, gerät man in Gefahr, von fanatischen Kommandos der Feldgendarmerie oder der SS als Deserteur erschossen oder erhängt zu werden. Die Karte zeigt uns, dass auch im Norden große Seen liegen. Wir befinden uns in einem geschützten Winkel, den die sowjetischen Angriffsspitzen wahrscheinlich zunächst umfahren werden. Die Ruhe hier ist trügerisch. Vielleicht sind wir schon eingeschlossen. Wir bleiben erst einmal, wohnen im verlassenen Herrenhaus. In der weitläufigen Hofanlage leben viele Fremdarbeiter. Einige nehmen mit uns Kontakt auf, schlachten für uns ein Ferkel und einen Hammel. Die meisten sind misstrauisch oder feindlich, halten sich zurück. Noch sind wir die Herren. Doch eigentlich sind wir nur eine Bande von bewaffneten Räubern, die den Weinkeller der geflohenen Gutsbesitzer geplündert haben und in den Sesseln der großen Halle herumsitzen. Wir profitieren von der Macht der Roten Armee, ohne die wir nie in dieses Haus hineingekommen wären. Das ist alles sehr verwirrend, auch die Stille draußen in der riesigen Hofanlage. Ich gehe im Park spazieren, betrachte die Rückfront des Gutshauses mit den verriegelten Fensterläden, schaue in die Ställe, in denen noch Vieh steht, von den Fremdarbeitern versorgt. Es sind Leute verschiedener Nationalität. Polen, Franzosen, aber anscheinend sind keine Russen darunter, oder sie halten sich versteckt. Sollen wir nun weiterfahren oder nicht? Wir entschließen uns, eine zweite Nacht zu bleiben, stellen Wachen auf, die alle zwei Stunden abgelöst werden. Auch ich habe Wache. Es ist totenstill und finster, nur die Bäume rauschen manchmal im Wind. Vorübergehend kann man die Vorstellung verlieren, dass ringsum eine Katastrophe ihren Lauf nimmt, wie man sie allenfalls aus Geschichtsbüchern gekannt hat. Ich bin nicht im Geringsten mit all dem fertig, was passiert. Ich kann es in Wirklichkeit überhaupt nicht fassen. Es ist aus mit Deutschland, das ich so sehr geliebt habe. Denn das ist nicht nur ein Krieg, der verloren geht. Das ist viel umfassender und endgültiger, ein Verlust von aller vorstellbaren Zukunft. Ich weiß nur eins, dass ich überleben will. Ich bin neunzehn Jahre alt. Eigentlich müsste alles erst anfangen.

Nach zwei weiteren Fluchttagen auf Landstraßen, die sich immer dichter mit einem unentwirrbaren Gemenge von Trecks und auseinandergerissenen militärischen Kolonnen auffüllten, und nach einem weiteren furchtbaren Angriff sowjetischer Flugzeuge auf das festgefahrene Menschengedränge erreichten wir am Abend des 2. Mai den kleinen Ort Sukow südöstlich von Schwerin. Von hier aus fuhr ein Güterzug im Pendelverkehr mit den von allen Seiten zusammenströmenden Soldaten zehn Kilometer weiter nach Westen, wo die Amerikaner standen. Wir waren am frühen Morgen dran. In den letzten Tagen war das Gerücht umgelaufen, Amerikaner und Engländer hätten sich mit dem deutschen Westheer vereinigt und machten gemeinsam Front gegen die Russen. Diese plötzliche Wunschfantasie wurde begründet mit dem Tod Hitlers, von dem am 1. Mai in einer Rundfunkmeldung behauptet worden war, er sei im Kampf an der Spitze der Verteidiger Berlins gefallen. Ich habe niemanden gesehen, der nicht völlig gleichgültig gegenüber diesem Tod war. Es schien der Tod eines beliebigen Fremden zu sein, nicht das Ende der kollektiven Identifikationsfigur oder des Verursachers der allgemeinen Katastrophe. Nur deshalb interessierte es uns, weil jetzt die westlichen Alliierten vielleicht bereit sein konnten, sich mit uns gegen die Sowjets zu verbünden.

Solche Gerüchte, die bei kurzer Rast am Rand der Fluchtstraße aufflackerten und weiterliefen, wurden allerdings bald durch düstere Nachrichten zunichtegemacht: Die Amerikaner weigerten sich, die Flüchtlingstrecks durchzulassen, weil sie ihre sowjetischen Verbündeten nicht dadurch verstimmen wollten, dass sie die Massenflucht der deutschen Bevölkerung in Richtung Westen als begründet anerkannten. Die Engländer, hieß es, dachten anders darüber, und so versuchten die Trecks, die zum Teil seit Januar unterwegs waren, nach Nordwesten abzuschwenken. Vermutlich konnten sie es nicht mehr schaffen.

Aber wir hatten es geschafft. Beladen mit Marketenderware, die von allen Trossfahrzeugen an die Flüchtenden verteilt worden war, richteten wir uns in einer Scheune ein. Die letzte Nachricht lautete, die Russen seien noch zwanzig Kilometer entfernt, kämen aber auf den verstopften, von Fahrzeugtrümmern übersäten Straßen nicht mehr voran. Am nächsten Morgen würden sie sich neu formieren und sicher erst gegen Mittag hier auftauchen, um sich an der Demarkationslinie mit den Amerikanern zu treffen. Wir hatten eine Nacht Zeit, um zusammen mit den Bauern, denen der Hof gehörte, das Ende des Krieges zu feiern.

Es wurde ein Fress- und Trinkgelage, das wir laut untermalten, indem wir unsere ganze Munition in die Luft ballerten. Und dann sangen wir Nazilieder, Marschlieder, Schlager aus UFA-Filmen, Zotenlieder, das ganze populäre Melodienrepertoire des Naziereiches mit seinen vielen Sing- und Marschstunden grölten wir noch einmal hinaus, als wäre das Ganze nur ein verrückter, komischer Unsinn gewesen, der nun im Suff ein passendes Ende fand. Während der Marketenderschnaps kreiste, wankte ab und zu einer nach draußen, um sich zu übergeben, kam kleinlaut zurück. Der Gesang wurde schwächer und leieriger, wir legten uns ins Stroh, um noch einige Stunden zu schlafen. Ich wurde wach, weil jemand über mich stolperte und mich von oben bis unten bekotzte. Ich war so rasend vor Wut, dass ich ihn gegen die Wand stieß und versuchte, ihm seine Uniform vom Leib zu reißen, um sie mir anzueignen. Er wehrte sich sehr erfolgreich, indem er wieder zu kotzen begann und nun genauso besudelt war wie ich. Schlotternd vor Kälte und Übelkeit stand ich in der Morgendämmerung an der Hofpumpe und wusch mit dem eisigen Wasser meine Uniform aus. Geweckt von dem Quietschen des Pumpenschwengels, kamen ein paar bleiche Gestalten aus der Scheune heraus. Na gut, wir wollten sowieso zur Bahnstation. Ich zog meine nasse Uniform an. Wir zerschlugen unsere letzten Karabiner, zerlegten unsere Pistolen und das letzte Maschinengewehr, verstreuten die Einzelteile und machten uns auf den Weg.

Der Güterzug aus offenen Waggons, vollgepfercht mit Soldaten, die sich in dauernd anwachsenden Massen um den kleinen Bahnhof zusammendrängten, rollte fast im Schritttempo zu den Amerikanern hinüber. Die letzten zwei Kilometer marschierten wir wieder. Und da vorne standen sie: Menschen aus einer anderen Welt. Sie waren frisch rasiert und gewaschen und ausgeruht, sie trugen gebügelte Uniformen. Die Militärpolizisten mit ihren weißen Lederkoppeln und Schulterriemen kauten auf Kaugummis herum, was besonders herablassend und verächtlich aussah. Wir sahen die ersten Neger und dann Gruppen von KZ-Insassen mit geschorenen Köpfen, in gestreiften Lageranzügen, die uns schweigend anstarrten. Kaum hundert Meter hinter den Militärpolizisten erwarteten uns die amerikanischen Soldaten in Gruppen und begannen, uns zu filzen. Ringe, Uhren, alles nahmen sie uns ab. Ein Leutnant, der neben mir ging, wurde aus der Reihe gezogen. Ein GI griff sein Handgelenk und begann seelenruhig seine Uhr abzumachen. Ich nehme an, dass der deutsche Offizier die Situation noch nicht richtig verstanden hatte und mindestens so wie auf seine Uhr auf seine Würde bedacht war. Jedenfalls riss er den Arm empört zurück. Daraufhin wurde er am Kragen gepackt und mit einem wuchtigen Fausthieb ins Gesicht geschlagen. Blutüberströmt und ohne Uhr taumelte er in die Kolonne zurück. Das war die erste Lektion über die Niederlage. Wir waren eine erschöpfte, graue, zerlumpte Masse, die müde in Richtung Westen marschierte.

Seltsamerweise war die Gruppe, mit der ich zu den Amerikanern geflohen war, schon nach wenigen Stunden völlig auseinandergeraten. Es war so, als hätten wir genug voneinander. Wir zerstreuten uns und tauchten unter in der namenlosen Masse. Ich hatte eigentlich vor, zu fliehen und mich auf eigene Faust nach Westen durchzuschlagen. Aber die Furcht vor den ehemaligen KZ-Häftlingen und den vielen Fremdarbeitern, die unseren Weg säumten, hielt mich davon ab. Nach zwei Tagen eines quälend langsamen, immer wieder stockenden Marsches, auf dem uns ab und zu Dorfbewohner etwas zu trinken gaben, wurden wir bei Warsow auf ein riesiges Feld getrieben, das die GIs mit zwei Reihen ausziehbaren Stacheldrahts umgaben. Nun befanden wir uns in einem improvisierten Gefangenenlager. Es gab keinen Baum, keinen Strauch, keine Strohmiete, nur einen schmalen Graben, aus dem wir mit Kochgeschirren oder mit unseren Mützen oder mit den Händen Wasser schöpften, das schon bald verseucht war.

In diesem Camp erlebte ich die zweite, weit schrecklichere Lektion über die Niederlage. Es hatte seit dem Beginn der Gefangenschaft noch keine Verpflegung gegeben, und die meisten Gefangenen hatten ihre mitgebrachten Essensvorräte längst aufgegessen und waren elend und verrückt vor Hunger. Außerhalb des Stacheldrahts hockten die amerikanischen Wachen in ihren Jeeps oder standen bei ihren Benzinfeuern. Sie hatten alles, was sie wollten. Einzelne deutsche Gefangene begannen sie anzubetteln. Es waren meist Leute, die kein Englisch konnten und mit Gebärdensprache den Amerikanern klarzumachen versuchten, dass sie Hunger hatten oder eine Zigarette wollten. Meistens wurden sie übersehen, manchmal flog etwas über den Stacheldraht, und zwei, drei Gefangene stürzten sich darauf. Ich sah es voller Verachtung und Empörung, hielt es aber für Ausnahmen. Doch dann fuhren die Amerikaner mit ihren Jeeps in das Camp hinein, luden einige Säcke mit Lebensmitteln ab, fischten aus der herandrängenden Menge einige Unteroffiziere und Offiziere heraus und überließen ihnen die Verteilung.

Die Aufgabe war schwierig. Man wusste nicht, wie viele Gefangene im Camp waren und wie man diese Säcke mit Haferflocken, Zucker, Milchpulver und Maismehl verteilen sollte. Die Gefangenen merkten die Unsicherheit und drängten sich enger an die kleine Gruppe in ihrer Mitte heran. Man versuchte, sie antreten zu lassen, um durchzuzählen. Aber die Reihen gerieten durcheinander, weil die hinteren nach vorne drängten. Der linke und der rechte Flügel schwenkten auf die Mitte zu. Schlägereien begannen. Die Offiziere und Unteroffiziere stellten sich dem Gedränge entgegen, stießen die Leute zurück, wurden selbst angegriffen. Plötzlich gab es kein Halten mehr. Die Masse stürzte sich in einem wilden, verzweifelten Tumult auf die Lebensmittelsäcke, zerrte daran, kämpfte darum und trampelte alles in den nassen Boden. Und auch ich war darunter und kämpfte um zwei Handvoll Haferflocken, vermischt mit Erde, die ich mir in die Tasche stopfte.

Wir blieben zwei Wochen auf diesem Feld. Immer mehr Gefangene wurden in das Camp getrieben. Aber die Amerikaner überwachten jetzt die Verteilung der Lebensmittel und sorgten dafür, dass ein Latrinengraben ausgehoben wurde, fuhren Strohballen ins Camp. Inzwischen litten fast alle Gefangenen an schweren Durchfällen. Ich war davon so schwach, dass mir alles vor den Augen kreiste und ich mich sofort hinlegen musste, wenn ich von der Latrine kam. Und wie der Körper eines kranken Tieres von Parasiten befallen wird, so breitete sich im Camp eine fürchterliche Läuseplage aus. Schamhaare und Achselhaare waren grau von Filzläusen. Das Kopfhaar wimmelte von den größeren Kopfläusen, die sich rasch über den ganzen Körper ausbreiteten. Sie saßen reihenweise in jeder Naht der Uniform und überall in den lockeren Maschen des Hemdes, das von den zahllosen Blutpunkten zerquetschter Läuse gemustert war.

Nervöse Apathie des Kratzens und Läuseknackens, in der die Stunden vergingen, während man auf die Verpflegung wartete und benommen vor Hunger und Schwäche verschwommenen Wunschträumen und Erinnerungen nachhing. An eine dieser Fantasien erinnere ich mich, denn sie war weit verbreitet und wurde auch besprochen. Zu welchen Bedingungen war man bereit, einen lebenslänglichen Arbeitsvertrag abzuschließen? Die meisten sagten: genug zu essen, ein warmes Zimmer mit einem Bett und eine Frau. Die Raucher wünschten sich noch fünf bis zehn Zigaretten am Tag dazu. So weit waren die Hoffnungen geschrumpft, dass dies die Vorstellung von einem lebenswerten Leben war. Es kam uns utopisch vor. Dieses Vegetieren auf dem freien Feld war der Maßstab des Lebens geworden. In dem kleinen Taschenkalender, den mir mein Vater mitgegeben hatte, trug ich nur noch die Worte »Hunger, Läuse, Ruhr« ein. Aber obwohl es Tote im Camp gab, Ruhr war es Gott sei Dank nicht.

Ohne Ankündigung und Erklärung wurden wir eines Morgens, getrennt nach Offizieren und Mannschaften, in Marsch gesetzt und am Nachmittag in einen Güterzug verladen. Wurden wir an die Russen ausgeliefert? Ging es ab nach Sibirien? Ich fühlte mich am Ende meiner Kräfte und dachte, dass ich das nicht mehr überleben würde. Aber dann merkten wir, dass der Zug nach Norden rollte. Wir kamen zu den Engländern nach Schleswig-Holstein in eine Internierungszone nordöstlich von Eutin, eine große Halbinsel, die nach drei Seiten von der Ostsee begrenzt wird. Hier lebten wir in Scheunen und Kuhställen, und zur Läuseplage kam die Fliegenplage. Doch wenigstens lagen wir nicht mehr im Freien und konnten tagsüber im Dorf und seiner Umgebung herumgehen, was sich für die Bevölkerung wie ein Belagerungszustand auswirkte. Die Bauern hatten zwar reichlich zu essen, aber nicht genug, um den Hunger der vielen herumlungernden Soldaten zu stillen. So schlossen sie sich vor uns in ihre Häuser ein und stellten nur manchmal zur Beschwichtigung ein paar Kartoffeln oder etwas Milch vor die Tür. Hier in der Gegend gab es aber auch die großen Entlassungslager, und nach weiteren zwei Wochen des Wartens wurden wir dorthin in Marsch gesetzt.

Man muss sich die Abmusterung einer großen Armee als einen schwierigen Prozess vorstellen, ein umständliches Hin und Her von Menschenmassen, die durch einen engen Filter gepresst werden. Man kommt aus den Warteräumen in ein Zusammenstellungslager, dann in ein Auffanglager. In jedem dieser Lager kann man mehrere Tage bleiben, ohne dass man weiß, wann und wohin es weitergeht. Es waren aber keine richtigen Lager, sondern nur abgesperrte Plätze. Das eine befand sich zwischen den Erdwällen eines großen alten Schießstandes, das andere in einem Waldstück. Dick überpudert mit DDT, waren wir endlich unsere Läuse los. Doch sonst fehlte es an allem. Zwei Tage lang gab es keine Verpflegung. Im Wald waren zusammengeknöpfte Zeltplanen zwischen den Bäumen ausgespannt, unter denen sich die Gefangenen zusammendrängten. Es regnete die ganze Nacht, und die vielen Stiefel verwandelten den Waldboden in einen Morast. Es war unmöglich, sich zu setzen. Mit schmerzendem Rücken lehnte man an Baumstämmen, trampelte auf der Stelle, ging frierend hin und her. Endlich am frühen Morgen gab es eine warme Suppe, Tee und Zwieback. Wir marschierten nach Eutin.

Gegen Mittag stehe ich auf einem Kasernenhof in einer von mehreren, schrittweise vorrückenden Menschenschlangen, an deren Ende, jeweils in einem überdachten Kontrollstand, ein britischer Offizier sitzt, der entscheidet, wer entlassen wird und wer nicht. Pause. Unserer geht weg. Zum Mittagessen? Warten, warten, auf der Stelle stehen – ich habe das nie gut gekonnt. Inzwischen ist ein anderer gekommen, und bald bin ich an der Reihe. Endlich stehe ich vor ihm, in militärischer Haltung, wie angeordnet, übergebe ihm mein Soldbuch, nenne ihm meinen Namen, meinen Dienstrang und meine Einheit. Er blättert in den Seiten, sieht mich an und lässt mich meine Angaben wiederholen. Der Mann spricht fließend Deutsch. Wahrscheinlich ist er einer der Emigranten, die ich vor meiner Einberufung manchmal im BBC London gehört habe. Mit ihren ironischen Kommentaren zu deutschen Rückzügen hatten sie mir schon damals Zweifel am deutschen Sieg eingeredet. Nun haben sie recht behalten. Der hier muss einer von ihnen sein. Er ist mir nicht geheuer. Während ich meine Angaben wiederhole, betrachtet er mich. Ich habe genug Erfahrung mit militärischen Vorgesetzten, um zu wissen, dass er mir gleich beweisen wird, wer hier der Chef ist. »Können Sie lesen?«, fragt er mich. Das ist der Ton, den ich erwartet habe. Ich sage »Jawohl«. Jetzt begreife ich, worum es geht. Ich habe ihm, weil ich das für richtig hielt, den Namen meiner ursprünglichen Einheit, des »Begleitregiments Hermann Göring«, genannt. Ich wollte nichts vertuschen. Der Name klang ja sowieso viel verfänglicher als der aufgebauschte Name »Fallschirm-Panzerdivision Hermann Göring«, den der zusammengewürfelte Haufen trug, dem ich zuletzt angehört habe. Das ist anscheinend ein Fehler gewesen. Doch wenn ich glaubwürdig bleiben will, kann ich mir jetzt nicht widersprechen. Also sage ich zum dritten Mal den ersten Namen.

Jetzt sehe ich, wie ihm die Wut ins Gesicht steigt. »Was steht hier?«, schreit er mich an und zeigt auf die zweite Eintragung. Ich versuche, ihm zu erklären, dass dies nicht meine Einheit sei, sondern eine zusammengekehrte Truppe der letzten Stunden, die weder mit Fallschirmjägern noch mit Panzern etwas zu tun gehabt hat. Er schneidet mir das Wort ab. »Sie können nicht nach Hause. Sie müssen erst lernen, die Wahrheit zu sagen.« Er winkt zwei bereitstehende englische Soldaten heran, die mich rechts und links an den Armen packen und in eine leere Garage abführen.

Ich werde von oben bis unten durchsucht, muss sogar die Schuhe ausziehen. Sie finden nur das kleine Notizbuch, das sie mir nach kurzem Blättern zurückgeben. Ohne ein Wort werde ich von den beiden über den Hof geführt, wo ich in einiger Entfernung die Gefangenen sehe, die die Kontrolle glücklich passiert haben. Sie werden in ein paar Tagen zu Hause sein. Ich dagegen soll erst lernen, die Wahrheit zu sagen, vielleicht in einem Bergwerk oder anderswo. Innerlich konnte ich nicht dagegen protestieren. Das musste ja passieren. Ich hatte es erwartet. Die ganzen Gräuel der Nazizeit mit ihren Deportationen und Massenmorden standen mir zwar noch nicht vor Augen, aber ich wusste, dass der Krieg grausam gewesen war, und ich hatte genügend Geschichtsbücher gelesen, um mir keine Illusionen über die Rolle von Besiegten zu machen. Dies war nun meine dritte Lektion über die Niederlage. Obwohl ich sie eigentlich schon kannte, fühlte ich mich elend.

Meine beiden Bewacher, übrigens kaum älter als ich, brachten mich in ein großes Gebäude, und während sie bisher nur energisch mit mir umgegangen waren, stießen und zerrten sie mich auf einmal ziemlich ruppig die Kellertreppe hinunter. Das war wohl eine Anpassung an das laute Gebrüll eines englischen Korporals, der unten im Kellergang mit einem kurzen Knüppel auf einen Gefangenen eindrosch, der mit abgekehrtem Gesicht und erhobenen

Händen an einer Wand stand. Ich wurde in einen Kellerraum geschoben, in dem lauter deutsche Soldaten auf dem Betonboden saßen. Das waren Leute von der Waffen-SS, den Fallschirmjägern und von irgendwelchen anderen Einheiten mit Ärmelstreifen. Neben mir saß jemand, der auf etwas herumkaute und mühsam schluckte. Es waren die ersten Seiten seines Soldbuches. Den Rest des Tages und die folgende Nacht verbrachten wir in dem Keller. Man konnte hören, dass sich die Nebenräume füllten. Wenn wir miteinander flüsterten, schrien uns die Wachposten im Kellergang an, wir sollten den Mund halten. Aber da hier keiner den anderen kannte, gab es sowieso nichts zu sagen, und das Klügste war es, die Flucht in den Schlaf zu versuchen.

Am nächsten Morgen wurden wir wieder sortiert. Die eindeutigen Fälle waren die SS-Leute, denn sie hatten an der Innenseite des Oberarms ihre Blutgruppe eingebrannt. Die uneindeutigen Fälle, unter anderem ich, wurden zu einer besonderen Kontrollstelle in Marsch gesetzt. Unterwegs gelang es mir, mein Soldbuch und meine Erkennungsmarke in einen Wassergraben zu werfen. Sie verschwanden unter der Entengrütze. Dann machte ich mich daran, unauffällig mit dem Fingernagel meinen Ärmelstreifen abzutrennen. Das war fast unmöglich. Jemand, der einen kleinen Nagelreiniger durch die Kontrollen gerettet hatte, gab mir das Instrument, und nun ging es besser. Natürlich war jetzt auf dem Stoff ein hellerer Streifen zu sehen, aber ich wollte mich auf den Standpunkt stellen, dass dies nicht meine Uniformjacke sei, und begann mir eine Geschichte auszudenken, wie ich meine eigene Jacke verloren hatte und an diese Jacke gekommen war. Anstatt zu lernen, die Wahrheit zu sagen, machte ich schnelle Fortschritte mit dem Gegenteil.

Zu meiner Überraschung arbeiteten in der Kontrollstelle in Kasseedorf Engländer und Deutsche zusammen. Ich wusste nicht, was ich davon halten sollte, und fühlte mich unsicher. Vielleicht war es ein Fehler gewesen, das Soldbuch wegzuwerfen. Ich hatte mir ausgedacht, zu einem Infanterieregiment zu gehören, das in Landsberg an der Warthe seine Garnison gehabt hatte. Das lag nun weit weg im Machtbereich der Roten Armee und ließ sich wohl kaum noch überprüfen. Ich nannte auch ziemlich hohe Regiments- und Divisionsnummern, die ich ebenfalls erfunden hatte, und beförderte meinen früheren Kompaniechef, den ja wohl hier niemand kannte, zum Divisionskommandeur. Die Engländer notierten es, gaben es einem deutschen Hauptmann zur Überprüfung. Ich wusste, dass er mir nicht glaubte, aber ich stand einem Menschen gegenüber, der betroffen schien von dem Elend, das er täglich zu sehen bekam. Und weil die Engländer abgelenkt schienen und mich vermutlich auch nicht verstehen konnten, setzte ich alles auf eine Karte und sagte: »Herr Hauptmann, bitte, stellen Sie mir einen Ausweis aus. Meine Mutter ist gestorben, und mein Vater ist in Kurland vermisst, und ich muss mich um meinen kleinen Bruder kümmern, der irgendwo in Westdeutschland ist.« Das mit meinem Vater war gelogen – ich wusste nichts über ihn –, das Übrige stimmte. Vermutlich glaubte mir der Hauptmann die ganze Geschichte nicht, aber er glaubte wohl dem, was er sah: einen zerlumpten, abgemagerten, in die Enge getriebenen jungen Menschen, der ihn um Hilfe bat. Ich bekam meinen Ausweis.

Mit dem Papier in der Tasche machte ich die ganze Entlassungsprozedur noch einmal durch. Der Hauptmann hatte nicht alle meine Angaben übernommen, sondern die Nummern der Truppenteile weggelassen. Er wollte sich wohl damit schützen. Aber auch ich verstand, dass das besser war. Wer zu ausführlich lügt, kann leicht entlarvt werden. Es war besser, sich dumm zu stellen und so zu tun, als hätte man alles vergessen. Das brachte mir in der letzten Kontrollinstanz, die wieder von Engländern und Deutschen gemeinsam besetzt war, den Hohn eines Feldwebels ein, der mir nicht glauben wollte, dass ich auf einer höheren Schule gewesen sei, so blöd wie ich mich anstellte. Aber das ertrug ich und kam durch. Nach vier Tagen Transport mit vielen Unterbrechungen in Lagern und Kasernen sprang ich in der Lindenstraße in Grevenbroich am Niederrhein, wo ich meine ganze Schulzeit verbracht hatte, von der Ladefläche eines Lastwagens und stand vor der wilhelminischen Backsteinfassade des alten Landratsamtes, die mir wie eine pure Fata Morgana erschien.

Unübersehbar real war dann das, was ich sah, als ich in unsere Straße einbog. Von den sechs Häusern waren drei völlig zerstört, drei beschädigt. Eins davon, dessen Vorderfront und Dach ziemlich schlimm aussahen, war mein Elternhaus. Der Zufall hatte sich hier einen höchst sinnvollen Witz erlaubt, denn eine Bombe hatte die Vorgartenmauer getroffen genau an der Stelle, wo der Fahnenmast gestanden hatte, an dem mein Vater und ich in den Dreißigerjahren an nationalen Feiertagen die Naziflagge gehisst hatten.

Im Haus wohnten fremde Leute. Sie nahmen mich sofort auf und gaben mir zu essen. Sie waren noch nicht lange hier und wollten bei nächster Gelegenheit in ihren Heimatort zurück. Zwischendurch mussten andere Leute im Haus gewesen sein. Ich fand jedenfalls nichts mehr von meinen Sachen und musste vorerst die zerlumpte Uniform anbehalten. Damals war das Land in kleine Sperrbezirke eingeteilt, die man nicht verlassen durfte. So konnte ich mich nicht auf die Suche nach meinem Bruder begeben, der in der Nähe des Siebengebirges in einem Internat gelebt hatte. Auch mein Vater konnte nicht nach Hause kommen. Er tauchte erst Wochen später auf, um zu erkunden, ob das Haus noch stand und er mit seiner neuen Frau, einer Kriegswitwe mit zwei kleinen Kindern, hineinkonnte. Ich erfuhr, dass er das Kriegsende wesentlich eleganter überstanden hatte als ich. Denn er hatte einen um ein halbes Jahr vordatierten Entlassungsschein in der Tasche, den ihm der befreundete Stabsarzt, der mir sechs Tage Zusatzurlaub verschafft hatte, ausgestellt hatte. Als die Amerikaner kamen, brauchte er nur die Uniform auszuziehen und in die Zivilkleidung zu schlüpfen, die im Schrank seiner neuen Frau für ihn bereithing. So ersparte er sich die Gefangenschaft.

Ich bekam, zusammen mit den Lebensmittelkarten, einen Arbeitsplatz bei einem Dachdecker. Und zwar musste ich an einer primitiven, mit Körperkraft betriebenen Maschine im Akkord Aluminiumbleche falzen, mit denen die zerstörten Dächer geflickt wurden. Ich war zufrieden damit und brachte es, nachdem ich mich erholt hatte, auf beträchtliche Stückzahlen. Ich weiß nicht, warum ich wie ein Verrückter schuftete. Es war wohl einfach die Begeisterung darüber, dass ich am Leben war.

Zwei kleine groteske Episoden sind mir aus diesen ersten Wochen noch im Gedächtnis geblieben. Einmal begegnete ich auf der Straße unerwartet einem meiner früheren Lehrer, den ich früher oft in SA-Uniform gesehen hatte, und wie in einem nachzuckenden Automatismus sagte ich »Heil Hitler« zu ihm. Wir schauten uns verlegen an. »Das ist vorbei«, sagte er, und wir gingen auseinander. Ich fühlte mich lächerlich und beschämt. Das sollte mir nicht noch einmal passieren.

Aber auch mit anderen Konventionen haperte es. Damals, als viele Familien auseinandergerissen waren, bildeten sich allerhand Notgemeinschaften, unter anderem die Mittagstische. Man gab dort einen Teil seiner Lebensmittelkarten ab und konnte an den gemeinsamen Mahlzeiten teilnehmen. Ich bekam Zugang zu einem solchen Mittagstisch, der von einer Kriegswitwe betrieben wurde, die ich flüchtig kannte. Als ich dort zum ersten Mal, immer noch in meiner Uniform, auftauchte, stand ich zu meiner Überraschung mehreren adrett gekleideten Herren gegenüber, die sich in einem sommerlichen Garten im Schatten eines Baumes um einen weiß gedeckten Tisch versammelt hatten. Die Herren, auch Kriegsteilnehmer, hatten im Gegensatz zu mir gefüllte Kleiderschränke vorgefunden und sahen »friedensmäßig« aus, wie man damals mit einer neuen Wortprägung, die von »feldmarschmäßig« oder »kriegsmäßig« abgeleitet war, zu sagen begann. Das Essen war allerdings noch nicht friedensmäßig. Es gab Brotsuppe, verschönert mit einem Klacks aus dem bräunlichen Sirup der Zuckerrübe, dem wichtigsten landwirtschaftlichen Produkt der Gegend. Ich kam als Letzter und stellte mich der versammelten Tischgesellschaft vor. Man begrüßte sich mit Händedruck. Der mir gegenüberstehende Mann beugte sich dabei vor, und seine Krawatte senkte sich sanft auf den Sirup herab. Vorsicht, rief jemand. Der Mann richtete sich auf, und die klebrige Krawatte klatschte gegen seine weiße Hemdbrust. Peinlich, peinlich. Wir lächelten verlegen. Mit Krawatten konnten wir noch nicht wieder umgehen. Das kam erst später.

12

Die Furie des Verschwindens

Wenn man an einen Schauplatz eines lange vergangenen Abschnittes der eigenen Lebensgeschichte zurückkehrt, sollte man keine bestimmten Erwartungen mitbringen, denn das kann die Wahrnehmung verstellen und die Erinnerung blockieren. Vielleicht habe ich es aber doch getan, als ich Anfang April 1994 nach Bad Reichenhall fuhr. Seit ich dort den letzten Kriegswinter im Lazarett verbracht hatte, war fast ein halbes Jahrhundert vergangen. Nun kam ich als Kurgast wieder: Wie ich meine, eine zwar andere, aber auch vergleichbare Situation, also eine vielversprechende Versuchsanordnung, um die Zeit, die seitdem vergangen war, erfahrbar zu machen. Ich hatte gedacht, oder vielmehr unbewusst vorausgesetzt, dass die Straßen, Plätze, die alten Gebäude und Kuranlagen sich wieder mit den Menschen und den Szenen von damals beleben würden, und zwar so, als seien sie gar nicht verschwunden, sondern nur für die gegenwartsgebundenen Blicke der meisten unsichtbar geworden. Mir aber würden sie sich zeigen, denn ich war einer von ihnen gewesen, und solange ich lebte, blieben sie ein Teil meiner Geschichte und konnten sich nicht einfach auflösen, als habe es sie nie gegeben.

Doch als ich die Stadt im April 1994 wiedersah, begegnete sie mir mit der Vitalität ihrer Gegenwart. Ich erkannte sie an vielen Einzelheiten. Aber die Szenerie hatte sich geschlossen und war nicht durchsichtig auf die Vergangenheit, die ich in ihr suchte. Reichenhall, das bayerische Staatsbad, war wieder der international bekannte Kurort und bot sich mir so dar, wie es im Stadtführer beschrieben wurde: Da waren die vornehmen großen Pensionsvillen in den Formen von Neurenaissance und Neubarock, die Trink- und Wandelhalle im Kurgarten mit der eleganten Rotunde aus dem Jahr 1912, in der die abendlichen Kurkonzerte stattfanden, gegenüber das alte Kurhaus mit seinem geschweiften neobarocken Giebel und dem großen Festsaal und dazu, den Kurgarten abschließend, das 160 Meter lange Gradierwerk, wo die Sole an 13 Meter hohen Wänden aus aufgeschichteten Schwarzdorn- und Weißdornbündeln herunterrieselt, um die Atemluft der hin- und herwandelnden Kurgäste zu erfrischen.

Nahebei war, als Geschenk des bayerischen Staates an sein renommiertes Bad, ein neues Kurzentrum erbaut worden, ein modernes Gebäudeensemble, um ein großes Wasserbecken herum angeordnet und kostbar verkleidet mit Cannstätter Travertin. Es enthielt Läden, ein Restaurant, das Büro des Verkehrsvereins, eine Spielbank, Lese- und Fernsehräume und ein Theater. Plakate kündeten Gastspiele des »Wiener Operettentheaters« mit der »Fledermaus« und der »Broadway Musical Company of New York« mit Leonard Bernsteins Musical »New York – New York!« an. Auf anderen Anschlägen wurden die Besichtigung der alten Saline, ein Besuch des Heimatmuseums oder botanische und gärtnerische Führungen durch den Kurgarten angeboten, und am Eingang des Gartens, wo die neuesten Wettermeldungen hingen, und bei einer Brunnenanlage in der Nähe trafen sich Gruppen von Kurgästen zu gemeinsamen Wanderungen und Busausflügen.

Die Stadt war in Betrieb. Sie lebte und sie zeigte es. Am Florianiplatz hatte man die breiten alpenländischen Giebelhäuser frisch herausgeputzt. In der Fußgängerzone waren die Cafés überfüllt. Rotsilberne Geschenkpackungen mit »Mozartkugeln«, der Spezialität der Region, standen, turmartig aufgebaut, in den Schaufenstern der Confiserien. Auf den weißen Bänken des Kurgartens saßen, einzeln oder paarweise, Menschen, die ihre Gesichter in die milde Frühlingssonne hielten, und in den langen Beeten, die die

Wege säumten, blühten die Tulpen in ihren leuchtenden Grundfarben Rot, Gelb, Weiß und Rot-Weiß.

Abends, manchmal auch nachmittags, wurde im Kurgartencafé und in einigen Restaurants und Hotelbars getanzt. Bei einem späten Spaziergang sah man hinter der Gardine eines erleuchteten Fensters die bewegten Silhouetten. In der Rotunde der Wandelhalle gab vielleicht ein junger Pianist ein Klavierkonzert, und es war wahrscheinlich, dass er Stücke von Schumann und Chopin spielte. Die Brunnen rauschten bis 22 Uhr, dann sanken überall die Wasserstrahlen in sich zusammen. Die Kurheime der Krankenkassen schlossen ihre Pforten um 23 Uhr. Während man nach Hause schlenderte, konnte man an klaren Abenden über der dichten Dunkelheit der Berge, die das Reichenhaller Tal umstanden, die mattweiß beschneiten Gipfel sehen. Oben auf dem Predigtstuhl, nahe der Bergstation der Drahtseilbahn, leuchtete ein helles, klar konturiertes Licht: das Restaurant des Berghotels. Dort waren im Krieg die verstümmelten und verbrannten Soldaten untergebracht, deren Anblick als unzumutbar galt. Sie wohnten in einem Sperrbezirk. Einige von ihnen mochten noch leben. Wo waren sie? Wurden sie noch immer verborgen gehalten? Nirgends sah man sie, fast so, als habe es sie nicht gegeben.

Ich stand vor den sichtbaren Dingen wie vor einer Barriere und merkte, wie sich meine Erinnerungen verflüchtigten. Die Knabenschule war weder durch spätere Anbauten noch durch eingreifende Umbauten und Reparaturen verändert worden. Doch das löste nicht mehr in mir aus als ein optisches Wiedererkennen. Genauso sah das Gebäude auch damals aus, nur dass es ein aufgemaltes rotes Kreuz auf seinem Dach gehabt hatte. Jetzt war eine Hauptschule darin untergebracht, und nachmittags und abends fanden Kurse der Volkshochschule im Hause statt. Auch eine Musikschule hatte einige Räume bezogen.

Bei meinem ersten Besuch fand ich das Schulgebäude geschlossen. Als ich am nächsten Nachmittag wiederkam, war ein Seiteneingang auf. Ich kam ins Treppenhaus und ging durch einen Korridor mit den Türen der Klassenzimmer rechts und links. Das waren damals unsere Krankenzimmer. Der lange Gang, in den von den beiden Enden her Licht einfiel, hatte eine weiß getünchte Gewölbedecke und hätte genauso gut der Korridor eines Gerichtsgebäudes, eines Krankenhauses, einer beliebigen Behörde sein können, wie es jetzt der Gang im ersten Stock einer Schule war. Ich war hier allerdings falsch und wäre vermutlich einer plötzlich auftauchenden Amtsperson als ein verdächtiger Eindringling erschienen.

Beim Eingang traf ich eine Gruppe jüngerer Männer, die ich nach dem Hausmeister fragte. Es waren Russlanddeutsche, Aussiedler aus Sibirien, die hier einen Sprachkurs absolvierten. Sie sagten, sie seien froh, hier zu sein. Der, mit dem ich länger sprach, hatte eine Bäckerlehre begonnen, vermutlich eine gute Wahl, denn in diesem Beruf herrschte Nachwuchsmangel. Nicht viele Deutsche standen gerne so früh am Morgen auf, wie es im Bäckerhandwerk nötig war. Verstand er das? Sprachlich ja. Aber nicht in der Sache, weil er ein ganz anderes Bild von den Deutschen hatte. Seine Eltern hatten nur Russisch gesprochen. Aber seine Großmutter hatte immer Deutsch mit ihm geredet und ihm viel von Deutschland erzählt, das sie selbst allerdings nie gesehen hatte. Konnte ich ihm erzählen, dass diese Schule im Krieg ein Lazarett gewesen war und ich im Kriegswinter 44/45, als ich etwa so alt war wie er, in einem dieser Klassenräume als Verwundeter gelegen hatte? Wusste er überhaupt, von welchem Krieg die Rede war? Oder lag das alles für ihn in einer grauen geschichtlichen Vorzeit? Nein, ich ließ das besser. Uns trennten Abgründe der Zeit und unvergleichbare Erfahrungen, über die man lange hätte sprechen müssen.

Aber dem Hausmeister, den ich zusammen mit einem anderen Mann bei der Garage traf, musste ich meinen Wunsch, die Turnhalle zu sehen, in der ehemals unser Speisesaal gewesen war, einigermaßen verständlich machen. Der Hausmeister war ein Mann von Mitte dreißig, der andere, der ihm bei der Arbeit half – sie luden Tische von einem kleinen Lastwagen ab –, war schätzungsweise zehn Jahre jünger. Anscheinend wussten beide nicht, dass diese Schule im Krieg ein Lazarett gewesen war, und der Krieg, von dem ich mich gezeichnet und geprägt wusste, schien für sie ein Zitat aus einem alten Buch zu sein, das sie nicht gelesen hatten, weil es sie nicht interessierte. So stand ich vor ihnen wie ein Gespenst, das sich aus fernen Zeiten zu ihnen verirrt hatte und ihnen umständlich erzählte, es habe hier, im Kriegswinter 1944/45, im Lazarett gelebt und in der Turnhalle, die damals ein Speisesaal war, die Weihnachtsfeier gestaltet. Und diesen Raum, diese Turnhalle, so sagte das Gespenst, wolle es gerne einmal wiedersehen. Die jungen Männer schauten mich mit einem Ausdruck freundlicher Nachsicht an, und der Hausmeister wies mich zu einem offenen Seitengang: »Bitte, schauen Sie sich ruhig um.« Nein, es konnte nichts schaden, mich in das Schulgebäude hineinzulassen. Ich war in seinen Augen ein harmloser alter Kauz.

Ich gelangte dort in das Haus, wo vom Korridor des Erdgeschosses im rechten Winkel der Durchgang in den etwas tiefer gelegenen Anbau der Turnhalle abzweigte. Und dort, auf den wenigen Treppenstufen, geriet ich in eine Trance der Wiederholung und des körperlichen Wiedererkennens. Ich war auf dem Weg in den Speisesaal. Meine Füße berührten die vertrauten Stufen, und gewiss, wiederzuerkennen, was ich nur verlassen, nicht verloren hatte, durchquerte ich den kleinen Vorraum, dessen doppelflügelige Tür damals immer geöffnet war, sodass ich schon von hier aus die Bänke und Tische sehen konnte, an denen die Kameraden in ihren blau-weiß gestreiften Lazarettanzügen beim Essen saßen: Gerhard Bauer, Kurt Stopfkuchen, Heinz Röhrig, dessen Kradmantel ich meistens trug, wenn ich mit einem dienstlichen Vorwand das Haus verließ. Nicht dass ich sie jetzt als eine kurze

Projektion dort zu sehen erwartete, als ich einen Türflügel nach innen aufstieß, aber anscheinend war ich auch nicht darauf gefasst gewesen, plötzlich in einer komplett eingerichteten Turnhalle zu stehen. Die Kletterstangen, die zur Decke hochgezogenen Ringe, die beiseitegeschobenen Reckpfosten, der Barren, das Seitpferd und die aufgestapelten Matten – alles das hätte nicht realer sein können und kam mir gerade deshalb wie ein schnell hergestelltes Bild vor. So massive Vorkehrungen gegen meine Erinnerungen hätte man gar nicht treffen müssen, dachte ich.

Ich ging ein Stück in den Raum hinein und wartete, dass sich das Gefühl des Wiedererkennens, das auf den Treppenstufen und im Vorraum als eine aufwallende und vorauseilende Empfindung in mir entstanden war, wieder in mir regte. Es blieb aber nur ein trockenes Registrieren der mir noch bekannten räumlichen Verhältnisse, die es mir erlaubten, den Raum in Gedanken mit der Einrichtung des Speisesaals zu möblieren – der Tisch mit der Essensausgabe hatte hier gestanden, die Bänke und Esstische dort, die verschiedenen Darbietungen der Weihnachtsfeier hatten vor der Kopfseite des Saals stattgefunden. Doch um das aus meinem Gedächtnis abzurufen, war ich nicht hergekommen. Nun wusste ich nicht mehr, weshalb ich hier stand. War ich ein Veteran auf einem nostalgischen Erinnerungstrip? Es sah so aus. So jedenfalls sahen es wohl der freundliche Hausmeister und sein Gehilfe, bei denen ich mich bedankte, um mich schnell, mit einem Gefühl der Peinlichkeit, davonzumachen. Meine Erinnerungen waren beim Anblick einer lückenlos ausgestatteten und gebrauchsfertigen Turnhalle zerstoben. Eine Turnhalle ist eine Turnhalle ist eine Turnhalle, wurde mir eingebläut, nur dass ganz fern, in einem Winkel des Gedächtnisses, die Stimme meines Turnlehrers »armes Deutschland!« schrie. Doch auch das war fast unhörbar. Die »Furie des Verschwindens«, die Zeit, hatte gründliche Arbeit geleistet.

Ich habe Hegels Begriff der »Furie des Verschwindens« eine Proust'sche Deutung gegeben, indem ich sie als die Zeit beschrieb, die alles Gewordene verändert, umdeutet, mit neuen Formen und Bedeutungen überwuchert und verdrängt und dem Vergessen anheimgibt. Hegel selbst interpretiert in der »Phänomenologie« den Begriff anders. In seinem Verständnis ist es das Werk der »Furie des Verschwindens«, dass sich das Individuelle und Subjektive vom Allgemeinen und Absoluten trennt und dadurch in Beliebigkeit und Nichtigkeit versinkt. Am Ende dieses Prozesses steht ein bedeutungsloser, sinnloser Tod, »der keinen inneren Umfang und Erfüllung hat« ... »es ist der kälteste, platteste Tod, ohne mehr Bedeutung als das Durchhauen eines Kohlhaupts oder ein Schluck Wassers.«

Auf meiner Spurensuche ist mir die »Furie des Verschwindens« auch in dieser Bedeutung erschienen, und zwar in der Gestalt des Kriegerdenkmals, mit dem die Stadt Bad Reichenhall der Gefallenen des Ersten und des Zweiten Weltkrieges gedenkt. Es handelt sich um eine Säule, beherrscht von einem brüllenden Löwen, der das bayerische Staatswappen präsentiert, und einem Medaillon mit der Himmelskönigin Maria mit Zepter und Jesuskind. Flankiert wird die Säule von zwei Wasserbecken. Für jeden der beiden Weltkriege dieses Jahrhunderts gibt es eine Gedenktafel. Die eine trägt die Inschrift: »Ihren 200 gebliebenen Heldensöhnen zum Gedächtnis die dankbare Vaterstadt 1914–1918.« Auf der anderen Tafel steht: »Den gefallenen Söhnen der Stadt. Bad Reichenhall 1939–1945.«

Im Unterschied dieser beiden Inschriften zeigt sich eine tief einschneidende historische Zäsur. Noch ganz im Sinne der Tradition versucht die Gedenktafel für die Kriegstoten von 1914 bis 1918 dem Massensterben einen unangefochtenen Sinn zu geben, um auf diese Weise Motivationsreserven für den nächsten Krieg zu erhalten. Die Toten werden zu Helden erklärt. Das heißt, sie haben im Dienst hoher gemeinschaftlicher Werte ihr Leben geopfert, und dafür wird ihnen, den gefallenen Söhnen, von ihrer Vaterstadt gedankt. Auf der Gedenktafel für die Gefallenen von 1939 bis 1945 ist als letzter emotionaler Rest das Wort »Söhne« geblieben. Aber das ist wohl eher eine verlegene Textangleichung und nichtssagende Konvention. Sonst wird nicht der geringste Versuch gemacht, dem Massentod einen Schein von Sinn zu geben. Er erscheint als das factum brutum vieler Millionen vermoderter Leichen, die das Phantasma des höheren Sinns, in dessen Dienst sie Täter und Opfer des kollektiven Mordens wurden, stumm, doch immer noch weithin hörbar verklagen. Für mich, der ich meine toten Altersgenossen gesehen habe, wäre es die größte denkbare Obszönität, unter eine dieser sprachlosen Gedenktafeln die Schlussverse von Hölderlins Gedicht »Der Tod fürs Vaterland« zu schreiben, Verse, mit deren erhabenem Pathos ich aufgewachsen bin:

Lebe droben, o Vaterland
Und zähle nicht die Toten! Dir ist,
Liebes! nicht Einer zu viel gefallen.

Hölderlin schrieb das Gedicht im Jahre 1800, Rudolf Alexander Schröder seine Hymne »Heilig Vaterland«, die den hohen Ton der Opferbereitschaft aufnahm und fortsetzte, im Jahre 1914, also zu Beginn eines Krieges, der in den folgenden Jahren mit seinen Materialschlachten die Kriegsführung in eine industrielle Massenvernichtung verwandelte. Trotz dieser vernichtenden Erfahrung hielt und erneuerte sich die Vorstellung, dass das massenhafte Menschenopfer im Dienst eines höheren Allgemeinen legitimierbar sei. Dahinter steckt das offenbar tief verankerte und in Krisenzeiten wachsende fundamentalistische Bedürfnis vieler Menschen, der Vereinzelung und Privatheit des eigenen Lebens und damit verbundenen drohenden Gefühlen der Nichtigkeit in der Teilnahme an einem übergreifenden Lebenssinn zu entkommen und sich in einer großen symbiotischen Glaubensgemeinschaft geborgen zu fühlen. Dies war es, was Hitler, selbst ein von Deklassierungsängsten bedrohter Mensch, den Zeitgenossen zu bieten hatte. Und er war erfolgreich, weil er mit pathologischer Energie an die höhere Moral und den welthistorischen, von der sogenannten »Vorsehung« sanktionierten Sinn seines Wahnsystems glaubte. Alles war auf einmal einfach und klar, wenn man diesem Glauben folgte. Im Zweiten Weltkrieg ist diese Glaubensgemeinschaft so grauenhaft missbraucht und widerlegt worden, dass auf den Gedenktafeln der deutschen Kriegerdenkmäler kein Versuch von Sinnstiftung mehr zu finden ist. Sogar der Trauer hat es die Sprache verschlagen. Seit den Enthüllungen über den millionenfachen Völkermord in den Todesfabriken der Konzentrationslager blieben nur Scham und Entsetzen, und seitdem liegen die Kriegstoten in unserem Gedächtnis als Berge aufgehäufter Sinnlosigkeit.

Der Krieg sei kollektives Lernen wider Willen, hat Karl Otto Hondrich in einem langen Essay über Wirkungen und Folgen von Kriegen dargestellt. Notgedrungen und gezwungenermaßen lernen die Besiegten umfassender und nachhaltiger als die Sieger, die historisch recht behalten haben und die Grundvoraussetzungen ihres Handelns nicht korrigieren mussten. Weil die Gegner Deutschlands sich gegen den Eroberungskrieg eines Regimes zur Wehr setzten, das in seinem wachsenden Machtbereich einen systematischen Völkermord betrieb, blieben alle ihre Legitimationsmechanismen intakt. Selbst die Bombardierung der deutschen Städte und die Vertreibung der ostdeutschen Bevölkerung konnten noch als Mittel und Folgen eines Kampfes gegen die weit schlimmeren Verbrechen und Pläne des Aggressors verständlich erscheinen. Als ich in den Fünfzigerjahren nach England fuhr, hörte ich im Radio eine Feierstunde anlässlich eines Jahrestages der Luftschlacht über England, die Hitlers Invasionspläne zunichtemachte. Die Übertragung kam aus der St. Pauls Kathedrale in London, und der Festredner, ein Geistlicher, sagte im vollmundigen Ton einer metaphysischen Gewissheit: »Gott flog in unseren Maschinen mit!« Befremdet, weil ich noch ähnliche Töne aus Reden von Hitler und Goebbels in den Ohren hatte, fragte ich meinen englischen Schwager, wie er das fände. Ohne Zögern antwortete er, dass es in seinen Augen richtig und in Ordnung sei. Nicht ohne Neid verstand ich ihn. Doch ich wusste, es war eine Position, die ich nie wieder beziehen konnte.

Die Deutschen dagegen mussten sich als Mittäter und Mitläufer ungeheurer Verbrechen sehen und waren von Selbstverneinung und Selbsthass bedroht. Nur die vordringlichen Nöte des täglichen Überlebenskampfes schützten sie vor dem Absturz in lähmende Depression. »Auch Trümmerarbeit ist Trauerarbeit«, heißt das bei Hondrich, denn die Trümmer repräsentierten die aufgehäufte Schuld und die auferlegte Strafe. Der Fleiß, mit dem die Deutschen darangingen, ihr zerstörtes Land wieder aufzubauen, entsprang nicht nur den praktischen Notwendigkeiten des Überlebens, sondern bezog einen großen Teil seiner Energie aus dem tiefen Wunsch, sich durch friedfertige Arbeit allmählich von Schuld und Schrecken der Vergangenheit zu entfernen. Lebenspraktisch, politisch und psychisch war das der einzige Ausweg aus dem selbst verschuldeten Desaster, der sich ihnen bot. Auf diesem Weg haben sie in den Nachkriegsjahrzehnten einen erstaunlichen Identitätswechsel vollzogen. Die Nation, die einst wegen ihres aggressiven Militarismus von allen Nachbarn gefürchtet war, verwandelte sich in ihrem westlichen Teil in eine pazifistische Zivil- und Wirtschaftsgesellschaft und wurde dafür durch das Wirtschaftswunder belohnt. Die offensichtliche Attraktivität dieses Weges war dann auch einer der Gründe dafür, dass im scheiternden Konkurrenzmodell der DDR die gewaltlose Revolution ausbrach, die den Deutschen die Wiedervereinigung bescherte.

Das ist ein Wunscherfüllungstraum, der einen befürchten lässt, dass der Realitätssinn darunter gelitten hat. Was bedeutete das Kopfschütteln, mit dem die alten Leute im Kurheim die Berichte der Tagesschau ansahen, die ihnen den Krieg in Bosnien, die Unruhen und kriegerischen Konflikte in den südlichen Randgebieten Russlands, den immer wieder aufflammenden tödlichen Hass zwischen den Palästinensern und den Israelis, den sich ausbreitenden fanatischen Fundamentalismus der arabischen Welt und die blutigen Stammesfehden und nachkolonialen Kämpfe in Schwarzafrika vor Augen führten? War das ein verständliches Erschrecken über den Zustand der Welt oder eine Selbstgerechtigkeit, die aus der Verdrängung eigener Erfahrungen entstanden war, die Selbsttäuschung eines Justemilieu der guten Gesinnung und einer vom Wohlstand gesegneten Friedfertigkeit, die ich für mich selbst die »Schweizer Position« nannte? Ich meinte damit eine Haltung, die das Böse, Mörderische, Wahnhafte des historischen Handelns der Menschen als ein fremdes Phänomen außerhalb der eigenen gesicherten Grenzen ansieht, exterritorial auch zur eigenen Person.

Damit man mich richtig versteht, muss ich hinzufügen, dass die sogenannte »Schweizer Position« für mich nur eine Kennmarke für eine menschliche Fundamentalie ist. Wenn man die als Möglichkeit in ihr liegende Verschärfung zum Freund-Feind-Schema meint, muss man ihr auf jeden Fall einen anderen, universelleren Namen geben. Ich bin nur auf diesen Namen verfallen, weil sich damit eine persönliche Erfahrung verbindet. Im Sommer 1950 – ich war noch Student an der Universität Bonn – bot sich mir die erste Möglichkeit, ins Ausland zu fahren. Bauern im Basler Land suchten billige Arbeitskräfte für die Kirschernte, die anscheinend in diesem Jahr besonders üppig war. Ich arbeitete dort zusammen mit einem 16-jährigen Schüler eines Basler Gymnasiums. Genauso alt war ich gewesen, als ich mich – damals auch Schüler eines Gymnasiums – wie alle meine Klassenkameraden freiwillig zum Militär meldete, um ein halbes Jahr später in den Krieg zu ziehen. Als er hörte, dass ich Deutscher sei, betrachtete er mich mit großem Misstrauen und spürbarer Distanz, und am nächsten Tag sagte er zu mir: »Das deutsche Volk hat moralisch versagt.« Ich wusste nicht, was ich darauf antworten sollte, denn ich wollte nichts sagen, was nach Beschwichtigung und Beschönigung klang. Ich war auch deswegen gelähmt, weil ich spürte, dass dieses Gespräch keine wirklichen Erkenntnisse ergeben konnte, wenn wir es auf der Ebene der moralischen Generalisierungen führten. Eigentlich musste ich ihm mein Leben erzählen, und zwar so, dass er begreifen konnte, es hätte auch seins sein können. Aber ich empfand das nur undeutlich, und ich war noch nicht in der Lage, ein solches Gespräch zu führen. Heute denke ich, dass es notwendig ist, immer wieder zum Individuellen vorzudringen. Man muss nach den lebensgeschichtlichen Voraussetzungen und Bedingungen des Verhaltens fragen.

»Wovon bist du ausgegangen? Was hast du gewusst und was hast du gedacht? Was hast du getan, und was für Folgen hat es gehabt? Erzähle mir dein Leben.« Doch um darauf Antworten zu erhalten, muss man erst einmal Vertrauen schaffen wie beim Beginn einer Gesprächstherapie. Wahrscheinlich ist eine ganze Generation mehr oder minder verstummt, weil die nachfolgende Generation das Gespräch so eröffnet hat, wie es jener Schweizer Schüler mit mir getan hat.

Man muss die unbewusste Abwehr erkennen, die in solchen Vorgaben steckt. Schließlich kann man sie ja auch verstehen. Nicht jeder ist sicher genug, um sich ungeschützt den Schwindelgefühlen abgründiger Erkenntnisse über die Wirrnisse und Schrecken des Menschenmöglichen auszusetzen. Solche Schwindelgefühle erfassten mich, als ich auf der Suche nach den Gräbern der abgeschossenen kanadischen Flieger an der Mauer des Friedhofs von St. Zeno ein anderes Grab entdeckte. Dreizehn exekutierte Soldaten der freiwilligen französischen SS-Division »Charlemagne« lagen hier begraben. Von einem mit dem Namen Raymond Payras hieß es, er sei am 8.5.1945 im Kampf gefallen. Die anderen zwölf, darunter acht Namenlose, hatten sich beim Einmarsch marokkanischer gaullistischer Truppen in Bad Reichenhall in ein Wäldchen bei Karlstein geflüchtet, waren dort gefangen genommen und auf Befehl von General Ledere in Gruppen zu viert ohne Gerichtsurteil erschossen worden. Drei Tage blieben die Leichen am Weg liegen, bis einrückende amerikanische Soldaten sie am Ort der Hinrichtungsstätte begruben. 1946 hatte man die Leichen der jungen Männer exhumiert und auf dem Friedhof St. Zeno bestattet. Erst im letzten Jahr war in der Mauer über dem Grab eine Steintafel eingelassen worden, die das französische Wappen und die französischen Farben trägt, dazu die lakonische Inschrift:

Le Temps passe
Le Souvenir reste

Darunter noch ein zweigeteiltes deutsch-französisches Wappen mit Adler und Lilie: doppelte Besiegelung einer lange verjährten und irritierenden Geschichte der nun wieder befreundeten Nachbarvölker.

Das war allerdings nicht alles. Denn in die Erde war ein Birkenkreuz gepflanzt worden, genauso wie es bei den deutschen Soldatengräbern in Russland üblich war. Das Kreuz war mit einer Banderole in den Farben der französischen Kokarde umwickelt, und am Querbalken hingen in zwei Klarsichtbeuteln handgeschriebene deutsche Grußbotschaften. Ich las die Texte: »Unseren lieben, treuen französischen Kameraden. Ehre auch Ihrem Angedenken – Ehemalige Angehörige der 10. Panzerdivision Frundsberg.« Und der zweite Text: »Im Glauben an die Freiheit Europas kämpften junge französische Soldaten im Weltkrieg II. Nach ihrer Gefangennahme in Karlstein wurden alle waffenlos meuchlings ermordet –. Ehemalige Angehörige der Division Das Reich und der Division Hohenstaufen.«

Die deutschen Truppenteile, deren ehemalige Angehörige eine Grußbotschaft an das Birkenkreuz gehängt hatten, waren wie die Division »Charlemagne« Divisionen der Waffen-SS. Doch die beschworene Kampfgemeinschaft gegen den Feind im Osten hätte eigentlich, so musste man annehmen, im Westen unheilbare Risse bekommen müssen, denn eine Kompanie der SS-Division Das Reich, die auf ihrer Grußbotschaft die Ermordung ihrer »französischen Kameraden« beklagte, hatte am 10. Juni 1944 als Vergeltung für die Entführung und wohl auch Tötung eines SS-Offiziers das Massaker von Oradour begangen. 642 Menschen, fast die gesamte Dorfbevölkerung, wurden umgebracht. Die Männer wurden erschossen, und die Kirche, in die sich Frauen und Kinder geflüchtet hatten, wurde in Brand gesteckt. Ein Drittel der am Massaker beteiligten SS-Soldaten waren elsässische Wehrpflichtige, die, wie auch viele Deutsche, zur Waffen-SS eingezogen worden waren. Als nach dem Krieg an einem der Elsässer ein Todesurteil vollstreckt werden sollte, gab es im Elsass, das nun wieder zu Frankreich gehörte, heftige Proteste, und das Urteil wurde aufgehoben, vermutlich weil es die Integration störte.

Die freiwilligen SS-Soldaten der Division Charlemagne waren offenbar Überzeugungstäter. Sie hatten im Verband der 3. Panzerarmee zusammen mit deutschen, wallonischen, flämischen, niederländischen, skandinavischen und lettischen SS-Verbänden an der Ostfront gekämpft. Und am Ende wurde Hitlers Bunker in Berlin nicht von seiner Leibstandarte, sondern von 300 Soldaten der Division Charlemagne mit todesbereitem Fanatismus bis zum letzten Schuss verteidigt. Woher die kleine Gruppe von Versprengten kam, die am Waldweg zur Kugelbachalm beim Reichenhaller Stadtteil Karlstein am 8. Mai erschossen wurde, habe ich nicht herausgefunden. Vielleicht kamen sie aus Sigmaringen, wo im Hohenzollernschloss die nach Deutschland geflüchtete Vichy-Regierung mit einem ganzen Schweif von Kollaborateuren Unterschlupf gefunden hatte. Unter ihnen befand sich auch der französische Schriftsteller, Armenarzt und wilde Antisemit

Louis Ferdinand Celine, der vor den anrückenden gaullistischen Truppen nach Norden flüchtete und sich mit einer umgelegten Rote-Kreuz-Binde als Zugbegleiter in einen Transport freigelassener dänischer und norwegischer KZ-Häftlinge einschmuggelte. Der Zug fuhr auf Geheiß Himmlers, der sich auf diese Weise den Westmächten als Partner für die Kapitulationsverhandlungen empfehlen wollte, noch Ende April über Dänemark ins neutrale Schweden. Celines Landsleute von der SS-Division Charlemagne hatten nicht dieses Glück oder diese Geschicklichkeit, obwohl auch sie versucht haben, sich der Rache der einrückenden französischen Truppen zu entziehen.

Mich interessierten vor allem die acht Namenlosen unter den Erschossenen. Da auch ich zur gleichen Zeit mein Soldbuch weggeworfen, meinen Ärmelstreifen von meiner Uniformjacke abgetrennt und mir eine andere militärische Identität ausgedacht hatte, um einer drohenden langen Gefangenschaft in einem Straflager zu entgehen, wusste ich, dass sie noch versucht hatten, ihre Identität als französische SS-Soldaten zu verleugnen. Sie hatten versucht, aus ihrem bisherigen Leben, in das sie aus mir unbekannten Gründen, Motiven und sozialen Zusammenhängen als junge Menschen hineingeraten waren, im letzten Augenblick auszusteigen. Aber sie hatten diese Chance des Nachdenkens und eines neuen Anfangs nicht mehr bekommen.

Das war nichts Besonderes. Es war bis zu diesem Datum, dem 8. Mai, das millionenfach Übliche gewesen, überall, auf allen Seiten, Tag für Tag, denn der Krieg ist die hohe Zeit der Furie des Verschwindens, die die Lebensfäden zerreißt und die Erzählungen der verschiedenen Lebensgeschichten abschneidet, bevor aus ihnen, allmählich und von weit her, eine Ahnung einer möglichen Gemeinsamkeit jenseits aller Gegensätze entstehen könnte. Doch die Versöhnung der Gegensätze durch die vollständige Erzählung der Lebensgeschichte ist nicht nur praktisch gesehen eine utopische Fiktion. Dazwischen stehen überall die Toten, die an einem solchen Austausch keinen Anteil mehr hätten. So wird also wohl das Vergessen seine Arbeit tun.

Im Halbdunkel eines Fußgängerdurchgangs unter einer Saalachbrücke las ich ein Graffito in großer weißer Schrift: »Welcome to Zombie-town!« Das war eine ironische Äußerung junger Leute über ihre Stadt, deren Straßen und Parks, Geschäfte, Restaurants und Kinos ganzjährig von kranken alten Leuten überschwemmt werden. Als hätte ich mich nach ihnen umgedreht, sah ich beim Lesen dieser Inschrift die Bewohner des Kurheims vor mir – Männer und Frauen in meinem Alter und älter –, und auf einmal wurde mir klar, dies war die Generation der Kriegsteilnehmer, die sich zu verabschieden begann, und viele von ihnen hatten ihre Erfahrungen längst in sich vergraben, obwohl sie von ihnen gezeichnet waren. Die meisten hier litten unter Asthma und Lungenemphysemen, weil Bad Reichenhall für die Behandlung von Erkrankungen der Atemwege therapeutisch empfohlen wurde. Ich hatte nicht damit gerechnet, in diesem Zusammenhang hier wieder auf den Krieg zu stoßen, aber jetzt sah ich ihn – als Lücke, als Abwesenheit, denn weniger als ein Drittel der Kurgäste waren Männer. Es waren die Überlebenden der gelichteten Jahrgänge. Und wenn ich mit einzelnen von ihnen in ein längeres Gespräch kam, blickte fast immer aus ihren Leiden der Krieg hervor.

Einer hatte sich sein Lungenleiden als Matrose zugezogen, weil der Zerstörer, zu dessen Mannschaft er gehörte, vor der norwegischen Küste von einem britischen Torpedo versenkt worden war. Er war fast eine halbe Stunde im eiskalten Wasser geschwommen und war bei seiner Rettung völlig unterkühlt gewesen. Ein anderer war bei der Räumung der Krim mit einem Schnellboot auf eine Mine gelaufen und musste stundenlang im Schwarzen Meer schwimmen, bevor er von einem anderen Schiff gerettet wurde. Ringsum hatte er alle seine Kameraden nach und nach ertrinken sehen. Ein Dritter hatte seine schwere Lungenkrankheit durch

Hitze und Rauch in einem brennenden Panzer bekommen. Der Mann hatte den ganzen Russlandfeldzug mitgemacht, und dies war seine sechste Verwundung. Er war Berufssoldat gewesen und wurde im Zivilberuf ein erfolgreicher Autohändler. Darüber sprach er wesentlich beredter als über den Krieg.

Auch mit einer älteren Frau, die schweres Asthma hatte, unterhielt ich mich. Man konnte ihr noch ansehen, dass sie einmal sehr hübsch gewesen war. Jetzt wirkte sie schwach und zerbrechlich, und in ihrem Gesicht zeigte sich meistens ein ängstliches und beschämtes Lächeln, als wolle sie für ihren desolaten Zustand um Entschuldigung bitten. Es überraschte mich zu hören, dass sie einmal Rennreiterin gewesen war. Sie selbst erzählte es wie eine fremde Geschichte, an die sie nicht mehr recht glaubte. Im Krieg hatte sie nach kurzer Ehe ihren Mann verloren. Das Asthma, sagte sie, habe sie sich zugezogen, weil sie »zu viel gepafft« habe. Ich fragte sie, warum sie es getan habe. Wieder sah sie mich an mit ihrem traurigen Lächeln. »Wegen der Einsamkeit«, sagte sie. Im Kurgarten sah ich einen alten Mann, eine stattliche, würdige weißhaarige Erscheinung, dem es nicht gelang, von seiner Bank aufzustehen. Mehrmals versuchte er es, stützte sich auf seinen Krückstock, ruckte mit dem Oberkörper vor und gab es wieder auf. Ich wollte ihm zu Hilfe kommen, aber ich sah ihm an, dass es seinen Stolz verletzt hätte. Beim fünften oder sechsten Versuch schaffte er es, blieb noch einen Augenblick stehen, als sei ihm schwindlig, und stakste dann steif und unsicher davon.

Zombie-town. Zombies sind Gespenster. Abgestorbene oder Scheinlebende. Schattenwesen aus versunkener Vergangenheit. So also konnte man es inzwischen sehen, weil man den Text dieser Lebensgeschichten nicht mehr erkennen konnte. Bei Karl Otto Hondrich las ich: »... Gelerntes geht auch wieder verloren, mit der Zeit. Vermutlich gibt es eine besonders tiefe kollektive ›Schwelle des Vergessens‹ nach zwei bis drei Generationen, wenn diejenigen, die den Krieg noch selbst erlebt haben und davon erzählen können, gestorben sind.«

Allmählich nähern wir uns jetzt dieser Schwelle. Am 8. Mai ist der Zweite Weltkrieg ein halbes Jahrhundert vorbei. Bald danach wird er wohl nur noch ein Thema der Geschichtsschreibung sein. Ich dachte das, als ich das Wort Zombie-town las. Aber werden wir nicht gerade zu Bewohnern von Zombie-town durch das Vergessen? Es ist ja immer das Vergessene, das in verwandelter Gestalt wiederkehrt.

13

Kein Ende der Katastrophengeschichte?

Mit zunehmendem Alter, so möchte man meinen, wächst die Neigung zum Resümee. Doch das Gegenteil ist der Fall. Wenn man Lebenszeuge so grundstürzender Veränderungen und Umwälzungen wurde, wie sie die Jahreszahlen 1933, 1945 und 1989 bezeichnen, wird man zurückhaltend mit abschließenden Formeln und Voraussagen.

Gewiss hat die furchtbare Erfahrung des 2. Weltkrieges dazu beigetragen, dass der 3. Weltkrieg vermieden wurde, der immerhin bis 1989 als ständig wieder aufflammende Drohung über unseren Köpfen schwebte. Doch wenn die Todesdrohung begrenzbar oder noch fern zu sein scheint – bei den regionalen Konflikten und den tödlichen Tendenzen unserer Zivilisation –, ist die Lernbereitschaft gering und versickert in Symposien und Kongressen, bei gut gemeinten Demonstrationen und im privaten Gespräch. Was die meisten als Einzelne längst wissen, ist kollektiv nicht durchsetzbar: Die Massenträgheit widersetzt sich, wie auch die starren Perspektiven, die auf sich abgrenzenden oder offensiv sich durchsetzenden partikularen Interessen beruhen. So scheint es also beim Lernen durch Katastrophen zu bleiben. Die Lerngeschichte der Menschheit ist noch immer eng verknüpft mit der Geschichte ihrer Katastrophen.

Das spricht erneut oder noch immer für den pessimistischen Gedanken, in dem viele Menschen, die den Krieg und die Zeit der Massenmorde überlebt haben, ihre Erfahrung zusammenfassten: Das Kollektiv ist der Wahnsinn. Oder wie Adorno es formulierte: Das Ganze ist das Unwahre. Für mich und meine überlebenden Altersgenossen drückte sich darin auch das Gefühl aus, vom großen

Ganzen – der Volksgemeinschaft, dem Vaterland – auf schreckliche Weise missbraucht worden zu sein. Das setzte sich, bei mir jedenfalls, fort, in dem tiefen Befremden darüber, dass unter dem Druck von Gewalt in Deutschland jenseits der Elbe und in Osteuropa wieder Gesellschaften entstehen konnten, die beanspruchten, den Menschen ihren Lebenssinn vorzuschreiben, und damit offenbar auch so lange Glauben fanden, bis sich das Realitätsprinzip erneut, diesmal in Form wirtschaftlicher Katastrophen, gegen die Ideologie durchsetzte.

Ich will daraus nicht ableiten, dass man mit Menschen alles machen kann. Aber ihr Sinn- und Glaubensbedürfnis, ihr Wunsch nach Anerkennung und Zusammengehörigkeit und vor allem ihr Angewiesensein auf den Schutz der Gesellschaft macht sie zu einem extrem formbaren Material. Nicht nur die vergangenen Kriege, auch die terroristischen Fanatismen unserer Tage beweisen es.

Ich denke, dass ich dem Krieg, den ich ohne bleibenden Schaden überlebt habe, zwei für mich wesentliche Erfahrungen verdanke. Die eine ist der Zusammenbruch einer kollektiven Identität, die als mörderisches Wahngebilde kenntlich wurde, und das Glück, das darin lag, die weltanschauliche Obdachlosigkeit als geschenkte Freiheit zu erleben. Die zweite ist die Einsicht in die Zufälligkeit meiner Existenz. Ich weiß, dass ich nur zufällig am Leben geblieben bin und daran weder durch Geschick noch Tugend noch irgendein sonstiges Verdienst einen Anteil hatte. Das ist ein Glück, das in seinem Ursprung in unlösbarer Nachbarschaft mit dem millionenfachen gewaltsamen Sterben steht.

Noch etwas Drittes muss ich hinzufügen: Auf dem Grund der vorsichtigen Skepsis, die ich seit dem Krieg gegenüber den Menschen und der Geschichte empfinde, bleibt eine von allen historischen, sozialen und psychologischen Erklärungsversuchen unaufhebbare Fassungslosigkeit über das sechs Jahre dauernde Massenschlachten und seinen finstersten und innersten Bereich:

die Todesfabriken der deutschen Konzentrationslager. Da alle Worte hier nichtssagend und hohl erscheinen, schließe ich dieses Buch mit den Zahlen.

Epitaph

Der Zweite Weltkrieg forderte über 55 Millionen Tote und 35 Millionen Kriegsbeschädigte.

Die Gesamtzahl der durch Massenerschießungen und Massenvernichtung in den Gaskammern der deutschen Konzentrationslager umgekommenen Juden schwankt zwischen einem Minimum von 5,29 Millionen und einem Maximum von über 6 Millionen. Insgesamt befanden sich während der nationalsozialistischen Herrschaft ca. 7,2 Millionen Menschen in den Konzentrationslagern. Nur etwa 500 000 überlebten.

Stellennachweise

Kasernenleben

S. 37 – Die Berichte zum Kasernendrill im Ersten Weltkrieg in: Bernd Ulrich u. Benjamin Ziemann (Hrsg.), *Frontalltag im Ersten Weltkrieg.* Wahn und Wirklichkeit. Quellen und Dokumente, Fischer-Tb. 12544, Frankfurt a. M. 1994, S. 42 f.

S. 45 – Rede vom 18.2.1943 im Berliner Sportpalast: Helmut Heiber (Hrsg.), *Goebbels Reden 1932–1943*, Düsseldorf 1971/72, S. 206.

Wunderwaffen und andere Glaubenssachen

S. 47 – Anordnungen des Reichsforschungsrates zitiert nach: Fritz Hahn, *Waffen und Geheimwaffen des deutschen Heeres 1933–1943*, Bd. 2, Koblenz 1987, S. 136.

S. 49 – a. a. O., S. 130–134.

S. 51 – Tagesbefehl von Marschall Schukow in: Raymond Cartier, *Der Zweite Weltkrieg*, Bd. 1 u. 2, München 1967, Bd. 2, S. 994.

S. 52 – Himmlers Rede auf der Gauleitertagung in Posen: Ursachen und Folgen. Vom deutschen Zusammenbruch 1918 und 1945 bis zur staatlichen Neuordnung Deutschlands in der Gegenwart. Hrsg. u. Bearb.: Herbert Michaelis, Ernst Schraepler, Günter Scheel, Bd. 21.: *Das Dritte Reich. Der Sturm auf die Festung Europa II*, Berlin o. J., S. 511.

S. 52 – Denkschrift von Alfred Speer in: *Der Nationalsozialis-*

mus. Dokumente 1933–1945. Walter Hofer (Hrsg.), Fischer-Bücherei, Frankfurt a. M. 1957, S. 260.

S. 53 – a. a. O., S. 258.

S. 55 – a. a. O., S. 263 f.: Goebbels' »Hitler Porträt« vom 31.12.1944 in: »Das Reich«.

S. 64 – Georges-Arthur Goldschmidt, *Die Absonderung*, Fischer Tb. 11867, Frankfurt a. M. 1993, S. 55.

Ein zunehmendes Gefühl von Unwirklichkeit

S. 78 f. – Zitate aus dem Brief des Grafen Helmuth v. Moltke in: *Ursachen und Folgen*, a. a. O., S. 138 f.

S. 78 f. – a. a. O., S. 140.

S. 80 – a. a. O., S. 140.

S. 90 – a. a. O., S. 257 f. (Rede von General Montgomery).

Das Attentat, der Reichsmarschall und die Riegelstellung

S. 106 – Hitlers Äußerung nach dem Attentat in: Heinrich Fraenkel u. Roger Manvell, *Der 20. Juli.* Aus dem Englischen von K. H. Abshagen, F. Violet, G. Bauer, T. Knoth, Berlin – Frankfurt a. M. – Wien 1964, S. 110.

S. 107 – a. a. O., S. 111: Göring nach dem Attentat über Hitler.

S. 109 f. – a. a. O., S. 142: Hitlers Rundfunkansprache.

S. 112 f. – Görings Ansprache vor der Division H. Göring in: David Irving, *Göring.* Aus dem Englischen von R. Giese, München – Hamburg 1987, S. 659.

Zweimal Stellungskrieg

S. 147 – Göring über Dossier Schellenberg zur amerikanischen Rüstungsindustrie in: Walter Schellenberg, *Memoiren.* Hrsg. von Gita Petersen, Köln 1956, S. 237.

S. 147 – Hitlers Reaktion auf den Bericht von General Gehlen in: Fritz Hahn, *Waffen und Geheimwaffen,* a. a. O., S. 288.

S. 148 – Helmut Heiber, *Goebbels Reden,* a. a. O., S. 435.

S. 148 – Statistiken über die personelle Stärke des deutschen Ostheeres und die Produktionskapazitäten der deutschen Rüstungsindustrie aus: Fritz Hahn, *Waffen und Geheimwaffen,* a. a. O., S. 262–268.

S. 171 – Bericht von Generalfeldmarschall Kluge an Hitler in: R. Cartier, *Der Zweite Weltkrieg,* a. a. O., Bd. 2, S. 803.

S. 171 – Bericht des Heereswaffenamtes zum Munitionsmangel in: Fritz Hahn, *Waffen und Geheimwaffen,* a. a. O., S. 262.

Eine Lazarettstadt im letzten Kriegswinter

S. 222f. Angaben über Truppenstärken und Bewaffnung der in der Ardennenoffensive eingesetzten deutschen Verbände und über die deutschen, britischen und amerikanischen Verluste aus: Fritz Hahn, *Waffen und Geheimwaffen,* a. a. O., S. 272f.

Zur Schilderung des Kampfverlaufes wurde herangezogen: Hermann Jung, *Die Ardennenoffensive 1944/45.* Ein Beispiel für die Kriegsführung Hitlers, Zürich – Frankfurt a. M. 1971. – R. Cartier, *Der Zweite Weltkrieg,* a. a. O., Bd. 2, S. 915–926.

Kriegsende

Dieses Kapitel ist eine gekürzte und korrigierte Fassung des Textes »Kriegsende« aus: Dieter Wellershoff, *Die Arbeit des Lebens*, Köln 1985, S. 54–87.

Die Furie des Verschwindens

S. 265 – Georg Wilhelm Friedrich Hegel, Werke Bd. V.: Die Phänomenologie des Geistes. Nach dem Texte der Originalausgabe hrsg. von Johannes Hoffmeister, 6. Aufl., Hamburg 1952, S. 418 f.

S. 267 – Karl Otto Hondrich, *Lehrmeister Krieg*, rororo aktuell Essay, Reinbek 1992, S. 40ff.

S. 268 – Hondrich, a. a. O., S. 25.

S. 268 – Hondrich, a. a. O., S. 29.

Epitaph

Die Zahlen der Menschenverluste im Zweiten Weltkrieg differieren wegen der Lückenhaftigkeit der Quellen und unterschiedlichen nationalen Statistiken. Folgende Quellen wurden benutzt:

Lexikon der deutschen Geschichte. Hrsg. Gerhard Taddey, Stuttgart 1977, S. 1277 (ca. 55 Mio. Tote).

Der große Ploetz, 30. Aufl., Freiburg–Würzburg 1986, S. 916 (rund 55 Mio. Tote).

Harenberg, Schlüsseldaten. 20. Jahrhundert, 2. Aufl., Dortmund 1993 (Schätzungen für Europa und USA).

Brockhaus Enzyklopädie, Bd. 24, 18. Aufl. 1994, S. 48 (hier: mindestens 62 Mio. Tote).

Verlustliste vom Volksbund deutsche Kriegsgräberfürsorge e. V. (ca. 55 Mio. Tote).

Zu den Problemen der Datenerhebung vergleiche:

Rüdiger Overmans, *Millionen Opfer des Zweiten Weltkrieges?* Zum Stand der Forschung nach mehr als 40 Jahren: Militärgeschichtliche Mitteilungen 2,1990, S. 103–121.

Dimension des Völkermords. Die Zahl der jüdischen Opfer des Nationalsozialismus. Hrsg. von Wolfgang Benz, München 1991, bes. S. 15–17.